HEYNE <

Der Autor
Tariq Ali wurde 1943 in Lahore (damals Britisch-Indien, heute Pakistan) geboren. Als 20-Jähriger emigrierte er nach London, wo er Politik und Philosophie studierte und 1968 zum Führer und Vordenker der internationalen Studentenbewegung wurde. Heute arbeitet er als Schriftsteller, Filmemacher und Journalist. Er veröffentlichte zahlreiche Bücher zur Weltgeschichte und -politik, Bühnenstücke, Drehbücher und Romane.

Tariq Ali

DAS OBAMA-SYNDROM

Leere Versprechungen,
Krisen und Kriege

Aus dem Englischen
von Martin Bauer

WILHELM HEYNE VERLAG
MÜNCHEN

Die englische Originalausgabe erschien 2010 unter dem Titel
The Obama Syndrome. Surrender at Home, War Abroad
bei Verso, einem Imprint von New Left Books, London/New York

Verlagsgruppe Random House FSC-DEU-0100
Das für dieses Buch verwendete FSC®-zertifizierte Papier
Holmen Book Cream liefert Holmen Paper, Hallstavik, Schweden.

Deutsche Erstausgabe 09/2012

Copyright © 2010/2012 by Tariq Ali
Copyright © 2010 by Verso, London/New York
Das Kapitel »Sheriff der ganzen Welt« wurde für die
deutsche Erstausgabe vom Autor ergänzt.
Copyright © 2012 der deutschsprachigen Ausgabe
by Wilhelm Heyne Verlag, München,
in der Verlagsgruppe Random House GmbH
Printed in Germany 2012
Umschlaggestaltung:
Hauptmann & Kompanie Werbeagentur, Zürich,
unter Verwendung eines Fotos von
© Christopher Morris/VII/Corbis
Satz: Uhl + Massopust, Aalen
Druck und Bindung: GGP Media GmbH, Pößneck
ISBN 978-3-453-60239-7

www.heyne.de

INHALT

Vorwort
9

1
Ein historischer Erstfall
23

2
Der Präsident
der Scheinheiligkeit
65

3
Innenpolitische Kapitulation:
ein eindimensionaler Politiker
109

4
Sheriff der ganzen Welt
159

Anhang 1
Brief aus der Notaufnahme
von Dr. Teri Reynolds
215

Anhang 2
Anmerkungen zum Jemen
229

Anhang 3
Pro-Kopf-Ausgaben für
die Gesundheit im Jahr 2010
247

Danksagungen
249

Lucio Magri gewidmet
Im Gedenken an Howard Zinn
und Daniel Bensaid

VORWORT

Dieses Buch entstand im Winter 2009 und wurde im Herbst 2011 erweitert, als sich bestätigte, dass Obama in allen wichtigen Politikfeldern weder besser noch schlechter regierte als Bush. Drei Jahre nach dem Wall-Street-Crash von 2008 stecken die amerikanische und die europäische Wirtschaft noch tief in der Krise, die Arbeitslosigkeit bleibt weiterhin hoch. Die anarchische Kreditschöpfung ist teilweise eingedämmt, doch im Kern hat sich das System nicht verändert. Banker, Gauner, Betrüger warten geduldig auf eine Erholung, um dann die Arbeit wieder aufzunehmen.

Die Unfähigkeit westlicher Regierungen, das System grundlegend zu reformieren, verschärfte die Krise und bedroht mittlerweile den Bestand der Demokratie. Über Griechenland und Italien herrschen längst die Banken, in anderen Ländern regiert eine außerordentlich stark ausgeprägte Mitte: In der westlichen Welt ist die extreme Rechte klein, eine extreme Linke gibt es kaum. Es ist die bestimmende Mitte, die das politische und das soziale Leben momentan dominiert. Konservative wie sozialdemokratische Regierungsparteien beschließen Sparmaßnahmen, die den Reichen zugutekommen und Kriege im Ausland unterstützen. Präsident Obama steht in der euro-amerikanischen Politiksphäre nicht isoliert da, doch daheim wachsen neue

Bewegungen, die die politische Orthodoxie hinterfragen, ohne selbst neue Konzepte anzubieten. Ein Hilferuf.

Oscar Wilde schrieb einmal: »Eine Weltkarte, auf der Utopia nicht verzeichnet ist, verdient keine Beachtung. Denn sie unterschlägt die Küste, an der die Menschheit immer landet. Von dort hält sie dann Ausschau, und wenn sie ein besseres Land sieht, setzt sie die Segel. Fortschritt ist die Verwirklichung von Utopien.« Der Geist des Salonsozialisten aus dem 19. Jahrhundert lebt in den idealistischen jungen Menschen weiter, die sich gegen den Turbokapitalismus erheben, der seit dem Ende der Sowjetunion die Welt beherrscht.

Die Protestierenden von der Occupy-Bewegung ließen sich im Herzen des New Yorker Finanzdistrikts nieder und demonstrierten gegen die Despotie des Finanzkapitals. Kapitalisten sind die gierigen Vampire, die zum Überleben das Blut der Armen brauchen. Die Demonstranten zeigen ihre Verachtung für Banker, für Spekulanten und für deren Medienknechte, die weiter behaupten, es gäbe keine Alternative zur aktuellen Gesellschaftsordnung. Da Europa das Wall-Street-System ebenfalls übernommen hat, kommt es dort ebenfalls zu Protesten. Die jungen Leute, die von der Polizei mit Pfefferspray besprüht werden, wissen zwar vielleicht noch nicht, was sie wollen, aber sie wissen ganz genau, was sie nicht wollen, und das ist ein wichtiger Anfang.

Wie konnte es so weit kommen? Nach dem Zusammenbruch des Kommunismus 1991 wurde Edmund Burkes Satz zum allgemein akzeptierten Motto: »In allen aus verschiedenen Klassen zusammengesetzten Gesellschaften müssen notwendigerweise bestimmte Klassen die obersten sein... Die Apostel der Gleichheit verändern und pervertieren nur die natürliche Ordnung der Dinge.« Wenn Geld die Politik korrumpiert, dann korrumpiert das große Geld sie völlig. In den Kernländern des Kapitalismus beobachteten wir, wie überall de facto nationale Einheitsregierungen aufkamen: Republikaner und Demokraten in den USA, New Labour und Tories im britischen Vasallenstaat, Sozialisten und Konservative in Frankreich – alle unterschieden sich in ihrer Politik kaum mehr voneinander. Dazu kamen in Deutschland eine große Koalition, in Skandinavien Mitte-links- und Mitte-rechts-Regierungen, in Italien eine unfähige Sozialdemokratie und so fort. Überall wurde ein neuer Marktextremismus gepredigt. Man befand es als »notwendige Reform«, dass der Kapitalismus immer mehr originäre Staatsaufgaben übernahm. Ungehindert durften Privatfirmen im öffentlichen Sektor wildern. Regelmäßig stellten Wirtschaftspublikationen wie *Economist* oder *Financial Times* Länder wie Frankreich und Deutschland an den Pranger, in denen es nicht schnell genug Richtung neoliberales Paradies voranging.

Wer sich diesem Trend widersetzte und den öffentlichen Sektor in Schutz nahm, staatliche Versorgungsunternehmen verteidigte oder gegen die Verramschung von Mietwohnungen in Staatseigentum protestierte, galt als »konservativer« Dino. Inzwischen waren alle Konsumenten statt Bürger; junge, dynamische Aufsteiger in Wirtschaft und Politik reflektierten die neue Wirklichkeit. Der Markt wurde zum neuen Gott, dem Staat immer überlegen. Warum fragten sich diejenigen, die diese Sprüche glaubten, nie, wie all das kam? Tatsächlich brauchte man den Staat, um den Übergang zu schaffen. Staatliche Interventionen zur Stützung des Marktes waren okay – solange sie den Reichen zugutekamen. Da ohnehin keine Partei eine Alternative dazu anbot, vertrauten die Amerikaner und Europäer ihren Politikern und folgten ihnen blind ins Desaster.

Die Politiker der extremen Mitte waren vom Triumph des Kapitalismus noch ganz berauscht, als 2008 völlig unerwartet die Krise ausbrach. Die meisten Bürger wurden ebenso unvorbereitet getroffen; sie hatten den Berichten der willfährigen Medien geglaubt, wonach alles zum Besten stehe, und sich von billigen Krediten verlocken lassen. Unsere Spitzenpolitiker, flüsterten sie den Menschen ein, hätten zwar kein besonderes Charisma, wüssten aber, wie man das System steuert. Man solle sich nur auf sie verlassen. Heute bezahlen wir den Preis für diese institutionalisierte Apathie. (Fairerweise muss man den Iren und Franzosen zugestehen, dass sie schon in der Diskussion um die im Kern neoliberale EU-Verfassung eine Katastrophe heranziehen sahen und sich weigerten, sie zu verabschieden. Sie wurden ignoriert.)

Dabei war es für viele Ökonomen offensichtlich, dass Wall Street die Spekulationsblase gezielt geplant und Milliarden für Werbung ausgegeben hatte, um die Menschen dazu zu bringen, wie verrückt zu konsumieren und das Ganze mit zusätzlichen Schulden zu finanzieren. Die so erzeugte Blase musste natürlich irgendwann platzen, und als sie es schließlich tat, wankte das System, bis der Staat die Banken vor dem totalen Zusammenbruch rettete. Sozialismus für die Reichen. Als die Krise Europa erreichte, spülte die EU ihre Regeln für den gemeinsamen Markt und für Wettbewerb die Toilette hinunter und organisierte eine Rettungsaktion. Das Hohelied der freien Marktwirtschaft hatte man für kurze Zeit mal vergessen.

Einige Nationen brachen zusammen (Island, Irland, Griechenland), andere (Portugal, Spanien, Italien) taumelten am Abgrund. Da griff die EU ein und verlangte harte Sparmaßnahmen – um das deutsche, französische und britische Bankensystem zu retten. Die Spannung zwischen privaten Profiten und sozialisierten Verlusten ließ sich nicht länger verbergen. Die griechische Elite wurde zu völliger Unterwerfung gezwungen, die dem Volk verschriebenen Sparmaßnahmen führten das Land an den Rand der Revolte. Griechenland war das schwächste Glied in der Kette des europäischen Kapitalismus, dort haben die Wellen des krisengeschüttelten Kapitalismus die Demokratie längst weggespült. Generalstreiks und kreative Proteste machten der extremen Mitte das Leben sehr schwer. Beim Betrachten aktueller Bilder aus Griechenland, wo die Polizei nur mit Gewalt verhinderte, dass Zigtausende Bürger das Parlament stürmten, beschleicht einen das Gefühl, dass die politische Elite des Landes nicht mehr lange so weitermachen kann wie bisher.

Zu Beginn dieses Jahres sprach ich in Thessaloniki auf einem Literaturfestival, doch das Hauptinteresse des Publikums galt politischen und wirtschaftlichen, nicht literarischen Fragen. Gab es eine Alternative? Was sollte man tun? Ich antwortete: Hört sofort auf, eure Schulden zu bedienen. Verlasst die Eurozone, führt die Drachme wieder ein, organisiert eine wirtschaftliche und soziale Planung auf lokaler, regionaler und nationaler Ebene, bezieht das Volk in die Diskussion ein, wie das Land ohne zu große soziale Verwerfungen zu retten sei. Man muss den Reichen das Geld (über Sondersteuern) wieder abpressen, das sie sich im letzten Jahrzehnt ergaunert haben. Doch für die visionslosen Politiker im Herzen des Systems kommen solche Maßnahmen überhaupt nicht in Frage – schließlich werden die meisten von ihnen genau von diesen Leuten finanziert.

Das tief im Schuldensumpf steckende Amerika – Obama setzte im Grunde die Politik seines Vorgängers nahtlos fort – erlebte, wie sich in allen größeren Städten mit bewundernswerter Energie Protest erhob. Viel zu lang hatte das politische Amerika auf einen Frühling gewartet. Die eiskalten Winter wichen auch unter Clinton und Obama nicht, zwei Pappfiguren, die einer ausgehöhlten Demokratie vorstanden, deren Entscheidungen vom Großkapital diktiert wurden. Der allseits geschmähte amerikanische Staat war hauptsächlich dafür da, den finanziellen Status quo zu sichern und die Kriege des 21. Jahrhunderts zu finanzieren.

Doch nun hat sich endlich der Nebel der Verwirrung gelichtet, die Menschen suchen nach Alternativen. Allerdings außerhalb der existierenden politischen Parteien, die sich durchgehend als nutzlos erwiesen hatten. Die aktuellen Proteste unterscheiden sich insofern von denen früherer Jahre, als sie in Zeiten wachsender Arbeitslosigkeit und trüber Zukunftsaussichten stattfinden. Eine Mehrheit der Jugendlichen im Westen wird – auch wenn dreist immer wieder das Gegenteil behauptet wird – kein Studium machen können, weil es unbezahlbar für sie ist, und eine Zwei-Klassen-Medizin erleben. Die kapitalistische Demokratie von heute beruht darauf, dass die wichtigsten Parteien im Parlament sich grundsätzlich einig sind. Ihre Zänkereien und »Kompromisse« sind im Grunde völlig unerheblich. In anderen Worten: Die Bürger bestimmen nicht mehr, wer den Reichtum eines Landes kontrolliert – auch wenn die Bürger ihn zum Großteil selbst erarbeitet haben.

Zentrale Fragen zur Allokation von Ressourcen, zur Form des Sozialstaats und zur Verteilung des Reichtums werden in den Parlamenten nicht mehr wirklich diskutiert. Wie kann es da verwundern, dass die jungen Leute mit der herkömmlichen Politik nichts anfangen können und von Obama und seinen Nachäffern in aller Welt bitter enttäuscht sind? Grundsätzliche Unzufriedenheit mit dem System trieb die Anhänger der Occupy-Bewegung in über 90 Städten auf die Straße. Nie haben die Politiker eingestanden, dass die Krise von 2008 durch die neoliberale Politik ausgelöst wurde, die sie seit den 1980ern verfolgt hatten. Selbst nach 2008 glaubte die Politikerkaste, einfach so weitermachen zu können wie bisher. Doch die Bewegung von unten lässt das nicht zu. Die Besetzungen und die Demonstrationen gegen den Kapitalismus ähneln in gewisser Weise den Bauernaufständen früherer Jahrhunderte. Unerträgliche Zustände führten zu Revolten, die dann entweder niedergeschlagen wurden oder von selbst wieder versandeten. Aber die Unruhen waren oft Vorboten der Zukunft: Wenn sich die Dinge nicht ändern, werden die Menschen weiter auf die Straße gehen. Keine Bewegung kann ohne eine permanente demokratische Struktur überleben, die politische Kontinuität sicherstellt. Je größer ihre Unterstützung im Volk, desto dringender braucht eine Bewegung eine Organisationsform.

In dieser Hinsicht kann man viel von den südamerikanischen Rebellen gegen den Neo-Liberalismus und seine globalen Institutionen lernen. Die gewaltigen und erfolgreichen Proteste gegen den IWF in Venezuela, gegen die Privatisierung der Wasserversorgung in Bolivien und der Stromversorgung in Peru schufen die Basis für eine neue Politik, die an den Wahlurnen triumphierte, nicht nur in Venezuela und Bolivien, sondern auch in Ecuador und Paraguay. Kaum gewählt, packten die neuen Regierungen die versprochenen sozialen und wirtschaftlichen Reformen an (allerdings nur mit durchwachsenem Erfolg). Professor H. D. Dickinson riet der britischen Labour Party 1958:

»Wenn der Wohlfahrtsstaat überleben soll, braucht der Staat eine Einnahmequelle. Dafür kommen meiner Ansicht nach nur Profite aus Staatsbetrieben infrage. Der Staat muss sich auf die eine oder andere Art einen großen Teil des Bodens und des Kapitals einer Nation sichern. Diese Maßnahme mag zwar nicht populär sein, doch sie ist unvermeidlich: Nur sie ermöglicht verbesserte Sozialleistungen – und die sind dann wieder populär. Man kann nicht den Konsumsektor verstaatlichen, ohne zuvor den Produktionssektor verstaatlicht zu haben.«

Die Labour Party schlug den Rat damals aus, doch die Staatsmänner der Bolivarischen Allianz ALBA in Venezuela und Bolivien befolgten ihn ein knappes halbes Jahrhundert später, mit Erfolg. Dennoch tun die Regierungschefs des Westens solche Ideen nach wie vor als Utopien ab. Aber sie liegen falsch. Denn genau diese Strukturreformen braucht es, keine panischen Sparanstrengungen wie in Griechenland. Was Athen plant, führt geradewegs ins Elend, in Massenarbeitslosigkeit und soziales Desaster. Wir benötigen einen radikalen Kurswechsel, an dessen Anfang das Eingeständnis steht, dass der Turbokapitalismus nicht funktioniert hat, nicht funktionieren konnte und deswegen abgeschafft gehört. In Großbritannien verfolgte die politische Elite seit Maggie Thatcher mit dem Eifer von Konvertiten einen extremen Kurs, bei dem gnadenlos und kaltblütig alles dem Markt als letzter Entscheidungsinstanz überlassen wurde. Wenn die Regierung diesen Kurs beibehalten will, braucht sie neue Mechanismen der Unterdrückung. Von der Demokratie wird nur noch eine leere Hülle bleiben. Die

Demonstranten wissen das instinktiv, deswegen gehen sie auf die Straße. Die bestimmende Mitte hat noch nicht verstanden, dass die Zeichen auf Sturm stehen.

Ich bewundere all die jungen Menschen, die an den verschiedensten Orten der Welt Straßen und Plätze besetzen. Mit Witz, Schwung und Elan fordern sie ihre Regierungen heraus. Doch die sturschädligen Banker und die herrschenden Politiker unserer Welt lassen sich nicht ohne Weiteres zur Seite drängen. Obama, der oberste Vertreter der alten Garde, wird wahrscheinlich wiedergewählt, nicht weil er so populär wäre, sondern weil die Republikaner unfähig sind, einen aussichtsreichen Konkurrenten aufzustellen.

Wie steht es um Obamas Außenpolitik? Aus dem Irak musste er sich zurückzuziehen, aus einem, wie er weiter betont, »ehrenvollen« Krieg. Doch in Afghanistan steckt er weiter fest. Im Januar 2012 griffen afghanische Guerillas erneut den riesigen US-Luftwaffenstützpunkt Kandahar an. General John Allen, der amerikanische Kommandeur der Internationalen Sicherheitsunterstützungstruppe ISAF, gab danach ein seltsam anmutendes Statement ab: »Mullah Omar hat offenbar die Kontrolle über die Taliban-Rebellen verloren, sonst würde er sich von diesen Überfällen distanzieren und seine Leute sofort anweisen, keine unschuldigen afghanischen Zivilisten mehr anzugreifen.«

Der gleiche Mullah Omar, der seit den Anschlägen vom 11. September auf der Fahndungsliste der Amerikaner ganz weit oben steht? Doch die Aussage ist nur dann kryptisch, wenn man nicht weiß, dass Omars Taliban-Fraktion schon seit Jahren mit Vertretern Washingtons verhandelt. Zu einer Einigung ist es bisher allerdings noch nicht gekommen.

Der Kandahar-Angriff mag von einer anderen Taliban-

Fraktion ausgeführt worden sein, einer Fraktion, die Verhandlungen mit den Besatzern grundsätzlich ablehnt. Vielleicht war der Angriff aber auch nur ein Schuss vor den Bug eines müden Imperiums. All die freudigen Medienberichte über Fortschritte in Afghanistan entsprangen reinem Wunschdenken. Deswegen mussten die USA mit den Rebellen verhandeln, auch wenn sie damit die Autorität ihrer Marionette Karsai noch weiter untergruben.

Verschiedene Fraktionen der Neo-Taliban bereiten sich seit mindestens zwei Jahren darauf vor, nach dem Abzug der ISAF-Truppen die Macht im Land zu übernehmen. Ihre Angriffe auf Sicherheitseinrichtungen, Außenposten und Hubschrauber mit hochrangigen NATO-Geheimdienstleuten zeigen, in welchem Ausmaß die Rebellen die »loyalen« afghanischen Truppen der ISAF infiltriert haben. Trotz allen Unterschieden in der Ideologie führen die Rebellen auf ganz ähnliche Weise Untergrundkampf wie die Widerständler des Zweiten Weltkriegs, wie die Vietnamesen unter Giap, die Chinesen unter Mao und die Kubaner unter Che Guevara.

Einige Monate nach seinem Amtsantritt drückte Obama eine arrogante Eskalation des Krieges durch. Seine Vasallen von der EU unterstützten ihn, obwohl einige seiner eigenen Generale massive Kritik äußerten, unter anderen Karl Eikenberry, der Botschafter in Kabul. Obamas Parole lautete: »Wenn die Taliban die Macht im Land übernehmen oder nur ungestört agieren dürfen, wird das Land wieder zur Basis für Terroristen, die möglichst viele Amerikaner umbringen wollen… Die Afghanen würden erneut von einer Taliban-Regierung gnadenlos unterjocht werden, das Land geriete in internationale Isolation, die Wirtschaft würde kollabieren und die Menschenrechtslage sich katastrophal verschlechtern, insbesondere für Frauen und Mädchen. Unter einer Taliban-Regierung würden die Terroristen von al-Qaida in Scharen zurückkommen, Afghanistan würde in Gewalt versinken.«

Doch die aktuellen Zustände sind davon ohnehin nicht mehr weit entfernt, gerade hinsichtlich der Lage der Frauen. Wichtiger noch, wegen der skrupellosen Angriffe auf Dörfer und der gezielten Schläge gegen Taliban-Führer stieg die Zahl ziviler Opfer stark an – was es den Rebellen erleichterte, neue Kämpfer zu rekrutieren.

Hinzu kommt noch, dass die regionalen Kräfte, die bei der Beseitigung des Taliban-Regimes geholfen hatten (wenn auch teilweise widerwillig, wie im Fall des pakistanischen Geheimdienstes ISI), inzwischen ihre Unterstützung eingestellt haben. Iran hat sich in der Atomfrage mit den USA überworfen, die Nordallianz bröckelt, weil ihre Anführer viel zu beschäftigt damit sind, sich ebenso zu bereichern wie die Familie Karsai. Und das pakistanische Militär hat den Kontakt zu den Taliban ohnehin nie abgebrochen.

Auch wenn kürzlich große Lithiumvorkommen in Afghanistan entdeckt wurden, fällt die Begründung, warum die NATO-Truppen weiter im Land bleiben sollten, immer schwerer. Die Besatzerkoalition aus 42 Nationen kann nichts mehr ausrichten, ihre Marionette in Kabul ist einfach nur noch peinlich. Und rasche Wahlen zur Lösung aller Probleme, für teures Geld von westlichen PR-Firmen organisiert, funktionieren auch nicht mehr. Früher oder später bleibt nur eine Option: Abzug.

Wenigstens hat sich die Lage an einer anderen Front beruhigt: Der arabische Frühling, der Obama & Co. anfangs so überrascht hatte, kam ganz gut unter Kontrolle. Die moderat islamistischen Wahlsieger in Tunesien und Ägypten sind vollauf bereit, mit Washington zu kooperieren. Die Armeen beider Länder tun das ohnehin bereits. Die amerikanisch-französische Invasion Libyens war ein sorgfältig geplanter Zug, um den Westen wieder im Zentrum der arabischen Welt zu verankern und den nervös gewordenen traditionellen Verbündeten in der Region die militärische Macht des Westens zu demonstrieren.[1] Das Einknicken der EU gegenüber dem Druck aus Israel und Amerika in der Iran-Frage zeigt: Wenn Washington grünes Licht für die Bombardierung des Landes gäbe, würde in Europa keine Regierung protestieren. Obamas Apologeten behaupten, er sei ein Gefangener der Menschen rechts von ihm. Selbst, wenn das wahr sein sollte, könnte man nur sagen, dass er ein glücklicher, williger Gefangener zu sein scheint.

Tariq Ali
London, Februar 2012

---

[1] Hugh Roberts' exzellenter Überblick über das libysche Abenteuer, »Who Said Gaddhafi Had to Go?« (*London Review of Books*, 17. November 2011) beschreibt und entlarvt die plumpe Propaganda des Westens und seiner Verbündeten beim Angriff auf Libyen.

Nicht der Präsident kann helfen oder schaden, nur das System. Und dieses System herrscht nicht nur über uns Amerikaner, es beherrscht die Welt. Wenn sich heutzutage ein Mann um die amerikanische Präsidentschaft bewirbt, muss er auch in anderen amerikanisch dominierten Erdteilen akzeptabel sein. Ein einziger Umstand machte [Lyndon B. Johnson] für die Welt akzeptabel: Die klugen Kapitalisten, die klugen Imperialisten wussten, dass Menschen nur dann auf den Fuchs zulaufen, wenn man ihnen mit einem Wolf droht. Deshalb schufen sie eine unerträgliche Alternative.

Malcolm X, Paris, am 23. November 1964

I

Ein historischer Erstfall

Als vor drei Jahrzehnten Ronald Reagan zum amerikanischen Präsidenten gewählt wurde, hätte sich insbesondere die Linke nie träumen lassen, dass dieser doch eher beschränkte Ex-Schauspieler sowohl in Amerika als auch international einen völlig neuen Trend auslösen würde. Weder Laien noch Experten trauten Reagan viel zu, mit wenigen Ausnahmen. In einem bemerkenswert hellsichtigen Essay prophezeite Mike Davis wenige Monate nach Reagans Amtseinführung, dass die Zukunft eine Hollywoodisierung der Politik bringen würde:

> Wie das Ungeheuer der Apokalypse kroch der Reaganismus am (kalifornischen) Strand an Land und verschlang fortschrittliche Senatoren und Wohlfahrtsprogramme. Der 40. Präsident genießt Popularitätsraten um 80 Prozent – auch dank eines gescheiterten Anschlags auf ihn –, und die überlebenden Linken haben offenbar den moralischen Ausverkauf begonnen. Pragmatische wie konservative Demokraten kuscheln mit den Republikanern und helfen mit, die Sozialausgaben zu kürzen, um die Rüstungsausgaben in ungekannte Höhen zu steigern. Der öffentliche Diskurs wird von Scharen »Postliberaler«, »Neokonservativer« und »Neuer Rechter« beherrscht, die in grotesker Perversion jeder

Sozialpolitik die Mittelklasse begünstigen und die großen Unternehmen finanziell unterstützen wollen. Momentan findet zweifellos eine tektonische Verschiebung im amerikanischen Politikbetrieb statt, hin zu konservativen Ideen. Mir schwant Übles.[1]

Die Neuen Demokraten übernahmen den Reaganismus auf praktisch allen Gebieten. Clinton hatte weder den politischen Willen noch die Entschlossenheit, auch nur eine von Reagans »Reformen« rückgängig zu machen. Präsident Bush sen. machte dort weiter, wo Reagan aufgehört hatte, und sorgte dafür, dass sich soziale und wirtschaftliche Ungleichgewichte fortwährend vergrößerten. Die Armen wurden von den meisten Politikern ignoriert und mit ein paar Brotkrumen abgespeist. Man ermunterte sie, sich von Fastfood zu ernähren, verweigerte ihnen aber dann die medizinische Versorgung, falls sie fett und krank wurden. Ein neoliberaler Sozialdarwinismus war zum Motto des Tages geworden. Und Obama?

Nach mitreißendem Wahlkampf fegte er seinen farblosen republikanischen Konkurrenten McCain samt dessen schillernder Mitstreiterin (Sarah Palin) hinweg. Obama zog ins Weiße Haus, doch sein neuer Glanz schwand schnell, die Euphorie ließ nach und trüber Nebel senkte sich wieder über das Land. Bald verging den Menschen angesichts der massiven Wirtschaftskrise die Lust am Feiern. Die innenpolitische Lage war finster – und die außenpolitische sah auch nicht besser aus. Die ersten hundert Tage von Obamas Amtszeit ließen bereits erkennen, dass keine grundlegende Besserung

---

[1] Mike Davis, »The Rise of the New Right«, *New Left Review*, Juli/ August 1981, S. 128.

in Sicht war. Im Irak und in Afghanistan herrschte weiter Krieg, auch wenn die Medien in Orwell'scher Manier tröteten »Frieden ist Krieg« und »Krieg ist Frieden«.

Doch Außenpolitik interessierte zu jenem Zeitpunkt kaum jemanden, schließlich zog daheim ein wirtschaftlicher Hurrikan auf. Was für eine Chance für eine starke Führungspersönlichkeit, entschlossen zu handeln und eine neue, sozialere Tagesordnung aufzustellen! In *Ein amerikanischer Traum: Die Geschichte meiner Familie* lobt Obama den schwarzen Bürgerrechtler Malcolm X überschwänglich: »Die ungeschliffene Poesie seiner Worte, seine unbedingte Forderung nach Respekt versprachen eine neue, kompromisslose Ordnung von martialischer Disziplin, die auf schierer Willenskraft gründen würde.«[2] Leider stand jetzt keine solche Führungspersönlichkeit zur Verfügung.

An der Wirtschaftsfront hatten Bushs Finanzhilfen die Wall-Street-Banker vorübergehend gerettet, aber zu einem gewaltigen Preis. Jetzt zitterte das ganze Land, einkommensschwache Familien sahen sich von Armut und Not bedroht. Manch einer fand Trost im kollektiven Wahnsinn des Tea-Party-Libertarismus. Der Bundesstaat Kalifornien, einst das Zentrum des neoliberalen New-Technology-Wunders, war bankrott. Führende Republikaner in Arizona hetzten so unverblümt gegen illegale Immigranten, dass es gut zu einer anti-hispanischen *Reichskaktusnacht* hätte kommen können. Gleichzeitig bemühten sich die Konzerne, insbesondere die Ölkonzerne, mit der gewohnten »Mischung aus roher Gewalt, Täuschung, Betrug, Bestechung, krassem Gesetzes-

---

[2] deutsche Übersetzung von M. Fienbork.

bruch, Einschüchterung und Panikmache« ihre Interessen durchzusetzen. Das Zitat stammt von Ida Tarbell, einer frühen Kritikerin der Ölindustrie. (Eine wie sie könnten wir heute wieder gut brauchen.) Ida Tarbell schrieb diese Zeilen in der schlechten alten Zeit von Standard Oil. Heute könnte sie ihre Liste ergänzen um: Missbrauch von Verhandlungsmacht, zügellosen Lobbyismus und unverbindliche Absichtserklärungen. Die Ära Reagan hatte ein sicheres Biotop für Cliquen von kriminellen Managern geschaffen, die zentrale Rollen in der New Economy übernahmen und die Grundlagen den spektakulären Zusammenbruch von 2008 schufen.

Die konservativen Reformen Reagans – die erst von Clinton und nun von Obama übernommen wurden – verfestigten den Vorrang wirtschaftlicher Interessen vor sozialen Belangen. 1985 ging die Historikerin Stephanie Coontz mit den Demokraten streng ins Gericht. Sie warf ihnen vor, den von Reagan geförderten Raubtierkapitalismus nie bekämpft zu haben. Mittlerweile, so Coontz, sei das gesamte demokratische System völlig verkommen, Gesetze würden nicht mehr von Regierungsbeamten formuliert, sondern von Lobbyisten der Wirtschaft:

> Wer hat denn unsere letzten Gesetzestexte verfasst? Die neue Umweltgesetzgebung entstand unter der Federführung eines Anwalts, der auch Humble Oil und General Motors vertritt. Die Kommission für Arzneimittelgesetze wird vom Cheflobbyisten der Pharmaindustrie geleitet, die Kommission für Luftfahrtgesetze von einem Eastern Airlines-Manager, die Kommission für Eisenbahngesetze von Spitzenmanagern der Gulf Mobile and Ohio Railroad Company, die Kommission für Antikartellgesetze von IBM- und Shell-Managern, die Kommission für

Versorgungsbetriebsgesetze von einem AT&T-Mann und die Kommission für Getränkegesetze von einem Anwalt, der auch Coca-Cola vertritt.[3]

Das ist die kaum mehr zu parodierende Realität. Das Volk hat nichts mehr zu melden, aber dieser Zustand gilt als normal, als nicht hinterfragbare Säule der Demokratie AG. Und falls irgendjemand glauben sollte, die angesagten coolen neuen IT-Firmen gingen bei der Sicherung ihrer Interessen weniger brutal vor, dem rate ich, Robert Reich zu lesen.

> Bis zum Börsengang im August 2004 war Google stolz auf seinen Außenseiterstatus. Doch kaum war das Unternehmen eine milliardenteure AG geworden, musste sie sich ins Washingtoner Establishment einfügen. 2005 gab das Unternehmen über 500 000 Dollar für Lobbyismus aus. Es blieb ihm gar keine Wahl. Yahoo, Microsoft, Apple und eine ganze Reihe von Telekomfirmen waren in Washington bereits bestens vernetzt. Allein im Jahr 2005 steckte Microsoft fast neun Millionen Dollar in die Lobbyarbeit, seine Manager spendeten weitere Millionen an linke wie rechte Politiker. Die Konkurrenzfähigkeit dieser Unternehmen wird durch Entscheidungen Washingtons massiv beeinflusst, zum Beispiel durch Gesetze zum Schutz geistigen Eigentums, durch Antikartellgesetze, durch Handelsabkommen und das Verhältnis mit China.[4]

---

[3] Stephanie Coontz: »No Alternative. Reagan's Reelection and the Democratic Party«, in: M. Davis/ F. Pfiel/ M. Sprinker (Hrsg.): *The Year Left. An American Socialist Yearbook*, New York, 1985.

[4] Robert Reich: »Everyday Corruption«, *The American Prospect*, 21. Juni 2010.

Der Abbau von Kontrollmechanismen, der auch während der Clinton-Jahre nie infrage gestellt worden war, ging munter weiter. Jeder Finanzskandal wurde als Ausnahme behandelt, die Täter als einzelne faule Äpfel aus dem Verkehr gezogen. In Wahrheit war natürlich das ganze Fass verrottet. Doch Obama stellte für die Neoliberalen keine Bedrohung dar, ganz im Gegenteil brüstete er sich mit seinem guten Draht zu den reichen, »gerissenen« Bossen der Wall Street.[5] Der US-Kapitalismus hat alles zu einer Ware gemacht, einschließlich der Politiker. Die wiederum kannten ihre Eigentümer und verhielten sich ihnen gegenüber entsprechend.

Erwiesen sich nun all die Visionen von Wandel, Fortschritt und Wende nur als Sehstörungen? »Nein«, wiegelten die linken Kommentatoren anfangs ab, die sich vom mitreißenden Wahlkampf hatten blenden lassen. In ihren Augen war alles besser als die drohende Alternative Tea Party plus Fox. Ihrer Ansicht nach konnte nur einer die skeptische Welt

---

[5] David Bromwich, einer von Obamas Unterstützern in Yale, warf ihm in einer »Tagebuch«-Notiz, erschienen am 13. Mai 2010 in der *London Review of Books*, vor: »Er war ein Neuling in der nationalen Elite und er genoss seine Aufnahme spürbar. Das zeigte sich in Debatten und Bürgerversammlungen, in denen er oft erwähnte, dass er aufgrund seiner Autorenhonorare den Spitzensteuersatz zahlte. Es zeigte sich später auch in seinen Kommentaren zu Lloyd Blankfein und Jamie Dimon, den Chefs von Goldman Sachs und JP Morgan: ›Ich kenne beide Kerle, es sind äußerst gerissene Geschäftsleute.‹ Franklin D. Roosevelt oder John F. Kennedy hätten sich solche Kommentare sicher verbissen. Sie hatten ›Kerle‹ wie sie von Kindesbeinen an gekannt und fanden sie überhaupt nicht glamourös. Obama hat noch nicht verstanden, dass ihm seine offenkundige Befriedigung, in die Elite aufgenommen worden zu sein, doppelt schadet: In niedrigeren Gesellschaftsschichten schürt sein Schmusen mit den Reichen Missgunst, bei den oberen Zehntausend führt die Anbiederung des Präsidenten zur Überheblichkeit ihm gegenüber.«

von dem überzeugen, was Amerika jetzt brauchte: Obama. Ein demokratischer Präsident, demokratische Mehrheiten in Repräsentantenhaus und Senat – was für eine Chance, das System umzukrempeln! Endlich würden dringend benötigte Reformen durchgeführt, das Land modernisiert und in eine harmonischere Zukunft geführt! Die Lektionen aus Clintons Scheitern – das sich nirgends besser zeigte als in seiner Ernennung Lawrence Summers' zum Finanzminister – waren begriffen und verinnerlicht worden. Man wollte den internen Streit vergessen und sich künftig vertragen. Das Problem, so die linken Kommentatoren, liege nicht bei Obama, sondern bei den Demokraten, die Kongress und Senat beherrschten. Man müsse nur ein wenig Geduld haben. Aber die wirtschaftliche Notlage erforderte rasche Hilfsmaßnahmen, und auch in Afghanistan verschlechterte sich die Situation. Entscheidungen mussten her. »The time is now!«, »Jetzt gilt's!«, hatten die Massen im demokratischen Vorwahlkampf noch skandiert, als Obamas Gegner Bill und Hillary Clinton geheißen hatten. Die Flitterwochen hielten nicht lange an.

Während in den meisten Weltgegenden die Politik versagte (mit Südamerika als strahlender Ausnahme) und ernsthafte Politikkolumnisten sich in Thriller-Klischees flüchteten, elektrisierte der amerikanische Vorwahlkampf die Bürger über Klassen- und Rassengrenzen hinweg. Zahllose Menschen glaubten, ihr Kandidat könnte die Unwucht ihrer Gesellschaft korrigieren, daheim die Macht der Konzerne zügeln und auswärts den durchgeknallten Imperialismus beenden. Und wer wollte ihnen das übel nehmen? Die Begeisterung der jungen Leute war ansteckend. Wenn man 2007/8 durch Amerika reiste, konnte man Ungewohntes erleben. Wenn ich (oder ein anderer alter Knacker) Skepsis äußerte, reagierten die Menschen ungläubig bis zornig.

Wie konnte nur jemand behaupten, ihr charmanter, cooler, kluger Kandidat sei verschlagen? In ihrem Enthusiasmus verbaten sich Obamas Anhänger jede Kritik. Sie weigerten sich, Obama als Kreatur wahrzunehmen, die aus dem Sumpf einer verkommenen und zynischen Demokratischen Partei (und noch dazu aus Chicago, einer legendär verfilzten Stadt) hervorgegangen war. Sie wollten nicht hören, dass Obama nicht das geringste Interesse daran hatte, sich mit seinen Gönnern aus der Wirtschaft zu überwerfen, die ihm den Weg ins Amt finanzierten. Viele hofften, das Land würde unter einem Präsidenten Obama zu neuen Ufern aufbrechen, die mörderischen Kriege beenden und die Innenpolitik der Bush-Cheney-Jahre hinter sich lassen. Leider wollte das Schicksal es anders.

Denn natürlich standen bescheidener Wohlstand für die Bürger daheim und Frieden auswärts nie auf dem Programm, und fairerweise muss man sagen, dass Obama nie auch nur ansatzweise so etwas versprach. Bill Clinton lästerte einmal, Obamas Wahlkampf sei eine Reprise von Jesse Jacksons Kandidatur 1984 gewesen. Doch damit lag er völlig daneben. Die damalige »Regenbogenkoalition« hatte progressive Kräfte innerhalb und außerhalb der Demokratischen Partei vereinigt; das war damals ziemlich bemerkenswert, und aus heutiger Perspektive scheint es noch bemerkenswerter. Sie hatte sich zum Ziel gesetzt, den Reagan'schen Konsens anzugreifen und aufzubrechen. Jackson versprach, die Rüstungsausgaben um 25 Prozent zu senken und die gesparten Milliarden in soziale Projekte für Arme zu stecken. Jackson wollte mit den Sowjets einen Atomwaffenstopp vereinbaren, die Beziehungen zu Kuba normalisieren und die amerikanischen Militärinterventionen in Mittelamerika, der Karibik und dem Nahen Osten beenden. Jackson verfügte über viel weniger Geld als seine Mitbewerber in der Demokratischen Partei und musste fast völlig auf Werbespots im Fernsehen verzichten – kein Wunder also, dass er sich in den Vorwahlen nicht durchsetzen konnte. Dennoch gewann er die Vorwahlen im District of Columbia, in South Carolina, Mississippi und Virginia; er bekam fast 20 Prozent aller Stimmen im Demokratischen Lager und 80 Prozent aller Stimmen farbiger Wähler. Das war der Schwanengesang der Bürgerrechtler-Generation. Vielleicht hatte Bill Clinton gehofft, dass auch Obamas Kampagne nach starkem Start an Schwung verlieren würde, doch da hatte er den Widersacher seiner Frau unterschätzt. Clinton begriff nie, dass zwischen Obamas und seiner eigenen Politik kaum ein Unterschied bestand. Früher hätte man die Vorauswahl noch auf die Rassenfrage reduzieren können, aber auch das lief nicht: Der Kandidat aus Chicagos South Side war zu eindeutig ein Politiker aus der Zeit nach der Bürgerrechtsbewegung.

Obama tat nichts, die überschwänglichen Hoffnungen seiner jungen Fans zu dämpfen, die Marketing-Slogans wie »Change we can believe in« (»Wandel, an den wir glauben können«) oder das noch blödere »Yes, we can« (»Ja, wir können«) für bare Münze nahmen. Dabei zielen solche Slogans allein darauf ab, Unterstützer zu gewinnen, ohne irgendetwas Konkretes zu versprechen. Auf diesem Gebiet ist der neue Chef ein Meister. Die Wahrheit spielt in Wahlkämpfen bekanntlich nur eine Nebenrolle. Hätte man nüchtern analysiert, was Obama an süßen Worten flüsterte, wofür er plädierte und was er so vordergründig bestechend vortrug, wäre eigentlich kein Grund für Optimismus geblieben. Aber sein Auftreten, seine Hautfarbe und sein mantrahaftes Versprechen eines »Wandels« schürten eine wahre Obamania im Land, grenzenlose Begeisterung, die ihn ins Weiße Haus spülte. Obama bekam sieben Millionen Stimmen mehr als sein Gegenkandidat (auch wenn sein Gesamtergebnis nicht so viel besser war als das seiner Vorgänger), und gelegentlich hatte es während des Wahlkampfs nach einem Erdrutschsieg ausgesehen. Einige weiße Stammwähler der Demokraten blieben zwar zu Hause, doch das wurde mehr als ausgeglichen von Wechselwählern, die sich mehrheitlich für den Demokraten entschieden. (Dass dieser Erfolg nicht dauerhaft war, zeigten die Midterm Elections 2010, bei denen die Republikaner gewaltige Zugewinne verbuchten und die Mehrheit im Repräsentantenhaus zurückgewannen.)

Der Obama-Effekt wurde noch dadurch verstärkt, dass der Kandidat sich vom Auftreten und von seinen modernen Ansichten her so wohltuend von den abstoßenden Moderatoren auf Fox TV und den durchgeknallten Eiferern in den Radiotalkshows abhob. Wenn Obama für *die* ein rotes Tuch war, sprach das nur für ihn. Was könnte man in diesen von Fanatismus und Propaganda geprägten Zeiten Besseres tun, als einen jungen, klugen, gut aussehenden Afroamerikaner samt seiner ebenso attraktiven, klugen afroamerikanischen Frau ins Weiße Haus zu wählen? Wer könnte dort besser Staub und Spinnweben hinwegfegen? Der politische Enthusiasmus im Land ließ kaum jemanden kalt, insbesondere zumal er – anders als der Wall-Street-Rummel – nicht von egoistischen Motiven getrieben war. Die Aufbruchstimmung entzündete sich am wachsenden Abscheu über ein völlig korruptes Imperium. Präsident Bush hatte Folter befohlen und Menschen ohne Prozess in einem fremden Land einsperren lassen. In den konservativen Medien fanden sich genug Apologeten, die das von Bush so geschätzte »Waterboarding« guthießen. Ein besonders publicitygeiler Journalist probierte es sogar in einer weich gespülten Version an sich selbst aus und fand es gar nicht so schlimm. Leider kam er nie auf die tolle Idee, sich als bärtiger Afghane zu verkleiden und ins Foltergefängnis von Bagram stecken zu lassen.

Großen Zorn erweckte auch die Selbstverständlichkeit, mit der Politiker sich an die meistbietenden Lobbyisten verkauften und sich ganze Gesetze von ihnen diktieren ließen. Die jungen Obama-Fans engagierten sich im Wahlkampf deswegen so stark, weil sie Bush und Cheney als unmoralische, korrupte Politiker betrachteten, die daheim mit den Superreichen kungelten und im Ausland mordeten. Die jungen Leute hatten aber auch genug von den gespaltenen Zungen der Clintons, ihren abschätzigen Bemerkungen und ihrem unterschwelligen Rassismus. In Obama hoffte die junge Generation endlich eine Führungspersönlichkeit gefunden zu haben, die Böses auch böse nannte und keine angeblich ehrenwerten Ziele mit unehrenwerten Methoden zu erreichen versuchen würde. Obama würde ein rechtschaffenes Oberhaupt sein. Der Kandidat tat natürlich nichts, um diesen Eindruck zu zerstreuen.

Ich durfte in New York miterleben, wie Obama seine klügste Rede auf dem Weg ins Weiße Haus hielt. Die Ausgangslage war brenzlig: Die Obamas hatten jahrelang Gottesdienste in der Trinity United Church of Christ besucht, deren Pastor, Reverend Jeremiah Wright, den amerikanischen Imperialismus mit harschen Worten anprangerte. Jetzt musste Obama sich erklären.

Natürlich, räumte Obama ein, habe er den Ansichten Wrights nie etwas abgewinnen können. Natürlich. Trotzdem versuchte er, sie in einen historischen Kontext zu stellen. Die Predigten seien Ausfluss einer alten und tief sitzenden Verbitterung, die noch in den Zeiten der Sklaverei wurzelte.

> Ich kann mich von ihm ebenso wenig distanzieren, wie ich mich von der schwarzen Gemeinschaft distanzieren kann. Ich kann mich von ihm ebenso wenig distanzieren wie von meiner weißen Großmutter – einer Frau, die mich mit aufzog, die für mich zahllose Opfer brachte, einer Frau, die mich mehr liebt als sonst irgendjemanden auf dieser Welt, aber einer Frau, die mir gestand, dass sie sich auf der Straße fürchtete, wenn ein schwarzer Mann an ihr vorbeiging. Einer Frau, die gelegentlich Vorurteile gegen Rassen oder Schwarze äußerte, die mich zusammenzucken ließen. Diese Leute sind ein Teil von mir. Und sie sind Teil Amerikas, dieses Landes, das ich so liebe.

Die Rede war clever – und sie kam an. Dieses eine Mal hatte Obama die amerikanischen Bürger nicht von oben herab behandelt. Das Publikum war wie elektrisiert, man diskutierte auf offener Straße über die Rede. Ihre Wirkung beruhte aber auf einem Taschenspielertrick: Obama unterstellte, dass Wright über *vergangenes* Unrecht wütend war – und das konnte nun jeder verstehen.

Schließlich herrscht in Amerika heute allgemeiner Konsens (zumindest im öffentlichen Diskurs), dass das Lynchen von Schwarzen nicht korrekt war. Wenn der Pastor also wegen der bösen Vergangenheit wütend war, konnte man ihm das nur schlecht verübeln. Er gehörte einer Generation an, die noch selbst gelitten hatte. Dass Wright im heutigen Amerika drei Übel anprangerte – wirtschaftliche

Ungleichheit, strukturellen Rassismus und imperialen Militarismus – bezeichnete Obama als »nicht hinnehmbare«, »spalterische« und »unentschuldbare Verzerrung«. Schließlich habe sich das Land weiterentwickelt, wofür seine Präsidentschaftskandidatur das beste Beispiel sei. Obama fand es eine »krasse Verzerrung«, dass Wright »die Schuld für den Nahostkonflikt in erster Linie Israel in die Schuhe schiebt, einem treuen Verbündeten, anstatt der perversen und hasserfüllten Ideologie des radikalen Islam«. Warum der Islam sich aber radikalisiert hatte, darüber schwieg er sich aus.

Auch über die aktuelle Lage der Afroamerikaner gab es kaum Diskussionen. Es hat sich viel getan, zum Beispiel in amerikanischen Gefängnissen. In der ersten Hälfte des 20. Jahrhunderts stellten Weiße 70 Prozent aller Insassen, im Jahr 2000 deutlich unter 30 Prozent. Den Rest machen in erster Linie junge Afroamerikaner aus. Dabei sind die relativen Zahlen der Verhaftungen gleich geblieben, nur die verhängten Haftstrafen haben sich dramatisch auseinanderentwickelt. Statistiken zeigen, dass die Mehrheit aller Afroamerikaner aus armen Familien mit einer Haftstrafe rechnen musste.[6] Dieser Umstand war weiter kein Geheimnis – erklärt aber auch, warum viele Afroamerikaner Reagan so inbrünstig hassten.

---

[6] In seiner bemerkenswerten Studie schrieb der bekannte Soziologe Loïc Wacquant: »Kurze 35 Jahre, nachdem die Bürgerrechtsbewegung für Afroamerikaner endlich effektiv Zugang zu den Wahlurnen erstritten hat, ein volles Jahrhundert nach Abschaffung der Sklaverei, wird den Afroamerikanern das Recht Stück für Stück wieder genommen, durch gesetzliche Regelungen, deren Verfassungsmäßigkeit zweifelhaft ist und die in vielen Fällen – zum Beispiel dem lebenslangen Wahlrechtsentzug – internationalen Menschenrechtskonventionen widersprechen, die auch von den Vereinigten Staaten ratifiziert wurden.« »The First Prison Society«, *New Left Review*, Januar/ Februar 2002.

Pastor Wright reagierte bissig auf Obamas Erklärung: Ob Obama wirklich glaube, dass es heute, im 21. Jahrhundert, für Afroamerikaner keinerlei Grund zu Beschwerden mehr gebe? Er, Wright, bleibe jedenfalls bei seinen Ansichten.[7] Daraufhin brach Obama jeden Kontakt zu dem streitbaren Priester ab und beendete dieses Kapitel seiner Vergangenheit. Ihm war das Lob rechtschaffen denkender Menschen lieber. Orlando Patterson begrüßte den Schritt und bejubelte die neue Präsidentschaft als den Beginn einer »kulturellen Reformation«, die auf allen Ebenen zu einer Integration führen werde. Zahlreiche andere schlossen sich an: schwarze Klatschzeitschriften mit ihren Frauen-als-Sexobjekte-Titelseiten priesen Obama, weil er sich gegen Promiskuität aussprach, andere lobten, dass der Präsident und Michelle durch ihr Vorbild schwarze Männer zu dauerhaften Partnerschaften animierten. Warum nur Schwarze? Sind die genetisch unfähig zu stabilen Beziehungen, im Gegensatz zu ihren weißen Geschlechtsgenossen? Die Statistik jedenfalls gibt keinen Grund zur Selbstgeißelung her: Bei der Trennungsrate spielt die soziale Schicht eine größere Rolle

---

[7] Damit begann eine Diffamierungskampagne, ganz im Stil der Sowjetunion in den 1930er-Jahren. Die Northwestern University wies dabei den Weg: In einer Presseerklärung schrieb sie am 1. Mai 2008: »Dieses akademische Jahr hat die Northwestern University auf Vorschlag der Fakultätskomitees Pastor Dr. Jeremiah Wright eingeladen, im Juni eine Ehrendoktorwürde entgegenzunehmen... Angesichts der Kontroverse um Dr. Wright... hat die Universität diese Einladung nun zurückgenommen.« Weiter hieß es, Dr. Wright habe daraufhin den Rektor der Universität, Henry Bienen, kritisiert. Bienen habe wohl gefunden, Wright sei »nicht patriotisch genug«. Diese Darstellung sei aber falsch. Die Universität habe sich nicht wegen Wrights Ansichten zu ihrem Schritt entschlossen, sondern aus Sorge, die Kontroverse um die Titelverleihung könnte die Feierlichkeiten zu Semesterbeginn beeinträchtigen.

als die Rasse. Mittlerweile gingen sogar schon die ersten Berichte von übereifrigen Kultusbeamten in New Orleans ein: Kaum hatte Obama die Wahl gewonnen und sein angenehmes Gesicht hing in jedem Klassenzimmer, schon hatte sich die Leistungsschere zwischen weißen und farbigen Schülern über Nacht geschlossen. Diese Meldung stellte sich zwar als verfrüht heraus, doch die Idee dahinter war nett. Zumindest eiferten die Rektoren der frisch privatisierten Schulen den aufopferungsvollen Freiwilligen nach, die man in Obamas Wahlkampf hatte beobachten können.

Längst waren die Bilder der Verheerung, die Hurrikan Katrina in New Orleans angerichtet hatte, aus den Medien verschwunden. Aber natürlich hatte kein Politiker mit einem Gewissen oder gar mit sozialen Träumen vergessen, was die Katastrophe den schockierten Bürgern an Ost- und Westküste vor Augen geführt hatte: Drittweltzustände im Herzen der Vereinigten Staaten. Es verrät viel über die totale Verkommenheit der politischen Streitkultur im Land, dass erst eine Naturkatastrophe den Amerikanern einen kurzen Augen-Blick auf die Realität in ihrem Land eröffnete.

Dabei musste Obama in Chicago ähnliche Zustände erlebt haben. Die Chicago Urban League legte deprimierende Zahlen zur wirtschaftlichen und politischen Diskriminierung in Chicago vor, dem Herzen des »Yes, we can«-Landes: Das Einkommen schwarzer Haushalte erreichte gerade einmal 58 Prozent des Einkommens weißer Haushalte; 25 Prozent der afroamerikanischen Familien in Chicago waren arm, im Vergleich zu 5,6 Prozent weißer Familien; 16 Prozent der Afroamerikaner und ein volles Drittel aller schwarzen Kinder lebten in »schwerer Armut«. 94 Prozent der laut Studie am stärksten von Armut betroffenen Viertel wurden vornehmlich von Afroamerikanern bewohnt. Warum versuchte kein Politiker, an diesen Zuständen etwas zu ändern? Etwa, weil 93 Prozent aller Spenden an Politiker aus den wohlhabenden Vierteln mit überwiegend weißer Bevölkerung kamen?[8] Die Konzerne Chicagos jedenfalls hatten – ebenso wie die Afroamerikaner der Stadt – Obama freudig in ihre Arme geschlossen. Diese Koalition trug zum Aufstieg Obamas bei, was ihm den Neid seiner innerparteilichen Rivalen und den verbitterten, irrationalen Hass konservativer Republikaner und durchgeknallter Libertarier eintrug.

Schon von Beginn seiner Kampagne an legte Obama eine leidenschaftliche Ernsthaftigkeit an den Tag. Er wandte seine gesamte Kunst der politischen Manipulation und der klugen Diplomatie an, um den Erfolg zu sichern. Ebenso ängstlich wie verschlagen präsentierte Obama sich als Mann der Kompromisse, als jemand, der die tiefen Gräben in Amerika überwinden würde. In seinen Reden und Fernsehauftritten lobte er verdächtig oft Ronald Reagan. In einem Interview erklärte er die Bedeutung Reagans, der, wie Obama selbst, »Unmäßigkeit« ablehnte:

> Ich will mich nicht als Solitär darstellen. Es herrschen nur heute andere Zeiten als 1980. Ich finde, Ronald Reagan hat Amerika auf einen neuen Kurs gebracht, anders als etwa Richard Nixon oder in gewisser Weise sogar Bill Clinton. Er führte uns in eine ganz neue Richtung, und das konnte er, weil das Land bereit

---

[8] Diese vielleicht überraschende Zahl stammt aus Paul Street: *Barack Obama and the Future of American Politics*, Boulder, 2008. Dieses Buch räumt mit einigen Mythen um Obama auf und ist ein nützliches Gegengift zu all den Jubel-Biografien, die in den großen Buchhandelsketten ausliegen.

dazu war. Ich denke, die Leute sehnten sich nach den Exzessen der 1960er- und 1970er-Jahren nach Stabilität. Sie sahen, wie der Staat sich immer weiter aufblähte, unaufhaltsam und scheinbar planlos. Ich glaube, Reagan sprach nur aus, was die Menschen ohnehin fühlten. Nämlich, dass wir Klarheit wollen, Optimismus, ein Wiedererwachen unseres Unternehmergeists.[9]

Obamas Kampagne erzeugte zweifellos Aufbruchstimmung. Die Armen Chicagos hofften, mit ihm einen Schutzpatron an höchster Stelle des Staates zu bekommen. Ihre Hoffnung wuchs und sprang auf die Massen afroamerikanischer Bürger im ganzen Land über. Viele wären schon damit zufrieden gewesen, endlich einmal einen schwarzen Präsidenten zu erleben. Das historische Gedächtnis der Afroamerikaner setzt zwar manchmal aus, aber nichts geht verloren. Denn sie sind sich ihrer anhaltenden Benachteiligung völlig bewusst. Die Afroamerikaner erinnern sich, dass Sklaven das Weiße Haus gebaut haben, dass Frederick Douglas nicht zur zweiten Inaugurationsfeier Lincolns eingelassen wurde, damit kein schwarzes Gesicht die Feierlichkeiten störe, dass die Presse über First Lady Eleanor Roosevelt herfiel, weil sie regelmäßig Anführer afroamerikanischer Gruppierungen zum Tee einlud, dass weder John F. Kennedy noch Lyndon B. Johnson je Martin Luther King die Nacht im Weißen Haus verbringen ließen, dass bis zur Präsidentschaft Clintons überhaupt nie ein schwarzer Politiker als Gast im Weißen Haus übernachtet hatte. Und jetzt stammte die First Lady selbst von Sklaven ab. Diese symbolische Komponente von Obamas Sieg darf man nicht unterschätzen. Doch hat

---

[9] Video-Ansprache an die Herausgeber der *Reno Gazette*, 14. Januar 2008.

Obama den Afroamerikanern mehr gebracht als reine Symbolik?

Einige klarsichtige afroamerikanische Intellektuelle und Aktivisten warnten früh vor übertriebenem Optimismus, doch ihre Stimmen verhallten ungehört. Insbesondere Adolph Reed prangerte an, dass die schwarze Politik völlig untergegangen und die neue Generation schwarzer Politiker ebenso opportunistisch sei wie ihre weißen Konkurrenten. Condoleezza Rice, Colin Powell und Clarence Thomas hatten es unter einem republikanischen Präsidenten in hohe Ämter (Außenministerin, Sicherheitsberater, Verfassungsrichter) gebracht. Warum sollten afroamerikanische Demokraten sich mit weniger abgeben? Schon 1996 prophezeite Reed, was passieren würde:

> In Chicago haben wir schon einen Vorgeschmack darauf bekommen, dass in Zukunft Stiftungsfuzzis im Namen unserer Gemeinschaft sprechen werden. Einer von ihnen, ein aalglatter Anwalt aus Harvard mit makellosem Image als Gutmensch, hat jetzt einen Sitz im Senat von Illinois gewonnen, wo er eine geistlose bis repressive neoliberale Politik betreibt… Im Grunde predigt er, jeder solle sich selbst helfen, versteckt diese Botschaft aber in den warmen Worten authentischer Gemeinschaft. Er spricht von privaten Initiativen, von den kleinen Dingen, die wir selbst tun können, um unsere gewaltigen sozialen Probleme anzupacken. Er macht uns auch darauf aufmerksam, dass wir Kompromisse werden eingehen müssen – ebenso wie die weißen Mittelschichtler. Ich vermute, dass Typen wie er die Zukunft der schwarzen Politik in den USA prägen.[10]

---

[10] Adolph Reed: »The Curse of Community«. *Village Voice*, 16. Januar 1996.

Zwölf Jahre später, als Obama mit Hillary Clinton um die Präsidentschaftskandidatur stritt, wiederholte Reed seine Kritik, die aber weitgehend ungehört verhallte, weil er sich für Clinton als Kandidatin aussprach:

> Er ist ein geistloser Opportunist, ich konnte ihn nie leiden. Ich kenne ihn seit seinen ersten Anfängen in der Politik, als er sich in meinem Wahlkreis für einen Sitz im Senat von Illinois bewarb. Schon damals fiel er mir als totaler Opportunist auf, als guter Schauspieler mit Gespür dafür, wie er weiße Demokraten für sich gewinnt. Schon damals warnte ich, dass seine Politik hinter all dem wohligen Geschwätz von Hoffnung und Wandel letztlich neoliberal ist.
>
> Zu seinem politischen Repertoire gehört seit jeher, dass er – genau wie Clinton – seine Nähe zur schwarzen Zielgruppe dafür ausnutzt, mit ihr »Tacheles« zu reden und angebliches Fehlverhalten in schwarzen Armenvierteln zu kritisieren. Weil er behaupten darf, selbst zu dieser Gemeinschaft zu gehören, kann er noch weiter gehen als Clinton und skurrile bis lächerliche Behauptungen aufstellen.[11]

Houston A. Baker schlug in die gleiche Kerbe und regte sich darüber auf, dass die schwarze Bildungselite – die linke wie die rechte – armen Afroamerikanern mit Vorwürfen in den Rücken fiel, anstatt sie zu unterstützen. Doch das entsprach (leider) dem mittlerweile vorherrschenden Zeitgeist. Die Welt hatte sich gewandelt, es herrschte von links bis rechts der allgemeine Konsens, dass die Bürgerrechtsbewegung Recht gehabt hatte. Obama und seine Hagiographen bezogen sich regelmäßig auf die Bürgerrechtsbewegung, wenn

---

[11] Adolph Reed: »Obama No«, *Progressive*, Mai 2008.

sie den intellektuellen und politischen Werdegang des neuen Präsidenten beschreiben. Der Kampf gegen die Rassentrennung in Alabama und Mississippi ist nur noch ein freundlicher Geist der Vergangenheit, der regelmäßig am Martin-Luther-King-Gedenktag heraufbeschworen wird. Die Ziele von damals, so die Demokraten, verfolge man auch heute noch ganz selbstverständlich, und zwar für alle Hautfarben. Damit wird der Eindruck erweckt, früher hätten alle braven Bürger den Kampf der Schwarzen für ihre Rechte unterstützt. Doch dieses Bild stimmte nie – die politische Kultur der Sklavenhalterzeit durchzog damals fast alle Ebenen der Republik und die meisten Institutionen. Auf dem Parteitag der Demokraten 1964 etwa reservierte die Partei nicht den Bürgerrechtsaktivisten aus Mississippi einen Block im Saal, sondern ihren Gegnern, den politischen Vertretern der Lynchmobs. Kein Wunder also, dass viele junge schwarze Aktivisten den Slogan »Trau nie einem weißen Linken« mit der Muttermilch aufnahmen. Da ihnen der Zugang zum Politik-Mainstream ebenso verwehrt blieb wie vieles andere auch, entschlossen sich Afroamerikaner zum Kampf und erstritten sich die Bürgerrechte durch zivilen Ungehorsam.

Martin Luther King hielt diesen Krieg nie für endgültig gewonnen. In seinen Augen »leben die Schwarzen noch immer im Keller der Oberschicht«. Die Bürgerrechtsbewegung hatte zwar viel erreicht, aber es blieb noch viel zu tun. Also arbeitete King weiter. Er klärte seine Anhänger über die wirtschaftlichen und politischen Realitäten jener Zeit auf und sorgte so für ein rapide wachsendes politisches Bewusstsein in den Ghettos und Kellern. Sein ständiges Anprangern der gewaltigen Unterschiede zwischen Arm und Reich klingt heute fast hellseherisch. Die amerikanische

Außenpolitik geißelte er mit Formulierungen, die auch aus dem Mund des diffamierten Pastors Wright hätten stammen können. King hatte einmal geklagt: »Niemand übt in dieser Welt mehr Gewalt aus als mein eigenes Land.« In seiner hellsichtigen Rede »Wohin führt unser Weg?« warnte King ein Jahr vor seiner Ermordung vor Selbstzufriedenheit. King redete in einfachen, klaren Worten. Das konnte er, weil er etwas zu sagen hatte:

> In diesem Jahrzehnt des Wandels stand der Neger auf und trat seinem Unterdrücker entgegen. Er zwang seine Regierung, neue Gesetze zu erlassen, um einige der grausamsten Ungerechtigkeiten, die ihn betrafen, zu beseitigen. Er zwang eine gleichgültige, uninteressierte Nation, sich aus der Lethargie zu erheben und mit erwachtem Gewissen seine Unterdrückung und seinen Kampf zu erkennen. Er gewann die Stellung eines Mannes in der Nation, die ihn immer »boy« genannt hatte…
> Der Kampf ist noch lange nicht beendet; denn er ist weder gewonnen, wie manche behaupten, noch verloren, wie die Pessimisten erklären. Das tiefe Grummeln der Unzufriedenheit in unseren Städten zeigt, dass die Pflanze der Freiheit bisher nur Knospen trägt, keine Blüten…
> Das tägliche Leben des Negers wird noch immer im Keller der großen Gesellschaft gelebt. Er ist immer noch ganz unten, trotz der Wenigen, die zu einem etwas höheren Niveau vorgedrungen sind. Selbst da, wo die Tür halb aufgestoßen wurde, ist die Bewegungsfreiheit des Negers noch streng begrenzt. Es gibt oft keine Basis, auf der er anfangen kann, und wenn es eine gibt, dann ist sehr selten Platz an der Spitze. Als Folge dessen sind die Neger noch immer arme Fremdlinge in einer reichen Gesellschaft. Sie sind sogar zu arm, um mit der Gesellschaft aufzusteigen, durch die Jahrhunderte so verarmt, dass sie nicht mehr aus eigener Kraft aufsteigen können. Und der Neger hat sich das nicht selbst angetan; man hat es ihm angetan. Mehr als die Hälfte seiner Zeit

in Amerika war er versklavt. Und doch: Er hat die sich wölbenden Brücken gebaut, die prächtigen Herrenhäuser, die robusten Docks und die stabilen Fabriken des Südens. Seine unbezahlte Arbeit hat die Baumwolle groß rausgebracht und Amerika zur wichtigen internationalen Handelsmacht gemacht. Selbst nach seiner Freilassung aus der leiblichen Sklaverei wuchs die Nation auf seinem Rücken und drückte ihn nach unten. Die amerikanische Gesellschaft wurde die reichste und mächtigste in der Geschichte der Menschheit, doch der Neger wurde weit zurückgelassen.[12]

King schloss seine Rede mit einer Gegenüberstellung der Kosten für einen schmutzigen, eskalierenden Krieg in Vietnam – einen Konflikt, in dem überproportional viele Schwarze kämpften und fielen – und der sozialen Probleme zu Hause:

Und ich sage euch heute: Wenn unser Land jedes Jahr 35 Milliarden Dollar für einen ungerechten, schrecklichen Krieg ausgeben kann und 20 Milliarden, um einen Mann auf den Mond zu schicken, dann kann es auch Milliarden ausgeben, um hier auf Erden Kinder Gottes auf ihre eigenen Beine zu stellen.[13]

Stokely Carmichael, der als Mitbegründer des SNCC (Student Nonviolent Coordination Committee) Gewalt entschieden ablehnte, änderte seine Haltung, nachdem zahlreiche Aktivisten vom Ku-Klux-Klan oder rassistischen Polizisten

---

[12] Dr. Martin Luther King: *Where Do We Go from Here?* Online auf stanford.edu; die Rede erschien auch, stark erweitert und verändert, in Buchform: *Wohin führt unser Weg? Chaos oder Gemeinschaft*, übersetzt von Hildegard Jany, Wien, 1968.
[13] ebd.

aus dem Dunstkreis des Klans zusammengeschlagen oder sogar getötet worden waren. Während einer Pause auf der Konferenz »Dialektik der Macht« 1967 in London erzählte Carmichael mir, mit seinem Slogan »Black Power« habe er dem schwarzen Volk seinen tief sitzenden Minderwertigkeitskomplex auszutreiben versucht, der wiederum aus der Sklaverei und der Unterdrückung nach Ende der Sklaverei herrührte. Nur selbstbewusste Afroamerikaner würden sich mit radikalen Weißen zusammentun und auf Augenhöhe in den politischen Kampf ziehen können. Carmichael hatte das im SNCC erlebt, und es hatte tiefe Spuren in ihm hinterlassen. Der Historiker C. L. R. James aus Trinidad hatte Carmichael öffentlich scharf kritisiert und den Slogan als »albern« und »unmarxistisch« verurteilt. Carmichael hatte gelacht und gerufen: »Alter Mann, du bist nicht mehr auf dem Laufenden!« Dabei verehrte Carmichael James, die Idee zu »Black Power« war ihm bei der Lektüre von dessen *Die schwarzen Jakobiner* und anderen Büchern gekommen. Doch als ich zugab, dass ich James beipflichtete, erstarb unser Gespräch schnell. Carmichaels Werdegang unterschied sich deutlich von der typischen Entwicklung anderer militanter schwarzer Bürgerrechtler. Er begann seine politische Arbeit in einer Organisation, die sowohl schwarze und weiße Studenten umfasste. Auch ein paar Weiße starben den Märtyrertod, ermordet von den gleichen Gangstern, die auch Schwarze verbrannten. Später zog Carmichael es dann vor, nur noch mit seinen eigenen Leuten zu arbeiten, und kritisierte alle, die es anders hielten.

Malcolm X hingegen begann seine politische Laufbahn in der Nation of Islam, erkannte dann deren Beschränktheit und begann, gleiche Rechte für alle Rassen und Einkommensschichten zu verlangen. Ganz wichtig: Malcolm X erklärte öffentlich, dass das Ziel nur mit vereinten Kräften von Weißen und Schwarzen zu erreichen sei. Konsequenterweise befürwortete er auch gemischtrassige Ehen, womit er sich den Zorn der Nation of Islam auf der einen Seite und weißer Rassisten auf der anderen Seite zuzog, von denen viele wichtige Positionen in Politik und Strafverfolgung bekleideten.

Carmichael floh aus Amerika und ließ sich in Guinea nieder. Malcolm X wurde, wie von ihm vorausgesehen, ermordet – von angeheuerten Killern der Nation of Islam. Möglicherweise hatte das FBI auch die Finger im Spiel, viele Fakten in diesem Fall blieben im Verborgenen. Martin Luther King verurteilte den Krieg der USA in Vietnam und anderen Ländern aufs Schärfste und kündigte an, als unabhängiger Friedenskandidat gegen den demokratischen Amtsinhaber anzutreten. Auch er wurde in aller Öffentlichkeit ermordet, am 4. April 1968. Immer wieder wird gemunkelt, dass staatliche Institutionen heimlich in die Sache verwickelt gewesen seien. Und tatsächlich sprechen einige Indizien für diese These.[14] Zwei Tage nach dem Mord brannte es im Land lichterloh. In 21 Städten, darunter auch Washington DC, musste das Militär anrücken, um die Ordnung wiederherzustellen. In den schwarzen Ghettos von 72 Städten führte die Polizei regelrecht Krieg gegen die Schwarzen. Wiederholt versuchte sie, junge Afroamerikaner zu gewalttätigen Demonstrationen zu provozieren, um dann mit Tränengas, Schüssen und Verhaftungen gegen sie vorzugehen. Die Black Panthers warnten vor Provokateuren und ermahnten

---

[14] William Pepper: *An Act of State: The Execution of Martin Luther King*. London, 2003.

die wütende Jugend, dass eine Revolution nicht darin besteht, Steine oder Flaschen zu werfen. Dank der mäßigenden Worte der Black Panthers konnten zahlreiche Massaker verhindert werden.

Dennoch geriet die Spitze der Black Panther Party (BPP) danach ins Fadenkreuz; etliche Anführer wurden ermordet oder zu langen Gefängnisstrafen verurteilt. Die BPP stellte seit dem Bürgerkrieg den ersten Versuch dar, Schwarze politisch zu organisieren. Parallel schulte sie die jungen Schwarzen aber auch in Selbstverteidigung. Das weiße Establishment empfand Angst angesichts disziplinierter bewaffneter Gruppen farbiger Männer und Frauen mit schwarzen Berets, die politisch motiviert und völlig ihrer Sache verschrieben durch die Straßen San Franciscos, New Yorks und Chicagos patrouillierten. Doch Schrecken verbreiteten nicht nur die Waffen, sondern vor allem der wachsende Einfluss der BPP auf die nächste Generation von Afroamerikanern. Hier wuchs ein möglicherweise gefährlicher Machtfaktor heran.

Die Entstehung und Entwicklung der BPP sind interessant und haben durchaus auch Einfluss auf das Thema dieses Buchs. Die Black Panthers wurden 1965 gegründet, zunächst als Organisation zum Schutz von Afroamerikanern vor Polizeischikanen. Willkürliche Verhaftungen, Durchsuchungen und Polizeigewalt gehörten in Oakland damals (wie heute) zum Alltag schwarzer Menschen. Anfänglich beschränkte sich die Organisation darauf, Schikanen und Übergriffe einfach nur zu dokumentieren. Bei der Verteidigung der Rechte Schwarzer kannte sie keine Rücksichten und benutzte gesucht provokative Formulierungen. Sie setzte sich nachdrücklich dafür ein, dass die Polizei das verfassungsmäßig garantierte Recht, eine Waffe zu tragen, endlich auch im Falle schwarzer Bürger respektierte. Die Panther waren stolz auf ihr Image als »aufmüpfige Nigger«. Der FBI-Chef J. Edgar Hoover erklärte die Panther zur »größten Bedrohung der inneren Sicherheit Amerikas«. Der US-Generalstaatsanwalt John Mitchell (der später im Zuge des Watergate-Skandals zurücktreten musste) versprach, das Justizministerium »wird die Black Panther Party bis Ende des Jahres 1969 ausgelöscht haben«.[15]

Die Polizei Oaklands führte eine systematische Kampagne gegen die Panther, unter anderem mit willkürlichen Verhaftungen. Wenn die Polizei das Feuer auf sie eröffnete, schossen die Panther zurück und stellten so das staatliche Gewaltmonopol in Frage. Gefragt, warum die Panther einen solchen Kult um Gewalt betrieben, antwortete Bobby Seale:

> Wir Panther hatten nie vor, mit unseren eigenen bewaffneten Leuten durch die Straßen West-Oaklands zu patrouillieren. Wir wollten unseren Brüdern im Viertel nur klarmachen, wie die Dinge standen. Wir sagen: Jeder schwarze Bruder sollte sich bewaffnen. Wir halten das für nötig. Wir sagen nur, man muss sich gegen den »Schutz« der Polizei schützen. Weiter nichts.

Die zentralen Vordenker der Panther-Bewegung, Eldridge Cleaver und Huey Newton, verstanden (ebenso wie Malcolm X zuvor), dass die schwarze Befreiungsbewegung ohne die Unterstützung der weißen Linken chancenlos war. Deshalb gingen sie eine enge Verbindung zur Peace and Freedom Party ein. Damals waren beide Gruppen zwar klein, doch mit vereinten Kräften hätten sie sich vielleicht zu einem

---

[15] *Newsweek*, 19. Februar 1969.

mächtigen Sprachrohr für Andersdenkende entwickeln können. Wie schon zuvor im Fall von Malcolm X beschlossen Polizei und FBI angesichts dieser Entwicklung, dass die Panther politisch und nötigenfalls physisch vernichtet werden mussten. Sie durchsetzten die Organisation mit Spitzeln und richteten ihre Anführer gnadenlos hin. Angesichts dieser Methoden kam es zwar zu Untersuchungsausschüssen, doch die Vorgänge müssen surreal gewesen sein. Man stelle sich nur eine geheime Anhörung vor:

> **Frage**: Officer X, waren Sie sich bewusst, dass Sie die Bürgerrechte des Mitglieds der Black Panther Bobby Hutton verletzten, als Sie ihn erschossen?
> **Antwort**: Nein, Sir. Dessen war ich mir nicht bewusst.

Die Polizei Oaklands ermordete Hutton 1968. Eldridge Cleaver, der zum Tatzeitpunkt bei ihm war, wurde nur verschont, weil zu viele Zeugen herumstanden. Sie hatten beobachtet, wie der junge Bobby von den Polizisten niedergeschossen worden war, und brachen in lauten Protest aus, als die Polizisten danach ihre Waffen auf Cleaver richteten. Cleaver war bis auf seine Socken nackt aus dem Gebäude gekommen, um zu zeigen, dass er keine Waffe bei sich trug. Fred Hampton wurde in Chicago hingerichtet; vom FBI gedungene Gangster brachten 1969 in Los Angeles Al Carter und John Higgins um, George Jackson wurde 1971 im Gefängnis San Quentin ermordet. Cleaver flüchtete vorübergehend ins Exil; als er aus Algerien zurückkam, hatte sich die politische Landschaft grundlegend verändert. Er ließ sich eine Weile treiben, dann fand er Trost im Glauben an Gott und wurde Sympathisant von Ronald Reagan. Was für eine Wandlung!

Der Autor von *Seele auf Eis* wurde ein kleiner Geschäftsmann und wiedergeborener Christ, flirtete mit dem mormonischen Glauben und trat später, in den 1980ern, den Republikanern bei. Er starb 1998. »Mäßige dich oder wir bringen dich um« – vor diese Alternative wurden die Panther gestellt. Viele traten den Demokraten bei, nur Vereinzelte desertierten zu den Republikanern.

Bobby Seale, ein ehemaliger Airforce-Pilot, war vor ein Kriegsgericht gestellt worden, weil er einem rassistischen Vorgesetzten den Gehorsam verweigert hatte. Er überlebte die Haft, doch nach seiner Entlassung fand er eine schwer dezimierte Partei vor. Der Autor des mitreißenden Buchs *Wir fordern Freiheit* zog sich aus der Politik zurück, distanzierte sich aber nie von seinen früheren Taten und Aussagen.

Huey Newton hielt die Fahne weiter hoch, ging in die Wissenschaft und veröffentlichte eine tiefschürfende Analyse seines Daseins als Black Panther. Viele von ihm geschilderte Vorgänge waren archetypisch für jene Zeit: Im Oktober 1967 war Newton von einem Polizeibeamten angehalten worden, der ihn entwaffnen wollte. Ein zweiter Polizist kam hinzu, es folgte ein Schusswechsel. Newton wurde schwer verwundet und verhaftet. Dann verlor er das Bewusstsein. Ein Polizist starb, der zweite erlitt leichte Verletzungen. Im Prozess sagte der verletzte Polizist aus, die Schießerei habe begonnen, *nachdem* Newton verhaftet und entwaffnet worden war. Vielleicht war sie so abgelaufen: Die Polizisten schossen aufeinander, entweder absichtlich oder versehentlich. Der bewusstlose Newton wurde in ein Kaiser-Krankenhaus[16] gefahren. Als er wieder aufwachte, steckten ihm

---

[16] Kaiser ist der größte Gesundheitskonzern Kaliforniens (Anm. d. Red.).

vier Kugeln im Bauch und eine im Oberschenkel. Obwohl er schlimme Schmerzen litt und offen blutete, bombardierte ihn Corrine Leonard, eine weiße Krankenschwester, mit Fragen. Später sagte sie im Prozess aus:

> Ich hörte Stöhnen und Ächzen und ging hinüber. Da war dieser Neger, und ich fragte ihn, ob er bei Kaiser versichert sei. »Ja, ja. Sehen Sie nicht, dass ich blute? Machen Sie schon, holen Sie einen Arzt.« Ich fragte ihn, ob er seine Versicherungskarte dabei habe. Da regte er sich ziemlich auf und sagte: »Man hat auf mich geschossen!« Ich antwortete ihm: »Das sehe ich, aber Sie sind kein akuter Notfall.«

Eine halbe Stunde später kam ein Arzt, behandelte Newton aber erst, nachdem Newton von der eigens verständigten Polizei an den OP-Tisch gefesselt worden war. In dieser Position wurde Newton fotografiert. Eine der leitenden Chirurginnen, Dr. Mary Jane Aguilar, schickte später einen Protestbrief an die örtliche Zeitung. Sie könne sich nicht daran erinnern, schrieb sie, im Zuge ihrer Ausbildung jemals gelernt zu haben, dass man Patienten mit »gravierenden Bauchverletzungen, großen Schmerzen und massivem Blutverlust am besten behandelt, indem man sie an den OP-Tisch fesselt, sodass der Rücken durchgebogen und der Bauch angespannt ist«.

Allen Bemühungen des Krankenhauses zum Trotz überlebte Newton. Später fällte die Jury des Gerichts von Alameda County nach gerade einmal 27 Minuten Beratung ihr Urteil über Newton, obwohl die Beweislage reichlich undurchsichtig war. (Parallelen zum Fall des Ex-Panthers Mumia Abu-Jamal, der aktuell in Philadelphia eine lebenslange Haftstrafe absitzt, sind nicht zu übersehen.) Newtons

Verteidiger, Charles Garry, wandte zwar ein, dass kein des Polizistenmordes angeklagter Schwarzer in diesem Bezirk einen fairen Prozess erwarten könne. (Was man übrigens für das ganze Land behaupten könnte.) Im September 1968 wurde Newton wegen Totschlags zu zwei bis 15 Jahren Haft verurteilt. Im Mai 1970 stellte der Appellationsgerichtshof Kaliforniens fest, was die meisten Anwälte längst wussten: Im ersten Prozess hatte es vor Verfahrensfehlern nur so gewimmelt, der Angeklagte hätte niemals verurteilt werden dürfen. Das Urteil der unteren Instanz wurde aufgehoben. Nach zwei weiteren Anläufen, Newton den Prozess zu machen, ließ der Staat Kalifornien alle Anklagen fallen.

Newton schrieb seine Doktorarbeit über die Panther-Bewegung, ohne seine früheren Überzeugungen aber zu verraten. Am 22. August 1989 wurde er in West Oakland erschossen, von Tyrone Robinson, einem jungen schwarzen Drogendealer. Robinson erklärte, Mitglied einer vom FBI gegründeten oder zumindest massiv infiltrierten »Revolutions-Organisation« zu sein. Er behauptete auch, in Notwehr gehandelt zu haben, doch die Polizei hatte keinerlei Hinweis darauf gefunden, dass Newton bewaffnet gewesen sei. Tatsächlich war diese Ermordung ebenso geplant wie diejenige von Malcolm X. Kurz bevor Newton mit drei Schüssen in den Kopf hingerichtet wurde, beschied er seinem Mörder gelassen: »Meinen Körper kannst du vernichten, aber nicht meine Seele. Die wird ewig leben.«

Es gibt viele Fußnoten zum Erbe der Panther. Eine davon führt in Chicagos South Side. Als sich die Organisation aufzulösen begann, beschloss Bobby Rush, der stellvertretende Verteidigungsminister der Black Panther in Illinois, sich den

Demokraten anzuschließen. In den 1980er-Jahren wurde er in den Stadtrat Chicagos gewählt. Im nächsten Wahlkampf um das Bürgermeisteramt, bei dem sich alles um die Rassenfrage drehte, unterstützte er Harold Washington, den späteren Sieger. Rush stieg in dessen Windschatten ebenfalls auf und wurde 1993 in den Kongress gewählt. Sieben Jahre danach trat er bei der Chicagoer Bürgermeisterwahl gegen Richard M. Daley an, allerdings erfolglos. Daley, der sehr nachtragend war, beschloss, einem jungen Anhänger aus dem Senat des Staates eine Chance zu geben, und ermutigte den – äußerst milde ausgedrückt – hageren und machthungrigen Parteigänger Barack Obama, in den Vorwahlen 2000 gegen Rush anzutreten.[17] Obama erlitt eine schlimme Niederlage, und Rush trat nach:

---

[17] »Obamas übergroßes Selbstbewusstsein trieb ihn in seinen einzigen großen taktischen Fehler. Mit Daleys Machtapparat im Rücken, wollte er seinem Parteifreund Bobby Rush, einem ehemaligen Black Panther, dessen Sitz im Kongress abjagen. Doch in den Vorwahlen bekam Rush mehr als doppelt so viele Stimmen wie Obama. ›Sein Ehrgeiz hatte ihn blind gemacht‹, verriet Rush letztes Jahr der *New York Times*.« (»Obama: A Thin Record for a Bridge Builder«, *Washington Post*, 2. März 2008). Doch beging Obama wirklich einen Fehler? Ich glaube das nicht. Blinder Ehrgeiz trieb ihn in die Fänge der Daley-Maschinerie, einem äußerst effektiven und korrupten Apparat, der aber Widerspruch innerhalb demokratisch kontrollierter Institutionen noch weniger duldet, als der verstorbene Vater des amtierenden Bürgermeisters, Richard J. Daley, es getan hatte. Die zwei dicken Bücher über Obama von David Remnick und Jonathan Alter ignorieren diese Verbindung Obamas zum Machtapparat Daleys entweder ganz oder wiegeln ab: »Obama war nie wirklich Teil der Daley-Maschinerie« (Jonathan Alter: *The Promise: President Obama, Year One*. New York, 2010). War er also nur ein virtueller, unwirklicher oder surrealer Teil jenes Familienapparats, der über die letzten 60 Jahre geduldig und vorsichtig aufgebaut worden ist? Das müssen wir erfahren. Die Vorstellung, dass er den Senatssitz in Illinois und die demokratischen Vorwahlen ohne entscheidende Mithilfe der Chicagoer Regierungsclique gewonnen haben könnte, ist lachhaft.

Barack war nie eine Herausforderung. Die Mächte, die hinter ihm stehen, versuchen seit je, mich zu vernichten... Barack wurde von den liberalen Elitekadern unterstützt, dieser Hyde-Park-Clique. Diese Leute mochten mich nicht. Ich war auf keiner Eliteuni... ich gehöre nicht zur Oberschicht. Ich bin ein ehemaliger Black Panther![18]

Auch für Obamas Versuche, sich für die South Side (und allen ihr ähnlichen Bezirken im restlichen Land) ein neues Image zuzulegen, hatte Rush nur Spott übrig:

»Es ist erbärmlich, wie er plötzlich den Schwarzen rauskehrte«, sagte Rush, stand von seinem Stuhl auf und begann, theatralisch durch sein Büro zu gleiten, in Imitation von Obamas Gang. »Baracks Art zu gehen stammt ursprünglich aus den Ghettos...« Rush lachte über seine eigene Show. »Und er ist der erste Präsident der Vereinigten Staaten, der so geht, das kann ich Ihnen versichern! Aber, ganz unter uns: *Damals* ging er, soweit ich mich erinnern kann, nie so.«[19]

Der Triumph des Kapitalismus im späten 20. Jahrhundert verlockte viele radikale Europäer und (weiße) Nordamerikaner zu einem Seitenwechsel. Es wäre ein Wunder gewesen, wenn die Afroamerikaner standhafter gewesen wären. Und das Establishment band sie gerne ein. Schon Ronald Reagan besetzte einen hochrangigen Posten mit einem ehemaligen Black Panther aus armer Familie: Clarence Thomas.

---

[18] David Remnick: *The Bridge*, New York, 2010. Die Seiten 307–333 enthalten interessante Einblicke in die Infiltration der Black Panther, die Ermordung Fred Hamptons durch die Chicagoer Polizei und die Episode, als Bobby Rush sich in Anwesenheit von 500 Aktivisten und Jesse Jackson der Polizei ergab.
[19] ebd.

Und Bush senior beförderte Thomas später sogar zum Verfassungsrichter. Bushs Sohn George W. wiederum machte eine neokonservative Afroamerikanerin, Condoleezza Rice, zur nationalen Sicherheitsberaterin und den schwarzen General Colin Powell zum Außenminister. Der Sprung zu einem schwarzen Präsidenten war also nicht so riesig, wie mancher glaubte. Die symbolische Bedeutung allerdings war gewaltig: Selbst Ms. Rice bekam feuchte Augen, als die Familie Obama in den Amtssitz an der Pennsylvania Avenue einzog. Was für eine Neuheit, ein schwarzer Präsident. Die ganze Welt machte sich große Hoffnungen, vor allem Europa, das sich verzweifelt einen amerikanischen Präsidenten wünschte, dem man folgen konnte, ohne sich zu blamieren. Irgendwie erwartete man, das neue Oberhaupt des einzigen imperialistischen Staates der Erde würde die Wunden der Vergangenheit schon heilen. Viele der Opfer des Hurrikans Katrina in Louisiana, die meisten Soldaten der Mission Enduring Freedom in Afghanistan, Teile der Bevölkerung im besetzten Irak, in Palästina und im Protektorat Europa schöpften Hoffnung. Jetzt würde vielleicht alles anders.[20]

Doch all dem lag ein Politiksystem zugrunde, das seine historische Funktion erfüllt zu haben schien. De Tocqueville behauptete, die Geschichte strebe in unwiderstehlicher Vorwärtsbewegung hin zu wachsender »Gleichheit der Bedin-

---

[20] Und nicht nur dort. Bekümmert las ich Manning Marables Essay »African American Peacemakers. Dr. Martin Luther King, jr., Barack Obama and the Struggle against Racism, Inequality and War« im *Black Commentator* vom 10. April 2008. Ich hege enormen Respekt für einen Großteil von Marables bisherigen Arbeiten, aber dieser Artikel ging, wie sich zeigen sollte, kaum über sentimentales Schwelgen in Illusionen hinaus.

gungen«. Diese Ansicht äußerte er in den Anfangsseiten von *Über die Demokratie in Amerika*:

> Die allmähliche Entwicklung zur Gleichheit der Bedingungen ist also ein Werk der Vorsehung; sie trägt dessen Hauptmerkmale: Sie ist allgemein, sie ist von Dauer, sie entzieht sich täglich der Macht des Menschen; die Geschehnisse wie die Menschen dienen alle ihrer Entwicklung.
>
> Wäre es klug zu glauben, eine soziale Bewegung, die von so weither kommt, ließe sich durch die Bemühungen einer Generation aufhalten? Denkt man, die Demokratie, die das Feudalwesen der Könige besiegt hat, werde vor den Bürgern und vor den Reichen zurückschrecken?[21]

Da lag er knapp daneben. Nicht die Demokratie beseitigte den Absolutismus der Feudalzeit; Revolutionen und Bürgerkriege verschiedenster Art – in der Regel unterstützt von reichen Händlern, aktiven Philosophen und bewaffneten Bauern – fegten ihn hinweg. Eine Demokratie im echten Sinn des Wortes entwickelte sich nur sehr zäh; eigentlich darf man erst von echter Demokratie sprechen, seit die Frauen nach dem Ersten Weltkrieg das Wahlrecht bekamen. In den Vereinigten Staaten mussten die Nachkommen der Sklaven noch weitere vier Jahrzehnte kämpfen. Sie mussten großes Leid ertragen und zahlreiche Opfer bringen, bis sie sich noch in den letzten Südstaaten in die Wählerlisten eintragen und ihre Stimme abgeben durften. In seiner Doktorarbeit nannte Huey Newton zwei zentrale Hindernisse, die seit Anbeginn der Demokratie ihre Entwicklung bremsten:

---

[21] Alexis de Tocqueville: *Über die Demokratie in Amerika*, übersetzt von Hans Zbinden, Stuttgart, 1959.

1. Klassen- und Rassengrenzen, die in der amerikanischen Gesellschaft seit Jahrhunderten für Spaltung und bitterem Streit sorgen.
2. Das grundsätzliche und hartnäckige Misstrauen der herrschenden Klasse Amerikas vor einer Demokratie, bei der die Masse der Bevölkerung mitreden darf.[22]

Inzwischen ist die amerikanische Demokratie vor dem Geld der Konzerne vollends in die Knie gegangen. Die Seilschaft von Politikern und Bossen, die früher die Ergebnisse demokratischer Wahlen einfach umging, hatte nun den Prozess des Wählens selbst absorbiert. Schon vor Jahrhunderten warnten sowohl Shakespeare als auch Goethe vor dem Einfluss des Goldes, vor seiner Macht zu korrumpieren. Shakespeare illustrierte sein Argument mit einem Bild aus der Antike, als er seinen Timon von Athen traurig und enttäuscht sagen lässt:

> Gold! Kostbar flimmernd rotes Gold?
> … So viel hievon macht schwarz weiß, hässlich schön,
> Schlecht gut, alt jung, feig tapfer, niedrig edel.
> … Ja, dieser rote Sklave löst und bindet
> Geweihte Bande; segnet den Verfluchten.
> Er macht den Aussatz lieblich, ehrt den Dieb
> Und gibt ihm Rang, gebeugtes Knie und Einfluss
> im Rat der Senatoren.[23]

---

[22] Huey Newton: *War Against the Panthers. A Study of Repression in America.* University of California, Santa Cruz, 1980.
[23] William Shakespeare: *Timon von Athen.* 4. Akt, 3. Szene, deutsche Übersetzung von Dorothea Tieck unter der Redaktion von Ludwig Tieck.

Eine solche Symbiose von großem Geld und großer Politik lässt sich in den meisten Teilen der Welt beobachten, doch in den USA war Geld zur sichtbaren Gottheit geworden, und sein Einfluss hatte erschreckende Ausmaße angenommen: Politiker verkündeten nur noch Gesetze, die andere für sie beschlossen hatten; Kreativität, Wagemut und Fantasie wanderten auf die Müllhalde, Apathie griff um sich. Hinter der Illusion eines wohligen Pluralismus verbarg sich die Diktatur des Kapitals. Nach dem Zusammenbruch des kommunistischen Feindes ließ das Kapital schließlich alle Masken fallen. Manche Dinge waren vorher nicht käuflich gewesen, doch jetzt wurde alles zur Ware. Von seinem Lehrstuhl in Princeton beobachtete der Politiktheoretiker Sheldon S. Wolin, wie die amerikanische Politik über Jahrzehnte hinweg an Einfluss verlor. Er spricht von einer »flüchtigen Demokratie«, weil unter den Sachzwängen der Großmachtpolitik und dem Würgegriff der Konzerne ein System entstand, das jede echte demokratische Entscheidungsfindung erstickte. »So sehr sind Lobbyisten Teil des legislativen Prozesses, dass sie gelegentlich Gesetze für die Abgeordneten formulieren oder sogar ihre Büros im Kongress benutzen.« Wolins finstere (aber zutreffende) Ansicht, dass das Land von demokratischen Zuständen wegdrifte, wurde im Januar 2010 ganz überraschend durch eine Entscheidung des Obersten Gerichtshofs bestätigt. Im Fall *Citizens United vs. FEC* entschieden fünf konservative Richter aus eigener Initiative und »im Namen der verfassungsmäßig garantierten Meinungsfreiheit«, dass Konzerne und ihre Lobbyisten unbegrenzt Geld für Wahlwerbespots im Fernsehen ausgeben durften. Obama war nicht amüsiert. Mit ungewohnt harschen Worten verurteilte er, der doch sonst gerne Konsens predigte, die Entscheidung. Dabei ließe sich doch einwenden, dass die Richter nur eine Praxis konsequent zu Ende dachten, die sich längst etabliert hatte. Vielleicht wäre der Protest des Präsidenten glaubwürdiger gewesen, wenn er beim eigenen Wahlkampf auf den Vorschlag seines republikanischen Konkurrenten eingegangen wäre, die Werbeausgaben zu deckeln. Dabei hätte es für ein System der Wahlkampffinanzierung durch die öffentliche Hand gar keine neuen Gesetze gebraucht. Die existierenden hätten gereicht. Doch Obama entschied sich für das Geld der Konzerne und stellte kleinere Spenden als »alternatives System öffentlicher Finanzierung« hin. Obama hatte die Wahl gehabt – und sich für die schlechtere Alternative entschieden, auch wenn er das schönzureden versuchte. Dieses Muster sollte sich nach seiner Ernennung zum Präsidenten in vielen anderen Politikbereichen wiederholen.

Obama trieb mehr Spendengelder ein – hauptsächlich durch Großspenden von Konzernen, auch wenn ein anderer Mythos kreiert wurde – als Hillary Clinton (in den demokratischen Vorwahlen) und weitaus mehr als sein republikanischer Kontrahent (während des eigentlichen Wahlkampfs). Die Konzerne investierten kräftig in Obama: Goldman Sachs 994 775 Dollar, Microsoft 833 617 Dollar, UBS 543 219 Dollar, Lehman Brothers (im Jahr 2007) 318 467 Dollar, JP Morgan Chase 695 132 Dollar. Auch Time-Warner, IBM, Morgan Stanley, General Electric, Exxon und Google trugen ihr Scherflein bei. Drei große Anwaltskanzleien allein spendeten 15,8 Millionen Dollar. Die Universitäten Stanford und Columbia schickten jeweils Schecks über eine halbe Million, die University of California steuerte 1,5 Millionen Dollar bei. Aus strategischen Gründen beschloss Obama, aus seinen überquellenden Schatztruhen (er hatte insgesamt 900 Millionen Dollar eingetrieben, gut 600 Millionen Euro) einen Großteil von Hillary Clintons Wahlkampfschulden zu begleichen. Im Gegenzug versprach sie Waffenstillstand. Würde der Pakt halten?

Während Obama also mit den Großkonzernen ins Bett stieg, rief er in seinen Reden immer wieder Gott an. Das hatte sogar eine gewisse Logik: Als Präsident eines imperialen Reiches würde er reichlich göttlichen Beistand brauchen. In seinem Verhalten folgte er lediglich dem Beispiel der ersten weißen Siedler: Einer gern wiederholten Geschichte zufolge bekamen die Pioniere in Milford (Connecticut) vorübergehend Skrupel, ob sie den Ureinwohnern wirklich das ganze Land wegnehmen durften. Man nahm die Bibel zur Hand und studierte sie gründlich, bis sich den Siedlern der göttliche Plan offenbarte. Nach kurzer Debatte beschlossen die Siedler Folgendes:

1. Die Welt und alles auf ihr gehört Gott.
2. Gott kann die Welt seinen Heiligen übertragen.
3. Wir sind seine Heiligen.

Im Amt zeichnete Obama bisher vor allem dadurch aus, dass er den von seinen Vorgängern eingeschlagenen Kurs beibehielt. Trotz der schwerwiegenden Wirtschaftskrise daheim und den katastrophalen Kriegen im Ausland sieht er keinen großen Änderungsbedarf in der Politik. Obama ist lediglich ein neues, originelleres Aushängeschild des Großreichs. Für die extremsten Verteidiger des imperialen Projekts ist er aber weiterhin ein rotes Tuch, wie man fast jeden Abend auf Fox zu sehen und in den extrem konservativen

Radiotalkshows zu hören bekommt. Mit Schaum vor dem Mund wird Obama dort als »Sozialist« hingestellt, der den Islam mit Samthandschuhen anfasst, Israel nicht entschlossen genug unterstützt, vielleicht überhaupt nicht in den USA geboren und damit gar kein legitimer Präsident, aber auf jeden Fall ein völlig außer Kontrolle geratener Radikaler ist. Schön wär's! Für die Hysterie der Rechten gibt es in Wirklichkeit nicht den geringsten Anlass.

Doch auch das von Obamas Anhängern gezeichnete Bild eines braven Mannes in einer bösen Welt kann nicht überzeugen. Natürlich muss man in der Politik gelegentlich Kompromisse eingehen, um soziale Projekte wenigstens teilweise durchsetzen zu können. Nur gibt es ein Problem: Obama ist zwar ein äußerst intelligenter Mensch, doch er plant keineswegs, das Land gerechter zu machen. Da war bei seinen Anhängern wohl der Wunsch Vater des Gedankens.

In Wirklichkeit ist Obama ein geschickter und talentierter Politiker, der innerhalb des bestehenden Systems raketengleich aufstieg. Sobald man sich das klargemacht hat, kann einen kaum mehr etwas an seinem Verhalten überraschen. Es wäre auch unsinnig, Obama »Verrat« vorzuwerfen, nur weil man sich selbst Illusionen gemacht hat. Ein Mit-Demokrat aus Chicago brachte es schön auf den Punkt:

> Ich lernte Barack Obama vor 14 Jahren kennen. Damals war er ein junger Anwalt, ein Senator in Illinois, der sich darauf vorbereitete, sich auf einen Sitz im Kongress zu bewerben. Schon damals hielten ihn viele für einen aufsteigenden Stern. Tatsächlich begann bald nach unserer ersten Begegnung unser beider politischer Aufstieg in Chicago, an dessen Ende ich Gouverneur des Staates und er Präsident des Landes war. Nur wenige

Augenblicke, nachdem der neue Präsident seinen Amtseid geleistet hatte, nahm mir im Gerichtsgebäude von Chicago ein Polizeibeamter die Fingerabdrücke ab. Heute ist Obama Präsident der Vereinigten Staaten, wie Zeus in der griechischen Mythologie, auf den Gipfeln des Olymp. Und ich bin Ikarus, der zu nah an der Sonne flog und abstürzte.[24]

Der eine gewinnt, der andere verliert.

Ist Michelle Obama, die erste First Lady, die direkt von Sklaven abstammt, eine Gewinnerin oder eine Verliererin? Da scheiden sich die Geister. Eleanor Roosevelt brachte ihren Mann mit ihren herzlichen Kontakten zu Radikalen und ihren unverblümt geäußerten Ansichten immer wieder mal in peinliche Situationen. Die größten Kontroversen entzündeten sich an ihrer strikten Ablehnung der Rassentrennung. Sie weigerte sich, dem Volk nach dem Mund zu reden. Auch Hillary Clinton äußerte sich als First Lady entschieden zu politischen Fragen und kämpfte energisch für ein besseres Gesundheitssystem, bis Bill und sie schließlich vor den Medizinmultis und deren Freunden in Senat und Abgeordnetenhaus einknickten. Michelle Obama ist eine bekanntermaßen kluge Frau. Warum um Himmels willen hat sie sich ausgerechnet dem Thema »Kampf gegen die Fettleibigkeit« verschrieben? Das Thema geht sie ganz im Stil ihres Mannes an: Sie gibt den Dicken die Schuld, denen es einfach an Disziplin fehle. Die wahren Schuldigen – Armut, Nahrungsmittelindustrie, die Speisepläne öffentlicher Institutionen – nennt sie nicht.

In den letzten 50 Jahren hat sich im Aussehen der Amerikaner ein erstaunlicher Wandel vollzogen: Bis zum Ende

---

[24] Rod Blagojevich: *The Governor*. Los Angeles, 2009.

der Belle Epoque zeichneten in Europa politische Karikaturen obszön fette Millionäre, unter deren Tischen bis auf die Knochen abgemagerte Arme auf Krumen warteten. Romane beschrieben, wie reiche Männer unter der Gicht litten. Heute dienen schlanke Spitzenmanager und Hollywood-Schauspieler als Werbeikonen der Schönheit, während Gicht und extreme Fettleibigkeit typische Unterschicht-Leiden geworden sind.

Doch wenn Kinder fett sind, hat das nur am Rande mit mangelhafter Erziehung oder individueller Schwäche zu tun, wie es Michelle Obama gebetsmühlenhaft wiederholt. Selbst ihr Mann äußert sich nur selten so krass neoliberal. Nein, dicke Kinder sind die direkte Folge einer verstörenden Symbiose von Politikern und globalen Konzernen. Riesige Dienstleister betreiben Kantinen für Schulen, Krankenhäuser, Universitäten und das Militär. Sie kaufen bei denjenigen Lieferanten ein, die die höchsten Schmiergelder zahlen und die deshalb, um selbst noch Gewinne zu erzielen, minderwertige Ware ausliefern. Ehrliche Händler, die gesunde Ware anbieten, haben in diesem System keine Chance.[25]

Wissenschaftler beklagen auch die Nahrungsmittelwerbung im Fernsehen, die sich mit beliebten Cartoon-Charakteren direkt an Kinder wendet. Dr. Thomas Robinson von der Universität Stanford erklärt: »Heute liegen uns eindeutige Beweise für einen Verdacht vor, den viele Menschen schon lange hegten: Mit Cartoon-Figuren lassen sich

---

[25] Im Jahr 2009 verbrachte ich zwei Wochen in Flint (Michigan). Dort vertraute mir eine verzweifelte Lehrerin an, manche ihrer Schüler seien so dick, dass sie sich nicht mehr auf den Boden setzen konnten, weil das Aufstehen danach zu anstrengend wäre. Zumindest sie verstand, dass es eines dramatischen Kurswechsels auf Bundesebene bedurfte, um dieses Problem anzugehen.

die Vorlieben unserer Kinder für bestimmte Lebensmittel beeinflussen... Gern wird den Eltern die Schuld in die Schuhe geschoben, aber die Eltern haben keine Milliarden Dollar für Gegen-Reklame.«[26]

Solange es keinen größeren Lebensmittelskandal mit Kindern als Opfern gibt, wird Michelle Obamas Kampagne »Let's Move« sich wohl kaum mit der Branche anlegen. Anstatt also Fitness-Trinen im Frühstücksfernsehen nachzuahmen, sollte Michelle lieber ihren Mann und seine Mitstreiter auf dem Kapitolshügel dazu drängen, die Produktion von Lebensmitteln für Kinder stärker zu regulieren und die TV-Werbung für ungesunde Nahrung mit Cartoon-Charakteren zu verbieten. Das wäre ein gesunder Anfang.

---

[26] Dierdre Lockwood: »Shrek lures Kids to Sugary Snacks«, *Chicago Tribune*, 21. Juni 2010.

2

Der Präsident
der Scheinheiligkeit

Vor zwei Jahren hat der neue Steuermann übernommen. Wie hat sich danach das amerikanische Imperium verändert? Während der Bush-Jahre klammerten sich ja viele Amerikaner an die Illusion, Bush sei ein peinlicher Ausrutscher gewesen. Staatsstreichähnlich hätten rechte Fanatiker – oder, alternativ, ultrareaktionäre Konzerne – die amerikanische Demokratie gekapert, um den Nahen Osten mit Gewalt zu überziehen. Entsprechend groß war die Euphorie bei der Amtseinführung eines gemischtrassigen Demokraten, der versprach, Amerikas Wunden im Inneren zu heilen und seinen Ruf im Ausland wiederherzustellen. Solche Euphorie hatte man seit den Tagen Kennedys nicht mehr gesehen! Endlich würde Amerika der Welt wieder sein wahres Gesicht zeigen – entschlossen, aber friedliebend, standhaft, aber großzügig, menschlich, respektvoll und multikulturell. Dem neuen Präsidenten eilte der Ruf voraus, ein Lincoln oder Roosevelt unserer Zeiten zu werden. Sicher, er würde Kompromisse eingehen müssen, das bleibt keinem Staatsmann erspart. Aber zumindest wäre das peinliche Intermezzo republikanischer Großkotzigkeit und Kriminalität vorbei. Bush und Cheney hatten mit der Tradition gebrochen, dass Amerika als Führungsmacht auf seine Verbündeten hörte, obwohl sich der multilaterale Ansatz während des Kalten Krieges und danach bewährt hatte. Aber Obama würde sicher zu ihm zurückkehren.

Diese Illusion verflüchtigte sich schnell. Denn bei genauerer Betrachtung hatte sich in der amerikanischen Außenpolitik während der Amtszeiten von Bush senior, Clinton und Bush junior gar nichts geändert – vom Tonfall einmal abgesehen. Und jetzt ging es unter Obama unverändert weiter. Die strategischen Ziele und Interessen des US-Imperiums blieben die Gleichen, ebenso die wichtigsten Schauplätze und die Methoden. Selbst vor dem Zusammenbruch der UdSSR hatte die Carter-Doktrin den Nahen Osten als zentrales Schlachtfeld für die Ausweitung amerikanischer Macht in der Welt definiert. Vergleicht man die Politik der verschiedenen Präsidenten, stellt sich schnell heraus, dass Obama der Sohn George W. Bushs ist, der wiederum der Sohn Clintons war, der wiederum Sohn von George Bush senior war – eine biblisch klingende Abfolge von Vätern und Söhnen.

Noch vor seiner Amtseinführung demonstrierte Obama überdeutlich, wie er zu Israel stand. Am 27. Dezember 2008 griff das israelische Militär den Gazastreifen vom Boden und aus der Luft an. 22 Tage lang bombardierte das Militär pausenlos. Während dieser gesamten Zeit fand der bereits gewählte US-Präsident kein einziges Wort der Kritik. Wie vereinbart, beendete Tel Aviv den Blitzkrieg kurz vor der Amtseinführung Obamas am 20. Januar 2009, um die Party nicht zu verderben. Mittlerweile hatte Obama

Rahm Emanuel zum Stabschef ernannt, einen ultrazionistischen Hardliner aus Chicago, der sich freiwillig zum israelischen Militär gemeldet hatte. Nach seinem Amtsantritt rief Obama, wie alle US-Präsidenten, die beiden Völker im Heiligen Land auf, sich doch zu vertragen. Wie seine Vorgänger ermahnte er die Palästinenser, Israel als Nation anzuerkennen, und die Israelis, in den 1967 eroberten Gebieten keine Siedlungen zu bauen. Doch nur eine Woche nach einer Rede Obamas in Kairo, in der er sich gegen neue Siedlungen ausgesprochen hatte, beschloss die Koalition unter Netanjahu den Bau weiterer Wohnungen für Juden in Ostjerusalem. Konsequenzen? Fehlanzeige. Im Herbst gratulierte Außenministerin Clinton Netanjahu zum »bemerkenswerten Entgegenkommen« seiner Regierung, die sich bereit erklärt hatte, den Wohnungsbau zu stoppen. Bei einer Pressekonferenz in Jerusalem fragte sie Mark Landler von der *New York Times*: »Frau Außenministerin, bei Ihrem ersten Besuch im März verurteilten Sie den Abriss von Häusern in Ostjerusalem. Doch der Abriss geht ungebremst weiter. Erst vor ein paar Tagen hat der Bürgermeister der Stadt weitere Abrisse angekündigt. Wie beurteilen Sie diese Politik heute?« Clinton war nicht bereit, diese Frage zu beantworten.[1]

Einen Monat zuvor hatte eine Untersuchungskommission der Vereinten Nationen den Gazastreifen besucht. In ihrem Bericht prangerte sie Verstöße des israelischen Militärs gegen das Kriegsrecht an, auch wenn natürlich die Raketenangriffe der Hamas den Angriff ausgelöst hätten. Bei den Recherchen vor Ort hatte die Kommission Drastisches zu

---

[1] »Remarks with Israeli Prime Minister Benyamin Netanyahu«, US-Außenministerium, 31. Oktober 2009. Nachzulesen unter www.state.gov

hören bekommen, wie auf ihrer Website nachzulesen war. Dennoch fiel ihr Abschlussbericht nicht besonders israelkritisch aus. Konnte das damit zu tun haben, dass der südafrikanische Richter Richard Goldstone die Kommission leitete, ein bekennender Zionist?[2] Selbst auf die leise Kritik im Bericht reagierte Tel Aviv, das nicht gewohnt war, vom Establishment kritisiert zu werden, empört. Deshalb instruierte Washington seinen Vasallen an der Spitze der PLO, Mahmud Abbas, dass er in der UN jede Debatte über diesen Bericht verhindern solle.[3] Das war selbst für die treuesten Abbas-Anhänger nicht mehr zu ertragen; nach einem allgemeinen Aufschrei musste Abbas zurückrudern.

Auf dem Schauplatz Palästina gab es keine größeren Neuigkeiten, was aber im außenpolitischen System Amerikas keinen Stillstand bedeutete. Schon seit Längerem versucht Amerika, Israel dazu zu bewegen, ein oder zwei Homelands für Palästinenser auszuweisen.[4] Das geschähe in Israels ur-

---

[2] In einem auf Hebräisch geführten Interview mit dem israelischen Armeesender erklärte Nicole Goldstone, die Tochter des Richters: »Mein Vater nahm den Auftrag an, weil er glaubte, damit dem Frieden dienen zu können, den Menschen und auch den Israelis... Es war nicht einfach. Mein Vater war nicht auf das gefasst, was er hörte und sah.« Sie verriet dem Sender auch, dass ohne ihren Vater der Bericht deutlich harscher ausgefallen wäre. Man darf noch anfügen, dass er Bericht noch viel kritikloser formuliert worden wäre, wenn nicht Hina Jilani, eine toughe Pakistanerin, ebenfalls bei der Kommission gewesen wäre und dies verhindert hätte.

[3] Die Israelis drohten ansonsten mit der ultimativen Sanktion: Sollte Abbas den Goldstone-Bericht gutheißen, würde die israelische Mobilfunkfirma die Anschlüsse wichtiger PLO-Führungskräfte stilllegen.

[4] Hier sei allerdings angemerkt, dass Bischof Tutu und Ronnie Kasrils, ein ehemaliger stellvertretender Verteidigungsminister unter Mandela, vehement gegen diese Bezeichnung protestierten. Sie betonen, dass die Lage der Palästinenser in den besetzten Gebieten weitaus schlimmer sei als die der Schwarzen in den Homelands.

eigenem Interesse, denn das würde für die nächste Zukunft verhindern, dass sich ein eigenständiger Palästinenserstaat mit einer echten Palästinenserregierung bildete. Die Oslo-Abkommen stellten einen ersten Schritt in diese Richtung dar, indem sie den Palästinensern autonome Regierungskompetenzen übertrugen. Doch die sogenannte Autonomie ist kaum mehr als eine potemkinsche Fassade für die wahren Machtverhältnisse in den besetzten Gebieten: Dort herrscht das israelische Militär. Mit dem Abkommen wurde die Stellung der PLO weiter untergraben, deren Führung sich im Westjordanland niederließ und Geld machte, während der Großteil der Palästinenser hilflos zurückblieb, in tiefer Armut und ständiger Angst vor der Gewalt der Siedler. In diese Lücke stieß die Hamas. Sie schuf ein primitives, aber wirksames System der Nothilfe, verteilte Nahrungsmittel an Arme und sicherte eine medizinische Grundversorgung. Aufgrund ihres Images als Retterin der Armen gewann die Hamas die Wahlen in Palästina 2006 triumphal. Euro-Amerika reagierte mit einem sofortigen politischen und wirtschaftlichen Boykott, in dessen Folge im Westjordanland die Fatah wieder an die Macht gelangte. Im Gazastreifen, der Hochburg der Hamas, hatte Israel schon lange auf einen Putsch durch Mohammed Dahlan gehofft, Washingtons Lieblingsgangster im Sicherheitsapparat der PLO. Der israelische Verteidigungsminister Ben Eliezer räumte vor dem Auswärtigen Ausschuss der Knesset offen ein, den Gazastreifen beim Abzug des israelischen Militärs im Jahr 2002 Dahlan angeboten zu haben. Der zeigte sich durchaus willens, einen Bürgerkrieg unter Palästinensern anzuzetteln – ein Szenario, von dem viele israelische Kolonisten schon lange träumten. Vier Jahre später stiftete Washington Dahlan zu einem Putsch an, doch die Hamas kam ihm zuvor und übernahm den Gazastreifen Mitte 2007.[5] Nachdem Europa und Amerika die dortige Bevölkerung mit Wirtschaftssanktionen für ihren Widerstand gegen den Westen bestraft hatten, folgte die militärische Rache der Israelis Ende 2008, heimlich begrüßt von Obama und den Regierungen Europas.

Von einer Befriedung kann heute natürlich keine Rede sein, auch wenn manch Leichtgläubiger das gern so sähe. Der Widerstand der Palästinenser bricht schlicht zusammen; sie sind den wiederholten Schlägen und der wachsenden Isolierung nicht gewachsen. Selbst die Hamas – unfähig, eine kohärente Strategie zu entwickeln oder aus den Oslo-Abkommen auszubrechen, zu deren Gefangenen sie geworden ist – ringt sich langsam dazu durch, die von Israel angebotenen Almosen anzunehmen. Eine echte Palästinenserregierung gibt es keine, gewählte Vertreter der West Bank oder des Gazastreifens werden behandelt wie Bettler: belohnt, wenn sie auf den Knien bleiben und den Befehlen des Westens gehorchen, bestraft, wenn sie nicht willfährig sind. Rational betrachtet, würden die Palästinenser viel besser fahren, wenn sie die Autonomiebehörde auflösten und auf gleichen Bürgerrechten in einem einzigen Staat bestehen würden. Allerdings müsste vermutlich eine internationale Kampagne Israel mit einem Boykott, Kapitalabzug und Sanktionen dazu zwingen, die Apartheid-Struktur im Land abzuschaffen. Realistisch betrachtet, wird das in der nahen Zukunft aber wohl kaum passieren. Aller Wahrscheinlichkeit nach werden sich Obama und Netanjahu auf eine endgültige Lösung mit separaten »Palästinensergebieten« ver-

---

[5] Siehe David Rose: »The Gaza Bombshell«, *Vanity Fair*, April 2008.

ständigen, mit denen Israel leben und Palästina sterben kann.

Netanjahu und Ehud Barack brauchten Obama, um ihren Plan durchzudrücken. Obama war auf die Unterstützung der über 100 000 Mitglieder starken israelischen Interessenvereinigung AIPAC (American Israel Public Affairs Committee) bei den Wahlen zur Mitte der Legislaturperiode angewiesen. Israelfreundliches Geld spielt in amerikanische Wahlen eine wichtige Rolle, und der Segen von AIPAC kann in engen Wahlen den Ausschlag geben. Unterstützung bekommt allerdings nur, wer Loyalität zu Israel beweist und Israelkritiker als Heuchler und Antisemiten verdammt. Kandidaten beider Parteien für das Präsidentenamt, für Repräsentantenhaus und Senat dackeln brav zu AIPAC-Versammlungen, um Treue zu geloben und Schecks abzuholen.[6] Doch wie so oft in dieser Region scheiterten noch die besten Pläne von israelischer Führung und Weißem Haus. So musste ein geplanter Besuch Netanjahus in den USA im Mai 2010 überstürzt abgesagt werden, nachdem die israelische Führung in internationalen Gewässern einen Hilfskonvoi für das palästinensische Ghetto gewaltsam gestoppt und damit weltweite Empörung ausgelöst hatte. Das israelische Militär tötete bei dem Überfall neun Aktivisten an Bord des türkischen Passagierschiffs *Mavi Marmara*, weitere wurden verhaftet und nach Israel gebracht. Netanjahu und Ehud Barack hatten die Aktion geplant und genehmigt. Doch sie hatten nicht mit dem Proteststurm gerechnet, den sie damit auslösten.

---

[6] Mehr zur engen Verzahnung von Israel-Lobby und amerikanischer Politik finden Sie bei Michael Massing: »The Storm Over the Israel Lobby«, *New York Review of Books*, 8. Juni 2008.

Der Großteil der Welt reagierte entrüstet. Selbst die deutsche Regierung, normalerweise aufgrund der Vergangenheit zum Schweigen verdammt, sah sich zu leiser Kritik genötigt. Auch die britische Regierung nannte Israels Verhalten »inakzeptabel« und verlangte eine sofortige Aufhebung der Blockade (während das Staatsfernsehen BBC aber weiter ungeniert israelische Propaganda verbreitete). Der Rest Europas äußerte sich größtteils ähnlich wie die britische Regierung. Ägypten sah sich gezwungen, seine Grenze zum Gazastreifen zu öffnen, und selbst Mahmud Abbas rang sich einige Worte des Ärgers ab. Die Vereinigten Staaten weigerten sich, das Vorgehen Israels zu kritisieren, und erzürnten damit das NATO-Mitglied Türkei. Auch eine Untersuchung durch die Vereinten Nationen verhinderten sie über stille Diplomatie. Immerhin »drängten« sie Netanjahu, zwei »internationale Beobachter« zuzulassen: Ein kanadischer Richter und David Trimble aus Nordirland sollten – als Beobachter ohne Stimmrecht – an den Sitzungen des internen Untersuchungsausschusses teilnehmen dürfen, dem das israelische Kabinett zugestimmt hatte. Für die USA gilt internationales Recht ohnehin nicht, aber nun hat die ganze Welt gesehen, dass es auch für Israel nicht gilt. Was als reine Arroganz vonseiten der israelischen Regierung gewirkt haben mag, könnte übrigens sehr wohl auch eine gezielte Brüskierung der Türkei gewesen sein. Die hatte sich nämlich, zusammen mit Brasilien, dem amerikanisch-israelischen Druck widersetzt, Iran zu boykottieren, und eigene Vermittlungsversuche in der Atomfrage gestartet.

Im Augenblick gibt es allerdings für die USA trotz der Todesopfer im Hilfskonvoi dringlichere Probleme als Palästina: Die Großmacht muss sich erst um Kriegsgebiete weiter östlich kümmern. Der Irak mag zwar aus den Schlagzeilen verschwunden sein, nicht aber aus den täglichen Sicherheitsbriefings im Oval Office. Im Jahr 2002 verurteilte Obama, damals ein unbedeutender Senator im Bundesstaat Illinois, die Invasion des Iraks. Das war damals politisch billig. Doch bei Amtsantritt Obamas standen die amerikanischen Truppen schon seit sechs Jahren im Irak. Was tun? Als Erstes bestätigte Obama Bushs Verteidigungsminister Robert Gates im Amt. Der parteilose Gates hatte vor seinem Aufstieg in die Regierung 26 Jahre beim CIA gearbeitet und war unter anderem in die Iran-Kontra-Affäre verwickelt gewesen. Ein deutlicheres Signal, dass alles beim Alten bliebe, hätte Obama nicht setzen können. In den letzten zwei Jahren seiner Amtszeit hatte George W. Bush das Kontingent im Irak um 20 Prozent auf 150 000 Soldaten aufgestockt, um das Land zu befrieden. Der sogenannte Surge wurde quer durch das Parteienspektrum gelobt, aufgrund der Verstärkung sei es gelungen, den Widerstand zu brechen und dem Land eine stabile, prowestliche, vielleicht in Zukunft sogar demokratische Basis zu geben. Von diesem Drehbuch wich die neue demokratische Regierung kein Jota ab. Schon Bush und seine Verbündeten hatten ja schriftlich vereinbart, bis Dezember 2011 alle Truppen aus dem Irak abzuziehen und bis Juni 2009 alle US-»Kampftruppen« heimzuholen. Vor seiner Wahl versprach Obama, innerhalb von 16 Monaten nach Amtsübernahme (also bis Mai 2010) alle US-»Kampftruppen« abzuziehen – allerdings mit der Einschränkung, dass der genaue Zeitplan natürlich an die Lage im Land »angepasst« werden müsse. Das wurde er dann auch prompt: Im Februar 2009 wurde angekündigt, die US-Kampftruppen würden den Irak nun bis September 2010 verlassen. Die verbleibenden 50 000 Soldaten dürften aber weiterhin Kampfhandlungen durchführen, »zum Schutz unserer zivilen und militärischen Bemühungen im Lande«[7].

Die Verheerung, die die USA und ihre Verbündeten, in erster Linie Großbritannien, angerichtet haben, ist bekannt: Das Kulturerbe des Landes wurde vernichtet, die soziale Infrastruktur brutal zerlegt, der natürliche Reichtum geplündert. Ehemals gemischte Wohnviertel wurden »entmischt«, vor allem aber wurden zahllose Bürger getötet oder vertrieben: Nach Regierungsangaben sind über eine Million Tote, drei Millionen Flüchtlinge und fünf Millionen Waisen zu beklagen.[8] All das schwiegen der Oberkommandierende und seine Generale tot. Sie hatten andere Sorgen: Darf man den Irak nun als leidlich sicheren Außenposten des amerikanischen Reichs betrachten? Es gab Anlass zur Freude – und Anlass zu Zweifeln. Verglichen mit der Lage zum Höhepunkt des Aufstands 2006 war das Land Mitte 2011 ruhig, alles war unter Kontrolle. Amerikaner starben nur noch wenige. Eine vornehmlich schiitische Armee von etwa 250 000 Mann steht ausgebildet und bis an die Zähne bewaffnet be-

---

[7] Obama in einer Rede im Camp Lejeune, North Carolina, 27. Februar 2009. (Anm. d. Red.: Mittlerweile haben sich die US-Streitkräfte aus dem Irak zurückgezogen: die »Kampftruppen« im Sommer 2011, die »Berater« im Dezember 2011.)

[8] Details dazu in R. Baker /S. Ismael /T. Ismael (Hrsg.): *Cultural Cleansing in Iraq. Why Museums Were Looted, Libraries Burned and Academics Murdered*, London, 2009. Dort finden sich auch Tatsachen wie diese: Von 2003 bis 2007 ließen die USA genau 463 Flüchtlinge aus dem Irak ins Land, vornehmlich gut ausgebildete Christen. Einen erhellenden Überblick über die Geschichte des irakischen Öls und die gerade stattfindende privatwirtschaftliche Plünderung bietet Kamil Mahdi: »Iraq's Oil Law: Parsing the Fine Print«, *World Policy Journal*, Sommer 2007.

reit, um aufflackernden Widerstand sofort zu ersticken. Ethnische Säuberungen in der Hauptstadt fanden in einem Umfang statt, dass die Hagana stolz gewesen wäre. Die meisten sunnitischen Viertel sind ausgelöscht, und so hat das von Bush eingesetzte Regime al-Maliki die Hauptstadt erstmals fest im Griff. Im Norden bleiben die kurdischen Protektorate solide Bastionen amerikanischer Macht. Im Süden wurden die Milizen Muktadr al-Sadrs verscheucht. Doch das Allerbeste: Die Ölquellen kehren in die Hände von Leuten zurück, die damit etwas anzufangen wissen. Auf Auktionen wurden 25 Jahre laufende Förderlizenzen an ausländische Konzerne versteigert. Zwar trüben in Bagdad einige Exzesse[9] das Bild, doch der neue Irak hat den Segen des wichtigsten schiitischen Geistlichen, des Großajatollahs as-Sistani.

Dennoch blieb das Unbehagen, dass die irakischen Aufständischen, die noch gestern dem US-Militärapparat solchen Schaden zufügen konnten, sich nach ihren schlimmen Verlusten (auch durch Überläufer) vielleicht nur vorübergehend zurückgezogen haben, einfach abwarten und sich nach Abzug der amerikanischen Streitkräfte blutig an den

---

[9] Diese Exzesse schildert der Artikel »Could a Police State Return?« im *Economist* vom 3. September 2009: »Alte Gewohnheiten aus der Saddam-Ära greifen wieder um sich. In den Gefängnissen der Regierung wird routinemäßig gefoltert ... Wieder reißen Polizei und Sicherheitsbeamte Gefangenen Fingernägel aus; selbst Verhaftete, die schon gestanden haben, werden weiter geschlagen. Ein humpelnder Freigelassener erzählt, er sei fünf Tage lang in einem Ministerium gefoltert worden – und damit noch relativ glimpflich davongekommen: Als er seine Mitgefangenen wiedersah, hatten viele von ihnen Gliedmaßen und Organe verloren. Insbesondere in der Hauptstadt war der heimische Sicherheitsapparat nie so beschäftigt, seit Saddam vor sechs Jahren gestürzt wurde. Im Juli verhängte die Bagdader Polizei wieder eine nächtliche Ausgangssperre, weil sie ihr erleichtert, auf Befehl von Politikern Menschen zu verhaften, die der schiitisch dominierten Regierung missfallen.«

Kollaborateuren rächen [10]. Als Versicherung dagegen hat Washington Bastionen im Land gebaut; moderne Versionen der Kreuzritter-Burgen, wenn auch um ein Vielfaches größer und hässlicher. Die Militärbasis Balad lag in bequemer Bomber-Entfernung zu Bagdad und war ein eigenes Klein-Amerika. Sie verfügte über einen Flughafen, der nach Heathrow der aktivste der Welt ist, bot Unterkünfte für 30 000 US-Soldaten und zivile Helfer – vornehmlich Gastarbeiter aus dem südlichen Asien, die putzten, kochten und in Subway-Sandwichfilialen arbeiteten. Auch Drogenhändler sind nicht fern, außerdem bedienten mobile Prostituierte aus Osteuropa weitere Bedürfnisse der Männer in Balad. Obwohl es 15 Buslinien gibt, blieb der tägliche Weg zur Arbeit für viele Gastarbeiter ein Problem.[11] Dreizehn weitere Stützpunkte waren quer über das Land verteilt, darunter das Camp Renegade in der Nähe von Kirkuk (zum Schutz der Ölquellen), Badraj an der Grenze zu Iran (als Bollwerk und Horchposten) und ein ehemaliger britischer, für die Bedürfnisse der Amerikaner aufgehübschter Stützpunkt bei Nasirija. In Bagdad residiert derweil der amerikanische Prokonsul in der größten und teuersten Botschaft der Welt. Der Komplex ist so groß wie der ganze Vatikanstaat und liegt in der gesicherten Enklave der »grünen Zone«.

---

[10] Im Januar 2010 erklärte General Petraeus, dass mittlerweile »nur« noch 15 Angriffe täglich auf amerikanische Soldaten zu verzeichnen seien. Über alle Konfessionsgrenzen hinweg steht den Irakern der Schuhwerfer al-Saidi näher als ihr Ministerpräsident al-Maliki.

[11] »Die Masseuse Mila aus Kirgisien braucht mit dem Bus eine Stunde zur Arbeit, so riesig ist das Gelände. Ihr Massagesalon ist einer von dreien auf den 25 Quadratkilometern des Stützpunkts und steht neben einer Subway-Filiale.« Marc Santora: »Big US-Bases Are Part of Iraq, but a World Apart«, *New York Times*, 8. September 2009.

Nachdem Großbritannien sich 1920 den Irak als koloniale Beute einverleibt und die Haschemiten als ihre örtlichen Statthalter eingesetzt hatte, musste es sich einer ausgewachsenen Rebellion erwehren. Nur mit Schwierigkeiten und äußerster Brutalität gelang es, sie niederzuschlagen. Die nächsten zwölf Jahre regierte London das Land als Satellitenstaat, bis es 1932 schließlich sein vom Völkerbund erteiltes »Mandat« zurückgab. Das installierte Marionettenregime hielt sich noch ein Vierteljahrhundert, bis es von der Revolution 1958 hinweggefegt wurde. Gegen die amerikanischen Besatzer – die diesmal ein Mandat der Vereinten Nationen hatten – formierte sich noch schneller ein entschlossener und hartnäckiger Widerstand. Auch das US-Reich wird ein Marionettenregime installieren, um das Land für die absehbare Zukunft unter der Knute zu halten. Und Barack Obama ist ein würdiger Nachfahre des damaligen britischen Premiers Ramsay MacDonald, einer gut aussehenden, schlanken Persönlichkeit, die nie um aufmunternde Worte verlegen war. Doch seit jener Zeit hat sich die Politik beschleunigt, und es besteht zumindest die Chance, dass al-Maliki und seine Folterknechte schneller ihrem Schicksal zugeführt werden als Nuri al-Said, wenn sich das Land wieder erhebt gegen ausländische Militärbasen, gigantomane Botschaften, ausbeuterische Ölkonzerne und ihre örtlichen Komplizen.

Die Rebellion wird nicht über Nacht ausbrechen, doch man darf nicht unterschätzen, wie sehr das nationale Ehrgefühl durch die amerikanischen Besatzer verletzt wurde. Als der irakische Journalist al-Saidi, der mit einem Schuh nach George Bush geworfen hatte, nach neun Monaten Haft aus dem Gefängnis entlassen wurde, feierten ihn die Menschen als Helden. Bei den Wahlen im Jahr 2010 trat Ministerpräsident Nuri al-Maliki gegen Iyad Allawi an, einen ehemaligen Premier und CIA-Agenten, der im Ruch stand, kurz nach der Invasion persönlich politische Gefangene hingerichtet zu haben. Die von einigen örtlichen Sunnitengruppen und den Saudis unterstützte Allianz Allawis wurde stärkste Fraktion im Parlament. Mehreren Quellen zufolge war die US-Botschaft darüber nicht unglücklich.

Al-Maliki, ein treuer Verbündeter der Besatzer, folgte dichtauf. Dennoch wurde sein zweiter Platz in der Region als bittere Niederlage interpretiert, die selbst durch massiven Wahlschwindel und die Stationierung von Sicherheitskräften in den Wahlkabinen nicht hatte verhindert werden können.[12] Geschlagen floh er nach Teheran und stellte sich unter iranischen Schutz. Sofort begannen die Verhandlungen über eine Koalition der schiitischen Parteien, die gemeinsam über eine komfortable Mehrheit verfügten. Al-Sadr erklärte sich aber nur zur Zusammenarbeit bereit, wenn al-Maliki als Ministerpräsident zurücktrat. Erst acht Monate nach der Wahl einigte man sich schließlich auf eine neue Marionettenregierung, dessen Ministerpräsident al-Maliki an den Fäden Washingtons und Teherans hing.

Für die amerikanischen Eliten stellte der Iran lang ein Rätsel dar: eine »islamische Republik«, die öffentlich gegen den Großen Satan hetzte, heimlich aber den Amerikanern überall half, wo es am nötigsten war, etwa bei der Invasion Afghanistans oder der Besetzung des Iraks. Den Mächtigen Israels gegenüber zeigt Teheran sich weniger freundlich,

---

[12] Oliver August: »Election Monitors' Report Increases Doubts over Fairness of Iraqi Election«, *Times Online*, 15. März 2010.

gegen sie und gegen den Kleinen Satan in London hetzen die Mullahs viel unverblümter als gegen ihre Schirmherren in Washington.

Das iranische Atomprogramm, das das nukleare Monopol der Israelis im Nahen Osten zu brechen droht, hat Tel Aviv aufgeschreckt. In Amerika setzte Israel alle Hebel in Bewegung, damit Washington das Programm auch wirklich mit allen Mitteln zu stoppen versuchte. Nicht dass da große Widerstände zu überwinden gewesen wären – amerikanischen Politikern ist es längst in Fleisch und Blut übergegangen, die Interessen Israels stets im Auge zu behalten. Deshalb wurden 2003 Avancen des Chatami-Regimes ausgeschlagen, einen Pakt für die ganze Region zu schließen; stattdessen versuchte die Regierung Bush, Teheran zum Einlenken zu zwingen. Tiraden aus Teheran wurden mit amerikanischen Tiraden und einer Verschärfung der Wirtschaftssanktionen beantwortet.

Obama hatte sich zwar nie eindeutig erklärt, wohl aber den Eindruck vermittelt, er halte diese Vorgehensweise für falsch. Wäre es nicht viel besser, Teheran die Hand zu reichen und einen echten Dialog zu beginnen? Schließlich hat sich das Regime doch bisher immer als pragmatisch erwiesen. Außerdem bringt die Mittelklasse und die Jugend Irans den USA große Sympathien entgegen. Da müsste es doch möglich sein, eine friedliche diplomatische Lösung im Interesse aller Parteien zu finden? So hätte zum Beispiel Teheran auf seine Atom-Ambitionen verzichten und im Gegenzug wirtschaftliche und politische Unterstützung bekommen können. Doch das Timing war unglücklich, außerdem wurde das Kalkül durch die politische Polarisierung im Iran unterlaufen. Der führende

Klerus kam sich über die Präsidentschaftswahlen 2009 in die Haare, als ein Versuch des dem Westen am freundlichsten gegenüberstehenden Flügels im Parteienspektrum, sich von der offenen Unzufriedenheit der Mittelklasse an die Macht tragen zu lassen, vom Establishment mit Wahlbetrug und Milizengewalt erstickt wurde. Was für eine tolle Gelegenheit, sich als Hüter der Freiheit aufzuspielen! Obama konnte dieser Versuchung einfach nicht widerstehen. Beispiellos scheinheilig beklagte er mit tränenfeuchten Augen den Tod eines Demonstranten in Teheran – am gleichen Tag hatten seine Drohnen in Pakistan 60 Dorfbewohner getötet, mehrheitlich Frauen und Kinder. Die westlichen Medien stimmten in die Scheinheiligkeit des Präsidenten ein und verklärten den Verlierer der iranischen Wahlen – einer der schlimmsten Schlächter des Regimes, in den 1980er-Jahren für Massenexekutionen verantwortlich – zum Sinnbild der Freiheitsliebe. Alle Pläne für eine Versöhnung der zwei Mächte mussten auf Eis gelegt werden.

Nach diesem Missgeschick schwenkte die Regierung Obama wieder auf den Kurs ihrer Vorgänger und versuchte, Russland und China zu einem Wirtschaftsboykott Irans zu bewegen – dass die Europäer brav folgen würden, galt ohnehin als ausgemacht. Das Ziel war, Iran unter massiven Druck zu setzen, bis die Führung entweder entmachtet oder zum Einlenken gezwungen wird. Und wenn aller Druck nichts nutzte, konnte man immer noch mit einem Bombenangriff auf die Atomanlagen drohen. Ein solcher Schlag war zwar unwahrscheinlich, aber eben nicht völlig ausgeschlossen, zumal der Westen einhellig erklärt hatte, eine iranische Atombombe sei nicht tolerierbar. Das ließ kaum mehr Raum für rhetorische Rückzüge, sollte Iran tatsächlich an die Bombe kommen.[13]

Früher hätte Amerika einen solchen Angriff möglicherweise nicht gewagt, weil es Vergeltungsschläge auf seine verletzlichen Stellungen im Irak fürchtete. Doch Teherans Einfluss auf Bagdad ist geschwunden. Bis vor Kurzem war Iran noch davon ausgegangen, dass der Irak bald ebenfalls zu einer islamischen Republik würde. Heute scheint es nicht mehr sicher zu sein, dass die Beziehungen zwischen den Regierungen enger sein werden als die zu anderen sunnitischen Staaten der Region. Das Regime al-Maliki wusste immer, auf welcher Seite das Brot gebuttert war – Iran würde nie so spendabel mit Geld und Waffen um sich werfen wie Amerika. Selbst die Geistlichkeit harmoniert nicht grenzüberschreitend: Schon seit Langem erhebt Großajatollah as-Sistani einen Führungsanspruch gegenüber manchen Geistlichen im benachbarten Iran, was dort nicht besonders gut ankommt. Aus den letzten Wahlen im Irak ging al-Maliki geschwächt hervor – worauf in einer skurrilen Szene ein hochrangiger Vertreter der US-Botschaft in der festungsmäßig geschützten Grünen Zone vor die Mikrofone trat und den Iran warnte, sich nicht in die souveränen Angelegenheiten des Iraks einzumischen.

Und doch: Noch wehrt sich das Pentagon dagegen, sich in ein Abenteuer zu begeben, bei dem seine Truppen über eine Kriegszone vom Litani bis zum Oxus gedehnt würden. Denn

---

[13] 2004 sah ich ein Fernsehinterview Obamas. Auf die Frage, ob er Präsident Bush stützen würde, wenn der sich entschlösse, Iran zu bombardieren, zögerte der zukünftige Präsident keine Sekunde. Er setzte ein wild entschlossenes Gesicht auf und sagte Ja.

bei einem Angriff auf den Iran müsste Amerika Terroranschläge der Revolutionsgarden vom Libanon bis in den Westen Afghanistans fürchten. Auch Teherans Drohung, mit konventionellen Raketen Vergeltungsschläge gegen israelische Städte durchzuführen, muss ernst genommen werden. Außerdem wollen auch die anderen Verbündeten Washingtons beachtet sein. Israel und seine Lobby mögen zwar die wichtigsten Triebkräfte hinter dem Vorgehen gegen den Iran sein, aber Amerika hat eben noch andere Verbündete im Nahen Osten. Die saudische Monarchie, eine konfessionelle Diktatur ganz eigener Art, fürchtet, eine Allianz Teheran-Bagdad könnte die Halbinsel destabilisieren, denn in Bahrain und der Öl produzierenden Region Saudi-Arabiens selbst ist die Bevölkerung überwiegend schiitisch. Gleichzeitig wissen die Saudis, dass ein direkter Angriff auf Teheran noch bedrohlicher für das Königshaus wäre, denn er könnte einen Aufstand der Schiiten (auch bei ihnen) auslösen. Riad würde einen anderen Ansatz (der gerade in Washington geprüft wird) bevorzugen: die Türkei soll als sunnitischer NATO-Außenposten des Imperiums in die Machtbalance der Region eingebunden werden. Damit würde Gegendruck gegen eine mögliche Allianz Teheran-Bagdad aufgebaut, außerdem würde die Hisbollah ihre Unterstützung in Damaskus verlieren und stünde dem nächsten Angriff Israels hilflos gegenüber. Doch die Türkei, die sich von der EU hingehalten fühlt und beim Blockade-Zwischenfall vor Israel von Amerika brüskiert, ließ ihre Muskeln spielen und lehnte es ab, sich gegen Teheran einspannen zu lassen.

Die Mainstream-Diskussion in der Atomfrage übertüncht die Realitäten in der Region. Ahmadinedschad wurde auf einer Welle der Unzufriedenheit mit seinem Vorgänger, dem rückgratlosen Reformer Chatami, ins Amt getragen. Unter Chatami hatte sich die wirtschaftliche Lage stetig verschlechtert, trotz steigender Ölpreise. Mit seiner naiven Außenpolitik provozierte Chatami Bushs Gefasel von einer »Achse des Bösen« (genauso wie Gorbatschows Außenpolitik damals Reagan zum Ausdruck »Reich des Bösen« inspiriert hatte). Für die Rechte ausländischer Investoren setzte Chatami sich jederzeit ein, für die Rechte von unabhängigen Zeitungen oder demonstrierenden Studenten aber nur widerwillig. Gern plauderte er mit dem Papst über spirituelle Werte – doch die Bürgerrechte zu beschützen, gelang ihm nicht. Ohne etwas auszurichten, versuchte er sich zwischen den widersprüchlichen Anforderungen an ihn durchzulavieren, bis er schließlich allen moralischen Kredit verspielt hatte. Ahmadinedschad genießt deshalb so großen Rückhalt in der breiten Bevölkerungsmasse, weil er ein feineres Gespür für soziale Fragen hat. Dass sich in der Praxis wirklich etwas für das Volk verbessert, ist allerdings nicht gesagt. Für die Millionen schlecht ausgebildeter junger Menschen ohne Arbeit bräuchte es endlich eine entschlossene Politik der nationalen Entwicklung. Doch islamischer Voluntarismus ist keine Alternative zum schleichenden Neoliberalismus, und die Versuchung, den Ärger über den fehlenden Aufschwung mit kultureller und politischer Unterdrückung zu ersticken, könnte bald übermächtig werden.

Im byzantinischen, undurchsichtigen politischen System Irans sieht sich der Präsident von einer Reihe mächtiger konservativer Figuren umringt. Der Ajatollah Chamenei lässt sich von einem jungen Hitzkopf nicht gern die Schau stehlen. Die Mullah-*bazaari*-Seilschaft hinter Rafsandschani vereitelte bereits Ahmadinedschads Versuch, im Ölministerium aufzuräumen, und verfügt weiter über große Macht im Schlichtungsrat. Die prowestliche Mittelschicht, die sich mit Chatami identifiziert hatte, sucht jetzt, nachdem es seine Wunden geleckt hat, nach Möglichkeiten für ein Comeback. Alle warten nur auf einen Fehltritt des Präsidenten. Weiter herrschen im Land massive soziale Spannungen. Das einseitige Entwicklungsmodell aus der Ära des Schahs, von einem fast zehn Jahre währenden Krieg und der Inflation unter Rafsandschani schwer mitgenommen, hat einen gigantischen Schwarzmarkt erzeugt, eine inoffizielle Arbeitslosigkeit von 25 Prozent und eine drohende Landwirtschaftskrise. Die Studenten sind unzufrieden, die Arbeiter aufsässig, im arabischen Südwesten, im kurdischen und aserischen Norden sowie in der Südostprovinz Sistan und Belutschistan gärt es. Inzwischen weiß man, dass US-Geheimdienste in diesen Gegenden Unruhe stiften, um Teheran weiter zu schwächen. In all diesem Durcheinander lässt sich wunderbar innenpolitisch oder außenpolitisch intrigieren, um den missliebigen Sieger einer Volkswahl zu stürzen. Doch mittlerweile haben selbst jene Iraner (darunter auch der bekannteste Filmemacher des Landes), die einst von einer Befreiung per US-Intervention geträumt haben, angesichts des schlimmer werdenden Albtraums im Irak diese Option verworfen.

Im Augenblick richtet sich aller Augenmerk auf die iranische Außenpolitik. Auch hier hat der richtungslose Klerikerstaat allgemeine Verwirrung gestiftet. Seit dem Ende des ersten Golfkriegs (zwischen Iran und dem Irak) bestand iranische Außenpolitik größtenteils aus einem Sammelsurium unzusammenhängender opportunistischer Aktionen. Man kombinierte althergebrachte, typischerweise zurückhaltende bis anpasserische Diplomatie mit unverbindlichen Solidaritätsgesten für schiitische Glaubensbrüder im Ausland, vorwiegend die Hisbollah im südlichen Libanon. Für die Palästinenser fielen nur Krümel ab. Während des zweiten Golfkriegs 1991 schwieg Teheran taktvoll und muckte nicht einmal auf, als US-Truppen an heiligen Orten stationiert wurden. Iran wies seine Leute in der afghanischen Nordallianz an, den Weg für die amerikanische Invasion Afghanistans frei zu machen. Iran half der CIA bei der Vorbereitung der Invasion im Irak und leitete den Obersten Islamischen Rat im Irak (SCIRI) und andere politische Gremien zur Unterstützung der US-Herrschaft in Bagdad. Doch was bekam Iran dafür als Gegenleistung vom Großen Satan? Amerikanische Truppen im Westen und Osten der Landesgrenzen, außerdem amerikanische Drohungen, die Atomanlagen zu zerstören.

Die gemauschelten Wahlen von 2010 und die folgende Repression untergruben Ahmadinedschads Ansehen im Land, doch die Armen, seine politische Machtbasis, unterstützten ihn weiterhin. Entscheidender war jedoch, dass Ajatollah Chamenei sich entschlossen auf Seiten Ahmadinedschads stellte, als er sich genötigt sah, zwischen dem Amtsinhaber und den Leuten Rafsandschanis zu wählen. Die Hoffnung, dass Massenproteste in Teheran die Regierung (wenn nicht sogar das Mullahregime) stürzen könnten, zerschlug sich. Mittlerweile stärkte die Achse USA-EU-Israel die Unterstützung für Ahmadinedschad weiter, indem sie vom UN-Sicherheitsrat Sanktionen gegen den Iran beschließen ließ. (Die allerdings recht sanft ausfielen, weil sonst China und Russland nicht zugestimmt hätten.)

Nun wird in der »internationalen Gemeinschaft« heutzutage ja mit miesesten Methoden vorgegangen, doch die Kampagne, mit der Iran gezwungen werden sollte, seine nach dem Atomwaffensperrvertrag völlig legale Atomforschung aufzugeben, war absolut atemberaubend. Das Land ist von Atommächten umringt – Indien, Pakistan, China, Russland, Israel – und vor der Südküste patrouillieren amerikanische Atom-U-Boote. Historisch hat es allen Grund dazu, sich vom Ausland bedroht zu fühlen. Obwohl das Land während des Zweiten Weltkriegs neutral blieb, wurde es von britischen und sowjetischen Truppen besetzt. Seine gewählte Regierung wurde 1953 durch einen anglo-amerikanischen Putsch gestürzt, die säkulare Opposition wurde erstickt. Im Golfkrieg unterstützten die Westmächte Saddam Hussein und seine Kriegsmaschine; Hunderttausende Iraner starben. Gegen Ende des Krieges zerstörten die USA fast die halbe Flotte Irans im Golf und schossen zu allem Überfluss einen voll besetzten Passagierjet ab.

Noch ist der Iran auf seinem Weg zu einer nuklearen Selbstverteidigung nicht weit gekommen, und doch versuchten Bush, Blair, Chirac und Olmert, aus dem Atomprogramm einen Casus Belli zu machen. Die Ironie, dass sie selbst über Hunderte oder – im Fall Amerikas Tausende – Atomwaffen verfügten, ignorierten sie. Umsonst berief sich die iranische Diplomatie auf das Recht, Atomenergie zivil zu nutzen. Das Land täte besser daran, sich in einem günstigen Augenblick schlicht aus dem Atomwaffensperrvertrag zu verabschieden. Von allen Kaisern dieser Welt ist dies der am offenkundigsten nackte: Es gibt nicht die geringste Rechtfertigung für das Oligopol der aktuellen Atombombenstaaten. Das Ganze ist derart verlogen, dass Israel mit seinen 200 Atombomben nicht einmal erwähnt wird. Erst wenn dieses Monopol gebrochen ist kann es nukleare Abrüstung geben. Um es mit seinen Feinden aufnehmen zu können, bräuchte der Iran einen Zusammenhalt und eine Disziplin, von denen aktuell nicht viel zu spüren ist. Der iranische Klerus mit seinen ganz eigenen Gebräuchen und Doktrinen sorgt für eine tiefe Spaltung, indem es die schiitischen Parteien und as-Sistani, die bärtige Königin auf dem irakischen Schachbrett, gegen die konservativen Kräfte ausspielt. Eine konfessionsübergreifende Allianz von Teheran bis Damaskus, über Basra und Bagdad, würde sowohl für innerislamischen Frieden sorgen und die Stellung Irans stärken. Die jüngste Vergangenheit zeigt, dass die Führung des Landes in ihrer hydraköpfigen Inkompetenz kaum in der Lage ist, imperialer Arroganz die Stirn zu bieten. Doch vielleicht zwingen die Umstände sie jetzt zu Entscheidungen, vor denen sie bis jetzt zurückschreckte. Wenn das Regime vor den Drohungen des Westens einknickt, verliert es vor dem Volk sein Gesicht. Geht es aber auf Konfrontationskurs, werden die schiitischen Massen vermutlich begeistert folgen und sich mühelos gegen die westlichen Besatzer jenseits der Grenzen aufhetzen lassen. Teheran hält wichtigere Geiseln als nur eine Botschaft. Wenn das Land die Nerven behält, wird Amerika wohl keinen Angriff riskieren.

Zu einem solchen Angriff drängen Israel und dessen Freunde in den USA. Das Pentagon ist sich den Risiken eines Militärschlags bewusst und widersetzt sich all diesen Forderungen. Als Admiral Mullen diesen Umstand öffentlich einräumte, wurde er danach versetzt. Russland und China stimmten den verwässerten Sanktionen im Sicherheitsrat zu, um einen Militärschlag zu verhindern. Gäbe Obama in der Iranfrage nach, würde er einen Bombenangriff auf Teheran billigen oder gar anordnen, dann unterschriebe er sein eigenes politisches Todesurteil. Außerdem würde er den wahren Interessen Amerikas in der Region einen Bärendienst erweisen. Die Folgen daheim und weltweit wären verheerend.

Ob in Palästina, im Irak oder in Iran: Obama tut alles, um das amerikanischen Großreich zu bewahren; er verfolgt die gleichen Ziele wie seine Vorgänger, mit den gleichen Mitteln, wenn auch von freundlicheren Worten begleitet. In Afghanistan erhöhte er die imperiale Aggression mit einer starken Ausweitung der Gewalt, sowohl technologisch als auch territorial. Bei Obamas Amtsantritt war Afghanistan seit sieben Jahren von US-Truppen und ihren Verbündeten besetzt. Während des Wahlkampfs hatte Obama – entschlossen, Bush und seinen »gerechtfertigten Krieg« noch zu übertrumpfen – mehr Soldaten mit mehr Feuerkraft versprochen, um den afghanischen Widerstand zu brechen. Außerdem stellte er eine Erhöhung der Kommandoeinsätze und Drohnenangriffe im pakistanischen Grenzgebiet in Aussicht, um die afghanischen Rebellen von ihrem Hinterland abzuschneiden. Dieses Versprechen hat er gehalten: Er schickte weitere 30 000 Soldaten in den Hindukusch. Dadurch wuchs die amerikanische Besatzungsarmee auf 100 000 Mann, geführt von einem General, der vorher im Irak gewütet hatte (seine Einheiten waren auf Mord und Folter spezialisiert). Gleichzeitig wurde in Pakistan der Terror aus der Luft massiv ausgeweitet. Die *New York Times* informierte ihre Leser über eine Statistik, die »das Weiße Haus nicht an die große Glocke hängen wollte«: »Seit Obamas Amtsantritt führte die CIA in Pakistan mehr Angriffe mit

Predator-Drohnen aus als während der gesamten acht Jahre Amtszeit von Präsident Bush.«[14] Gerechtfertigt wurden sie im März 2009 von Harold Koh, einem hochrangigen juristischen Berater des Außenministeriums. Koh, früher Dekan der juristischen Fakultät von Yale und Direktor des Orvill H. Schell Jr.-Zentrums für Menschenrechte, behauptete, Angriffe von unbemannten Drohnen aus seien legal, weil die anvisierten Terroristen eine Bedrohung der nationalen Sicherheit darstellten. Nur waren die meisten Getöteten Zivilisten; Männer, Frauen und Kinder. Im Januar 2010 wurde bei einem Drohnenangriff in Peschawar das Haus eines Journalisten zerstört, seine Familie getötet. Die meisten linken Zeitungen und Sender verschwiegen den Zwischenfall, um den Antiamerikanismus, der in Pakistan ohnehin grassierte wie nie zuvor, nicht noch weiter zu schüren. Koh hielt seine obszöne Rede zur Rechtfertigung von Drohnenangriffen übrigens im März 2010, vor der American Society for International Law (Amerikanischen Gesellschaft für internationales Recht), und bekam herzlichen Applaus.[15] Der Grund für diese Eskalation ist nicht weiter mysteriös. Nach dem Einmarsch in Afghanistan 2001 installierten die Amerikaner und ihre europäischen Helferlein eine Mario-

---

[14] David Sanger: »Obama Outlines a Vision of Might and Right«, *New York Times*, 11. Dezember 2009.

[15] Chase Madar: »How Liberal Law Professors Kill«, *CounterPunch*, 14.–16. Mai 2010. Madar ätzte: »Von seinem Thron in Yale wetterte Koh gegen den ungesetzlichen Einsatz von Folter, gegen die ungesetzliche Invasion im Irak, gegen die ungesetzliche Verwahrung in Guantánamo. (Er warnte sogar, die USA könnte wegen ständiger Übertretungen internationaler Gesetze einen ständigen Platz auf der ›Achse des Ungehorsams‹ bekommen.) Hätte George Dabbeljuh die Drohnenangriffe über Zentralasien verstärkt, hätte Koh das sicher als weiteren krassen Verstoß gegen internationales Recht angeprangert.«

nettenregierung, die sie auf einer Konferenz in Bonn ausgesucht hatten. Angeführt wurde sie von einem CIA-Agenten, unterstützt von einer Gruppe tadschikischer Warlords, denen NGOs dienten wie Pagen an einem mittelalterlichen Hof. Dieses westliche Konstrukt hatte im Land nie auch nur den Hauch von Legitimität, es fehlte ihm sogar an einer schmalen, wenn auch entschlossenen Basis, wie die Taliban sie gehabt hatten. Kaum war das Regime in Kabul installiert, stopfte es sich nach Kräften die Taschen voll. Hilfszahlungen wurden umgeleitet, die Korruption erfasste alle Lebensbereiche, der Drogenhandel – unter den Taliban geächtet – florierte. Karsai und Co. häuften ein gewaltiges Vermögen an: Mehr als 75 Prozent der Gelder aus den Geberstaaten landeten direkt bei Karsais Genossen, der Nordallianz oder privaten Auftragnehmern, die mit den beiden zusammenarbeiteten. In einem der ärmsten Länder der Welt bekam der Bau eines Fünfsternehotels und einer Shoppingmall oberste Priorität. Nebenan wurde derweil routinemäßig gefoltert und gemordet: Bagram ist zu einer solchen Kammer der Schrecken geworden, dass Guantánamo im Vergleich geradezu zivilisiert wirkt. Die Opiumproduktion erreichte ein neues Allzeithoch, 90 Prozent Steigerung gegenüber 2001, als die Droge nur in den von der Nordallianz kontrollierten Gegenden hergestellt wurde. Unter der Führung des Karsai-Clans dehnten sich die Anbaugebiete nach Süden und Westen aus. Die neue, von außen diktierte Regierung bringt der Masse armer Afghanen nichts – außer einem erhöhten Risiko für Leib und Leben, weil sich auf der einen Seite die Taliban neu formieren und gegen die Besatzer kämpfen und auf der anderen Seite die NATO-Bomben so wahllos auf die Dörfer hinunterregnen, dass sich selbst Karsai mehrmals zu Protesten gezwungen sah.[16] Im Juni 2009 kontrollierten Widerständler große Teile Afghanistans und hatten sowohl Polizei als auch Militär unterwandert. Mit der aus dem Irak abgeschauten Kombination von Autobomben und Selbstmordattentätern fügten die Rebellen den westlichen Besatzern samt ihren Kollaborateuren immer größere Verluste zu. Matthew Hoh, ein ehemaliger Marine-Kapitän, der als politischer Offizier im Irak und später in Afghanistan gedient hatte, trat im September 2009 zurück. Seine Begründung lieferte er in einem Brief:

> Der Aufstand der Paschtunen wird von einer schier unendlichen Zahl örtlicher Gruppen unterstützt und getragen von einem allgemein unter Paschtunen herrschenden Gefühl, schon seit Jahrhunderten ständig von außen angegriffen zu werden... Sowohl im Osten wie im Süden konnte ich beobachten, dass die Mehrheit der Rebellen nicht für das weiße Banner der Taliban kämpft, sondern gegen die fremden Besatzer und gegen die Steuern einer nicht legitimen Regierung in Kabul... Ehrlich gesagt könnte unsere Strategie, Afghanistan gegen ein Wiedererstarken von al-Qaida zu sichern, nur dann aufgehen, wenn wir gleichzeitig in Westpakistan, Somalia, Sudan, Jemen usw. einmarschierten.[17]

Mittlerweile machte sich im imperialen Lager Verwirrung breit. Amerikanische Diplomaten und Militärs widersprachen sich öffentlich und stritten, inwieweit man die Komödie

---

[16] Nur ein aktuelles Beispiel: Am 27. Dezember 2009 brachte ein US-Geheimkommando zehn Zivilisten um, gleichzeitig töteten Ahmadinedschads Milizen in Teheran fünf Demonstranten.
[17] Ralph Nader: »Hoh's Afghanistan Warning«, *CounterPunch*, 4. November 2009.

um die von Karsai veranstalteten »demokratischen« Wahlen mitspielen oder anprangern sollte. Schließlich verdammte der höchste Funktionär des amerikanischen Außenministeriums den Wahlbetrug aufs Heftigste, woraufhin pro forma eine zweite Wahlrunde durchgeführt wurde. Obama machte die Farce komplett, indem er Karsai zu dem Sieg in Wahlen gratulierte, die noch offensichtlicher manipuliert waren als die Ahmadinedschads zwei Monate zuvor. Den Wahlbetrug im Iran hatte Obama natürlich wortreich beklagt. Was für eine Heuchelei! Dabei genießt das Regime in Teheran wenigstens noch einen gewissen Rückhalt in der Bevölkerung, während die Regierung in Kabul dem Land vom Westen übergestülpt wurde und ohne den Schutz durch NATO-Truppen über Nacht auseinanderfiele.

Im Wissen, dass Washington über kurz oder lang den Bettel hinwerfen – auch wenn US-Geologen gerade riesige Lithiumvorkommen in Afghanistan entdeckt haben – und sich mit den Aufständischen arrangieren würde, begannen Hamid Karsai und sein Bruder ebenfalls Verhandlungen mit den Taliban. Dass sich die Dinge so weit entwickelt haben, zeigt schon an, wie prekär die Lage ist. Selbst die stets loyalen Briten bekamen allmählich genug; immer öfter deuteten sie an, so könne es nicht weitergehen. Ein hochrangiger Geheimdienstmitarbeiter machte sich öffentlich lustig über die noch unter Ex-Premier Gordon Brown ertüftelte offizielle Position der britischen Regierung: dass britische Truppen in Afghanistan stünden, um terroristische Angriffe auf Großbritannien zu verhindern. Dabei stimmte genau das Gegenteil, wie die meisten Experten sehr wohl wussten: Blairs und Browns Mittäterschaft an zwei mörderischen Kriegen hatte das Land verletzlich gegen Anschläge von innen gemacht.

In ganz Europa, einschließlich dem anfänglich so begeisterten Polen, lehnte eine große Bevölkerungsmehrheit die Stationierung eigener Soldaten in Afghanistan inzwischen ab. Das vertrauliche CIA-Memo, wie man die europäische Öffentlichkeit wieder für die eigene Sache gewinnen könnte, schlägt längst erprobte Maßnahmen erneut vor:

> Afghanische Frauen könnten als ideale Botschafter dienen und veranschaulichen, warum die ISAF die Taliban bekämpft. Die Frauen könnten persönlich und authentisch über ihre Erfahrungen unter den Taliban sprechen, über ihre Zukunftshoffnungen und ihre Angst vor einem Sieg der Taliban. Gezielte Öffentlichkeitsarbeit könnte afghanische Frauen und ihre Geschichten in die Medien Frankreichs, Deutschlands und weiterer Nationen Europas bringen. So ließen sich tief sitzende Zweifel unter westeuropäischen Frauen an der ISAF-Mission überwinden.
>
> Einer INR-Umfrage im Herbst 2009 zufolge liegt die Unterstützung für den Krieg bei Französinnen um acht Prozentpunkte niedriger als bei Franzosen und bei deutschen Frauen sogar um 22 Prozentpunkte niedriger als bei deutschen Männern.
>
> Medienberichte, in denen afghanische Frauen zu Wort kommen, sind möglicherweise am effektivsten, wenn sie in Programme mit überwiegend weiblicher Zuseherschaft eingebettet sind.[18]

Im verzweifelten Bemühen, in einem selbst gewählten »gerechten Krieg« einen Sieg reklamieren zu können, flüchtete Obama sich in eine klassische Vorwärtsverteidigung: Er

---

[18] »CIA Red Cell: A Red Cell Special Memorandum/Confidential/No Foreign Nationals« wurde am 26. März 2010 von WikiLeaks veröffentlicht. INR, das Bureau of Intelligence and Research, ist der Nachrichtendienst des US-Außenministeriums.

schickte noch mehr Truppen und weitete den Krieg in ein Nachbarland aus, von dem aus der Feind operierte. Von seiner Amtsübernahme an stellte Obama klar, dass er »Afpak«, Afghanistan und Pakistan, als eine einzige Kriegszone betrachtete. Ein Strom von Abgesandten ergoss sich nach Islamabad, um den pakistanischen Staat zu einem härteren Durchgreifen zu bewegen.[19]

Was Obama nicht verstand: Dass Bush mit der Befriedung Afghanistans gescheitert war, hatte solide Gründe. Mit der zweiten Front im Irak hatte das Scheitern wenig zu tun – die Strategen des Imperiums hatten schlicht Geschichte und Geografie Afghanistans ignoriert.

Die zirka 2450 km lange Grenze zwischen Afghanistan und dem heutigen Pakistan war 1893 vom britischen Empire gezogen worden und seit ihrer Entstehung immer schon durchlässig gewesen. Grenzübertritte lassen sich kaum erfassen, weil die 16 Millionen Paschtunen im südlichen Afghanistan denselben Dialekt sprechen wie die 28 Millionen Paschtunen in der nordwestlichen Provinz Pakistans und die Stämme familiär miteinander verbunden sind. Es ist kein Geheimnis, dass afghanische Rebellen sich in dieses Gebiet zurückziehen. Um diese Grenzübertritte zu stoppen, bräuchten NATO und pakistanisches Militär mindestens

---

[19] Es wurden Söldnertruppen geschickt, um den Prozess zu beschleunigen. Inter-Risk, die pakistanische Tochter des US-Sicherheitsdienstleisters DynCorp, wurde 2009 von der örtlichen Polizei durchsucht. Es wurden »illegale und hochgezüchtete« Waffen gefunden und beschlagnahmt. Der Chef der Firma, der pensionierte Hauptmann Ali Jaffar Saidi, verriet Reportern, dass US-Vertreter in Islamabad den Import der verbotenen Waffen »im Namen von Inter-Risk« verlangt hätten. Die Bezahlung sollte durch die US-Botschaft erfolgen. Siehe Anwar Abassi: »Why the US Security Company was raided«, *The News*, 20. September 2009.

eine Viertelmillion Soldaten – und Vernichtungsfeldzüge, wie sie Chiang Kai-shek in den 1930ern durchführte. Mit der Drohung, das Land in die Steinzeit zurückzubomben, zwangen Pentagon-Hardliner Musharraf, stärker gegen die Taliban in Pakistan vorzugehen. Die pakistanische Armee gehorchte zwar, aber nicht rückhaltlos, da sie erkannt hatte, dass dadurch Pakistans Einfluss auf Kabul geschwächt werden würde. Und tatsächlich zögerte Indien keine Sekunde, Karsai unter seine Fittiche zu nehmen. Musharraf tat sein Bestes, um den Amerikanern zu gefallen: Er ließ den Einsatz von US-Spezialtruppen und Drohnen im Land zu und überstellte so viele al-Qaida-Kämpfer wie möglich. Im eigenen Land wurde er für diese Kriecherei verachtet – wobei Washington ihn regelmäßig der Halbherzigkeit zieh.

Als Obama an die Macht kam, hatten zwei Entwicklungen diese Lage verändert. Auf das unaufhörliche Drängen des Pentagon hin hatte Musharraf zwischen 2004 und 2006 neun Mal Truppen in die Stammesgebiete unter Bundesverwaltung (FATA) geschickt, die sieben Bergregionen außerhalb der Jurisdiktion der nordwestlichen Grenzprovinz. Dort hatte die Regierung traditionell kaum etwas zu sagen, und die Repressionsversuche ließen die Solidarität der örtlichen Bevölkerung mit dem afghanischen Widerstand nur wachsen. Es gärte in der Grenzregion, und im Dezember 2007 gründete sich die Tehrik-i-Taliban Pakistan (TTP), eine brutale örtliche Guerilla, mit dem erklärten Ziel, den Krieg nach Islamabad zu tragen. (Sie ist übrigens keine Fraktion der afghanischen Neo-Taliban, wie im Westen oft angenommen wird. Das zeigt sich zum Beispiel an Mullah Omars scharfer Kritik an ihr. Er bezeichnete es als falsch, die pakistanische Armee anzugreifen, wenn der wahre Feind doch USA und NATO heiße.)

2008 wurde Musharraf selbst abgesetzt; er floh nach Mekka, um einer Anklage zu entgehen, und später weiter nach London. Dort strichen die Briten ihm bald die Leibwächter. Als Präsident folgte ihm Asif Zardari, der berüchtigte Witwer Benazir Bhuttos, ein notorischer Gauner – also der ideale Strohmann für die Vereinigten Staaten. Die US-Botschafterin Anne Patterson (gerade aus Kolumbien eingetroffen, wo sie Uribe mit Waffen versorgt hatte) lobte seine Kooperationsbereitschaft bald in höchsten Tönen. Die zeigte schon kurze Zeit später Früchte: Im April 2009 schickte Zardari die Armee in den Distrikt Swat in der Nordwestlichen Grenzprovinz, den die TTP zwei Monate zuvor übernommen hatte. Der militärische Einmarsch zwang die TTP zurück in die Berge – und vertrieb zwei Millionen Menschen aus ihren Häusern. Von diesem humanitären Erfolg ermutigt, bedrängte Obama Zardari, die Armee im Oktober in die FATA zu schicken, um die Taliban-Kämpfer – afghanische oder pakistanische, ganz egal – aus Bajaur und dem südlichen Waziristan zu vertreiben. Weitere Hunderttausende Stammesangehörige wurden in alle Winde verstreut, während US-Bomber über ihre Köpfe hinweg donnerten.[20] Im November verkündete die Armee: »Die Offensive ist beendet.« Die Guerilla war verschwunden.

Es muss sich erst noch zeigen, wie weit man ethnische Säuberungen im eigenen Land treiben kann und welche

---

[20] Zur geschätzten Zahl an Flüchtlingen in Swat und FATA siehe Mark Schneider: »FATA 101: When the Shooting Stops«, *Foreign Policy*, 4. November 2009. Schneider ist Senior Vice President der International Crisis Group, einer nichtstaatlichen Organisation zur friedlichen Beilegung von Konflikten.

Folgen sie nach sich ziehen werden. Doch eines ist klar: Als Obama die pakistanische Armee zwang, das Feuer auf die eigenen Stämme zu eröffnen, mit denen sie sich zuvor relativ gut verstanden hatte, destabilisierte er eine weitere Region im Interesse des amerikanischen Großreichs. Heute sprengen sich wöchentlich Selbstmordattentäter in den großen Städten Pakistans in die Luft, im vergeblichen Versuch, Rache für die Unterdrückung im Grenzgebiet zu nehmen. Zardari und seine Entourage taumeln, weil die Immunität, die sie vor Anklagen wegen Korruption und die die ihnen Musharraf gewährt hatte, vom Obersten Gerichtshof Pakistans aufgehoben wurde. Noch halten sie sich aber, dank amerikanischer Unterstützung.[21] Fiele sie weg, würde Zardari innerhalb von Tagen stürzen. Doch Washington sträubt sich – wie im Fall Karzais weiter nördlich –, einen so hilfreichen Handlanger aufzugeben. Sollte Zardari trotzdem fallen, darf sich die US-Regierung zweifellos darauf verlassen, dass die pakistanische Armeeführung wie immer geeigneten Ersatz findet. Die Streitkräfte Pakistans haben nie patriotische junge Offiziere hervorgebracht, wie es sie in Lateinamerika oder der arabischen Welt gelegentlich gibt: Putschisten, die ihr eigenes Oberkommando absetzen, ausländische Kräfte

---

[21] Der von den USA vermittelte Deal, der es Zardari und seiner (später ermordeten) Frau Benazir Bhutto erlaubte, in Musharrafs Amtszeit nach Pakistan zurückzukehren, war mit einer rasch zusammengeschusterten und verabschiedeten »Anordnung zur nationalen Versöhnung« umgesetzt worden und begnadigte mehrere Politiker, denen verschiedene Verbrechen zur Last gelegt worden waren. Im November 2009 weigerte sich die Nationalversammlung Pakistans, die Anordnung zu verlängern. Der wiedereingesetzte Chef des Obersten Gerichts erledigte den Rest. Am 16. Dezember 2009, einem kalten, klaren Winternachmittag in Islamabad, erklärte der Oberste Gerichtshof die Anordnung für null und nichtig. Dennoch hält sich Zardari bis heute.

aus dem Land vertreiben und soziale Reformen durchsetzen. Die Unterwürfigkeit der pakistanischen Armee ist strukturell bedingt, wenn auch nicht total. Die Streitkräfte brauchen zwar einen ständigen Nachschub an amerikanischem Geld und Material, weshalb sie Washington nicht offen trotzen können, selbst wenn man sie zwingen will, gegen ihre ureigensten Interessen zu handeln. Insgeheim versuchen sie aber, sich immer einen gewissen Spielraum zu erhalten, solange der Konflikt mit Indien weiter schwelt. Die Armee geht zwar auf Bitten der USA gegen die eigene Bevölkerung vor, ohne es aber so weit zu treiben, dass die Stammesgebiete im Chaos versinken oder der Widerstand jenseits der Grenze aufhört.

Nun, wie stehen nach der jüngsten Ausweitung die Chancen für Obamas »gerechten Krieg«? Vergleicht man die Amerikaner mit den Sowjets, fallen zwei Unterschiede auf: Das von den USA installierte Regime ist weit schwächer als dasjenige, das die Sowjets damals unterstützten. Letzteres hatte eine echte Basis in der Bevölkerung, egal wie sehr sie sie auch missbrauchte. Die PDPA (Demokratische Volkspartei Afghanistans) hatte eine Armee und Verwaltung geschaffen, die auch nach Abzug der sowjetischen Truppen überlebensfähig waren. Letztlich wurde die Regierung Nadschibullah nur durch die massive Einflussnahme ausländischer Mächte (USA, Saudi-Arabien, Pakistan) gestürzt. In ebendieser Unterstützung liegt auch der zweite entscheidende Unterschied: Die Kämpfer, die 1992 in Kabul einmarschierten, waren von ausländischen Mächten finanziert und bis an die Zähne bewaffnet worden, während der afghanische Widerstand heute völlig isoliert ist – verhasst nicht nur in Washington, sondern ebenso in Moskau, Peking,

Duschanbe, Taschkent und Teheran. Höchstens Islamabad hilft den Taliban gelegentlich heimlich.

Im Juni 2010 gab General Stanley McChrystal dem *Rolling Stone* ein Kamikaze-Interview, in dem er die politische Führung daheim unverblümt kritisierte. Es hatte den gewünschten Effekt: Er wurde zurückberufen und als Oberkommandierender in Afghanistan abgesetzt. Nun musste sein Boss ran, General David Petraeus. Hintergrund des Streits um das Interview war natürlich, dass der Krieg massiv schieflief und die ewige Schönrednerei allmählich lächerlich wurde. Grabenkämpfe brachen aus: Der Sonderbeauftragte für Afghanistan und Pakistan, Richard Holbrooke, versuchte, Karsai zu stürzen, ohne sinnvollen Ersatz zur Hand zu haben. Das Militär wehrte sich dagegen mit Händen und Füßen; es wusste, dass der Krieg nicht zu gewinnen war, und weigerte sich, Karsai fallen zu lassen. Es glaubte, ohne den Paschtunen an der Spitze des Staates könnte der unvermeidliche Zusammenbruch am Ende sich zuspitzen wie damals in Saigon (wo die letzten Amerikaner mit dem Hubschrauber vom Dach ihrer Botschaft gerettet werden mussten). An einen Sieg glauben die Generale längst nicht mehr, für sie ist Afghanistan nur noch eine Gelegenheit für schnelle Beförderungen und für Experimente mit neuen Waffen und Strategien. (Kriegsspiele findet jedes Militär immer toll, vorausgesetzt, die Risiken halten sich in Grenzen.) Deshalb gehorchten die Generale den Befehlen, auch wenn sie untereinander und mit Politikern uneins waren.

McChrystal und Petraeus unterstützten Obamas »Surge« – im Gegensatz zu General Eikenberry, ihrem ehemaligen Vorgesetzten und aktuellen Botschafter in Kabul. Angesichts der vielen Todesopfer und des weiter andauernden Patts im Land scheint Eikenberry recht behalten zu haben. Die von den Medien hochgejubelten Fortschritte gibt es in Wirklichkeit nicht: Die Gefallenenzahlen bei US- und NATO-Truppen wachsen von Woche zu Woche, die meisten Europäer und viele Amerikaner sind gegen den Krieg und für einen Rückzug, verschiedene Taliban-Gruppen bereiten sich auf eine Machtübernahme vor, der Iran ist wegen der Sanktionen verärgert und wird nicht weiter mitspielen, die Träume von der Nordallianz sind geplatzt und ihre Anführer sind, wie zum Beispiel die Brüder Karsai[22], vollauf damit beschäftigt, sich die Taschen vollzustopfen. Trotz der Lithiumfunde wird es immer schwieriger, eine NATO-Präsenz im Land zu rechtfertigen. Pakistans Militär ist in ständigem Dialog mit der Taliban-Führung, und ein verzweifelter Karsai hat die USA gebeten, Mullah Omar und andere Taliban-Anführer von der Fahndungsliste zu streichen, damit sie frei herumreisen und am Leben ihres Landes teilhaben können. Eikenberrys Antwort: Man sei bereit, jeden Fall gesondert zu prüfen, eine Generalamnestie werde es aber nicht geben. Doch auch die wird kommen.[23]

Moralisch, politisch, ideologisch gibt es durchaus Parallelen zu Vietnam, doch die militärische Lage ist eine ganz andere. Man könnte zwar behaupten, in der arroganten Ausweitung

---

[22] Amid Walid Karsai, Bruder des afghanischen Präsidenten und Provinzgouverneur von Kandahar, wurde im Juli 2011 von einem Leibwächter, einem »Schläfer« der Taliban, erschossen (Anm. d. Red.).

[23] In den USA wurde kurz vor den Wahlen zur Mitte der Legislaturperiode Netanjahus Besuch sehnsüchtig erwartet. Die Demokraten erhofften sich davon eine verstärkte Unterstützung durch das AIPAC. In Washington munkelte man, die Verluste in In- und Ausland würden Obama möglicherweise veranlassen, sich von Gates im Pentagon und Emanuel im Weißen Haus zu trennen. Wird ihr Ersatz besser sein?

des Afghanistankriegs durch Obama vereine sich die Hybris Kennedys von 1961 mit der Johnsons von 1965 und selbst der Nixons von 1972. Zu offenkundig sind die Parallelen etwa zwischen den aktuellen Operationen in Pakistan und der damaligen Bombardierung Kambodschas. Doch die Unterschiede überwiegen: In Amerika regt sich kaum Widerstand, einerseits, weil keine Wehrpflicht die amerikanische Jugend zu Massenprotesten treiben würde, andererseits, weil die Amerikaner den Krieg gegen die Taliban mehrheitlich als legitim empfinden. Und aus dem Ausland kommt kaum Unterstützung für die Rebellen. China und Russland halten sich raus, und noch helfen 42 Nationen mit, wie Obama immer wieder gern betont, damit diese peinliche Marionette in Kabul weiter hübsch tanzt.[24]

Kein welthistorisches Spektakel wäre willkommener, als den amerikanischen Prokonsul wieder vom Dach einer Botschaft fliehen zu sehen. Ach, würden nur die zusammengewürfelten Besatzungstruppen und ihre diversen zivilen Lakaien mit ihm aus dem Land verscheucht! Aber es wird zu keinem zweiten Saigon kommen. Das endlose Geschwätz vom Ende der amerikanischen Hegemonie, das Lieblingsklischee unserer Zeit, dient hauptsächlich als Ausrede für die eigene Passivität.

---

[24] Bei der Verleihung des Friedensnobelpreises in Oslo durfte sich Obama deswegen auch bei den Norwegern bedanken, dass sie Truppen geschickt hatten, ebenso wie Albanien, Armenien, Aserbaidschan, Australien, Belgien, Bosnien-Herzegowina, Bulgarien, Dänemark, Deutschland, Estland, Finnland, Frankreich, Georgien, Griechenland, Irland, Island, Italien, Jordanien, Kanada, Kroatien, Lettland, Litauen, Luxemburg, Mazedonien, Neuseeland, die Niederlande, Österreich, Polen, Portugal, Rumänien, Schweden, Singapur, die Slowakei, Slowenien, Spanien, Tschechien, die Türkei, die Ukraine, Ungarn, die Vereinigten Arabischen Emirate und die USA.

Bräuchte man ein idealtypisches Beispiel für die Konstanz der amerikanischen Außenpolitik über Präsidenten hinweg, Obama hat es geliefert. Er zeigte, dass die Ära Bush-Cheney keineswegs ein Ausrutscher war, wie so mancher gern gehabt hätte, sondern business as usual. Obama brachte der gesamten Region von Palästina bis Pakistan nur eines: die Ausweitung des Kampfs gegen den Terror (oder »das Böse«, wie er es lieber nennt). Als Nächstes scheint nun der Jemen ins Visier zu geraten. Dort ist eine terroristische Bedrohung ausgemacht worden, und einige Stellen lassen schon lautstark vernehmen, dass eine Intervention nötig werden könnte. Am 2. Januar 2010 verkündete Obama eine Verdopplung der US-Militärhilfe für den Jemen. Am 30. Dezember 2009 schrieb der *Economist*: »In seiner Amtszeit waren amerikanische Drohnen und Sonderkommandos beschäftigter denn je, nicht nur in Afghanistan und Pakistan, sondern dem Vernehmen nach auch in Somalia und Jemen.«[25]

Auch sonst geht alles weiter wie bisher. Renditions – Überstellungen Terrorverdächtiger ohne richterliche Zustimmung zu Verhören (sprich: Folter) durch Stellvertreter in Drittländer – finden weiter statt; die Täter können sich weiterhin in Florida oder sonstwo ausruhen und brauchen sich unter Obamas Schutz nicht vor Strafverfolgung zu fürchten. Die Lauschangriffe im Inland gehen weiter. Ein Putsch in Mittelamerika wurde unterstützt. In Kolumbien

---

[25] »From Shoes to Soft Drinks to Unterpants«, Economist. Alarmiert von diesen Berichten reiste ich im Februar 2010 in den Jemen. Existierte dort eine echte Bedrohung? Meine Reportage, veröffentlicht in der *London Review of Books* vom 25. März 2010, finden Sie in Anhang 2.

werden neue Militärbasen bezogen. Hillary Clinton düst in den Süden und versucht, die in ALBA, der neuen Bolivarischen Allianz für Amerika, zusammengeschlossenen Staaten[26] zu entzweien, indem sie Ecuador ein paar Krümel verspricht, wenn es sich vom Einfluss Venezuela löst.

In Fernost wird Japan weiter als Vasallenstaat behandelt und bestraft, wenn es nicht gehorcht. Die japanische Demokratie zählt für die imperialen Bosse in Washington nicht. So stimmte im Februar 2010 das Parlament der Präfektur Okinawa einstimmig für eine Resolution zur Auflösung des US-Militärstützpunkts Futenma. Im folgenden Monat unterstützten alle 41 Bürgermeister der Städte der Präfektur das Anliegen. Umsonst – Okinawa und Japan illustrieren archetypisch, wie der Hegemon USA einen Vasallenstaat beherrscht.

Die allgemeine Ablehnung der US-Militärbasis auf Okinawa war ein wichtiger Faktor bei den Wahlen in Tokio 2009. Der Parteivorsitzende der Demokratischen Partei (DPJ), Hatoyama, versprach im Wahlkampf, die Militärbasis zu verlegen. Die DPJ gewann. Macht nichts, meinte US-Verteidigungsminister Gates und erklärte dem neuen Premierminister Hatoyama, sein Wunsch sei »kontraproduktiv«, er solle jetzt lieber »nach vorn blicken«. Die *Washington Post* unterstützte Gates pflichtgetreu mit einer Reportage, die den neuen japanischen Regierungschef als »glücklos« und »zunehmend durchgeknallt« beschrieb. Während der Breschnew-Ära wurden in der ehemaligen UdSSR Dissidenten gern für verrückt erklärt und in psychiatrische Anstalten

---

[26] Zu diesem Staatenbündnis gehören Kuba, Venezuela, Bolivien, Ecuador, Nicaragua und drei karibische Inselrepubliken (Anm. d. Red.).

gesteckt. Auch die USA stempeln Staatsmänner, die anderer Meinung sind als sie, gern als verrückt ab (der Venezolaner Hugo Chavez ist ein weiteres Beispiel) und nutzen das als Rechtfertigung, sie zu stürzen. Bei einem Besuch in Japan befand sich Obama in imperialer Stimmung. Öffentlich demonstrierte er Verständnis für japanische Sorgen, doch unter vier Augen setzte er Hatoyama unter gewaltigen Druck. Hatoyama knickte ein. »Kannst du das wirklich durchziehen?« vergewisserte sich Obama. Ja, versprach ihm der Premier. Doch seine Zustimmungswerte im Land stürzten ab, und er musste schon nach wenigen Monaten im Amt aufgeben. Damit war ein weiterer schwieriger Kunde abserviert. Der amerikanische Zugriff auf Okinawa war 1960 in einem bilateralen Sicherheitsabkommen vereinbart und seitdem nie infrage gestellt worden. Dabei war das Abkommen in einer Nacht- und Nebelaktion durch das japanische Parlament gepeitscht worden, in Abwesenheit der Oppositionsparteien. Wochen zuvor hatten Gewerkschaften und Studenten in den Straßen Tokios gegen die geplante dauerhafte Verletzung japanischer Souveränität protestiert.[27]

Obama zeigt keinerlei Absicht, den Besatzergriff auf Japan zu lockern, das sogar die Kosten für den US-Stütz-

---

[27] »Der damalige US-Botschafter, Douglas MacArthur II berichtete über Japan nach Washington: ›Die latente Neutralität des Landes wurzelt in antimilitaristischen Gefühlen, Pazifismus, Gefühlsduselei, einer Atom-Neurose und den marxistischen Neigungen von Intellektuellen und Lehrern.‹ Die Erinnerung an jene Krise von 1960 hielt beide Regierungen davon ab, die bilaterale Beziehung je wieder im Parlament oder öffentlich zu diskutieren.« Online nachzulesen unter *japanfocus.org*. Gavan McCormacks langer Essay: »Ampo at 50: The Faltering US-Japan Relationship« ist der bisher detaillierteste Bericht dazu.

punkt tragen muss, viele Millionen Dollar jährlich. Atombomben auf Hiroshima und Nagasaki abzuwerfen, hat offenbar noch nicht gereicht. Der Angriff auf Okinawa, die Vergewaltigung der dortigen Frauen wird weitergehen.

Dennoch wäre es falsch zu glauben, nichts hätte sich geändert. Keine Regierung ist genau wie die letzte, und jede Präsidentschaft trägt ihre eigene Handschrift. Insgesamt änderte sich unter Obama verschwindend wenig an der Großmachtpolitik Amerikas.[28] Aber propagandistisch wird sie jetzt viel besser verkauft. Es ist kein Zufall, dass ein führender Kolumnist – und einer der intelligenteren – nur halbironisch fünf Reden Obamas zu den fünf wichtigsten Ereignissen des Jahres 2009 erklärte.[29] Aus Kairo, West Point und Oslo bekam die Welt eine erhebende Sonntagsrede nach der nächsten geliefert. Obamas Predigten strotzten nur so von Euphemismen, die sich seine Redenschreiber zum

---

[28] Daher erklärt sich auch teilweise die Ernüchterung vieler Ex-Fans von Obama, die sich mit verblüffender Geschwindigkeit manifestiert hat, vor allem verglichen mit der relativ lange währenden Liebesaffäre progressiver Bürger mit Bill Clinton. Trotzdem wird tendenziell nicht dem Amtsinhaber die Schuld gegeben, sondern den Strukturen der Politik. Gary Wills glaubt, der Präsident sei guter Absicht, aber gefangen im Räderwerk des US-Imperialismus (»The Entangled Giant«, *New York Review of Books*, 8. Oktober 2009). Frank Rich wirft den Lobbyisten vor, die Erfüllung von Obamas »Versprechen gegenüber den Amerikanern, sie könnten ihrer Regierung jetzt wieder vertrauen«, sabotiert zu haben (»The Rabbit Ragu Democrats«, *New York Times*, 3. Oktober 2009). Für Tom Hayden ist die »zweckmäßige« Entscheidung, das Kontingent in Afghanistan aufzustocken, »die letzte einer ganzen Reihe von Enttäuschungen« (obwohl Obama im Wahlkampf genau diese Aufstockung versprochen hatte). Auch wenn Hayden seinen »Yes, we can!«-Aufkleber vom Auto kratzte, will er doch in Zukunft Obama unterstützen (»Obama's Afghanistan Escalation«, *Nation*, 1. Dezember 2009).

[29] Gideon Rachman: »The Grim Theme Linking the Year's Main Events«, *Financial Times*, 23. Dezember 2009.

Thema »Amerika, seine Verantwortung und seine strahlende Mission in der Welt« einfallen hatten lassen.

»Wir müssen einander die Dinge offen sagen, die wir im Herzen tragen«, das ist ein typisches Beispiel für den Ton Obamas. »Unser Land hat eine eigene Verantwortung in weltweiten Angelegenheiten übernommen. In vielen Ländern auf mehreren Kontinenten vergossen wir amerikanisches Blut. Wir gaben unser Geld aus, um die Wirtschaft anderer Nationen nach verheerenden Kriegen wieder aufzubauen. Wir schlossen uns mit anderen zusammen, um eine Architektur der Institutionen aufzubauen – von den Vereinten Nationen über die NATO bis hin zur Weltbank –, die zur Sicherheit und zum Wohlstand der Menschen beitragen.« – »Der Kampf gegen gewalttätigen Extremismus wird noch lange weitergehen, und er findet beileibe nicht nur in Afghanistan und Pakistan statt... Er wird in unruhigen Regionen und gescheiterten Staaten geführt werden, mit oft unklaren Fronten.« – »Wir verfolgen ein gerechtes Ziel und schwanken nicht in unserer Entschlossenheit. Wir schreiten nach vorn mit dem Selbstbewusstsein, dass das Recht letztlich triumphiert.« In Nahost gibt es »Spannungen« (diesen Ausdruck verwendete Obama in seiner Rede in Kairos al-Azhar-Universität vor der versammelten Claque Mubaraks neun Mal), und im Gazastreifen eine »humanitäre Krise«. Doch »die Palästinenser müssen auf Gewalt verzichten« und die Iraker sind dank Amerikas Einschreiten »letztlich besser dran als zuvor«. In Oslo: »Machen wir uns nichts vor: Das Böse existiert«; »Es ist nicht zynisch zu sagen, dass gelegentlich Gewalt eingesetzt werden muss – es ist geschichtsbewusst: Der Mensch ist nicht perfekt, der Verstand beschränkt.«[30] In Kairo: »Gewaltsamer Widerstand, das Töten von Menschen ist falsch.« Kurz: Wenn die USA und Israel Krieg führen oder Herrscher absetzen, die ihnen nicht passen, handeln sie nur ihrer bedauerlichen moralischen Pflicht entsprechend. Wenn Palästinenser, Iraker oder Afghanen sich ihnen widersetzen, ist das falsch. Wie Obama gern sagt: »Wir sind alle Kinder Gottes« und »Das ist alles Gottes Vision.«[31]

Wohlklingende Banalitäten und stahlgepanzerte Bigotterie gehören zum Stil dieses Präsidenten – und er kommt an. Obama und Hillary Clinton haben die Aufgabe übernommen, die imperialen Institutionen, denen sie jetzt vorsitzen, am Laufen zu halten. Bush und Cheney erledigten ihren Job nur allzu oft ohne große salbungsvolle Worte, zur massiven Irritation der internationalen Öffentlichkeit. Verbündete Regierungen und Völker, die normalerweise gern den Amerikanern hinterherdackelten, bekamen von Bush

---

[30] Die Topoi vom »nicht perfekten Menschen« und dem »beschränkten Verstand« sind von Reinhold Niebuhr geborgt, dem Moralprediger in der Ära des Kalten Krieges (siehe Gopal Balakrishnan: »Sermons of the Present Age«, *New Left Review*, Januar/Februar 2010). Niebuhr konnte gelegentlich aber ehrlicher sein als sein Schüler. Anstatt bigott von »zwei leidenden Völkern« zu schwafeln, nannte er die Sache bei ihrem (zionistischen) Namen. In einem Artikel für *Nation* (28. Februar 1942) schrieb er: »Die angelsächsische Hegemonie, die nach dem Sieg über die Achsenmächte entstehen muss, wird sicherstellen, dass Palästina für die Juden freigemacht wird.« Er fuhr fort: »Die Anführer der Zionisten sind unrealistisch, wenn sie behaupten, ihre Forderungen führten bei der arabischen Bevölkerung nicht zu ›Ungerechtigkeiten‹.« Dafür müsse man einen »anderweitigen Ausgleich« schaffen.

[31] Zitate aus: »Remarks by the President on a New Beginning«, Kairo, 4. Juni 2009; »Remarks by the President to the Nation on the Way Forward in Afghanistan and Pakistan«, West Point, 1. Dezember 2009; Dankesrede zur Verleihung des Friedensnobelpreises, Oslo, 11. Dezember 2009; »Remarks by the President to the Ghanaian Parliament«, Accra, 11. Juni 2009.

ein paar unbequeme Wahrheiten direkt ins Gesicht gesagt, die sie lieber nicht gehört hätten. Das historische Vorbild für Obamas Stil gab Woodrow Wilson, ein ebenso gottesfürchtiger Christ, der ständig von Friede, Demokratie und Selbstbestimmung sprach – während seine Truppen in Mexiko einmarschierten, Haiti besetzten und Russland angriffen. Außerdem garantierte er seinen Alliierten den Fortbestand ihrer Kolonien. Obama ist ein Wilson-Abklatsch, sogar ohne 14-Punkte-Programm. Erstaunlicherweise finden viele Menschen Scheinheiligkeit beruhigend statt abstoßend. Das ließ sich schön bei der Verleihung des Friedensnobelpreises ablesen (den der Literaturnobelpreisträger García Márquez einmal den Kriegsnobelpreis nannte). Nachdem Wilson das Wahlvolk lang genug angelogen – nämlich Frieden versprochen und Krieg geliefert – hatte, wurde er für eine zweite Amtszeit wiedergewählt, auch wenn das nicht gut für ihn ausging. In umkämpfteren Zeiten verzichtete Lyndon B. Johnson wegen seiner Kriegstreiberei lieber darauf, sich wieder zur Wahl zu stellen – noch einmal hätten sich die Amerikaner nicht betrügen lassen. Zwölf Jahre später stürzte Carter auch über das Debakel in Teheran. Wenn sich der aktuelle Trend fortsetzt – man denke nur an die massiven Verluste der Demokraten bei den Wahlen zur Mitte der Legislaturperiode – könnte Obama ein dritter Präsident mit nur einer Legislaturperiode werden, von seinen Unterstützern verlassen und von jenen verspottet, denen er die Hand zur Aussöhnung reichte.

3

Innenpolitische Kapitulation: ein eindimensionaler Politiker

In Aischylos' *Der gefesselte Prometheus* appelliert Hermes, der unterwürfige Götterbote und -diener an den aufmüpfigen Prometheus, sich doch mit den herrschenden Mächten zu arrangieren. Trotzig antwortete der Rebell, der zur Strafe angekettet war, weil der den Menschen das Geheimnis des Feuers verraten hatte: »Mit deinem Frondienst möcht ich dies mein Jammerlos, / Daß du es weißest, nimmermehr vertauschen; nein, / Mir ist es süßer, diesem Fels fronbar zu sein / Denn so dem Vater Zeus ein Bote treu und fein!«[1]

Heutzutage ist ein amerikanischer Präsident der Bote und Diener der heimischen Konzerne; er verteidigt sie gegen Kritik und stellt sicher, dass ihnen keine Hindernisse in den Weg gelegt werden. Das Recht auf Profit gilt als sakrosankt, Alternativen dazu werden nicht diskutiert. Das ist der Kern der kapitalistischen Demokratie. In Krisenzeiten muss, um das Überleben der Reichsten zu sichern, nicht der Kapitalismus gebändigt werden, sondern die Demokratie. Die unmenschlichen Erfordernisse des Systems verbieten eine

---

[1] Deutsche Übersetzung von J. G. Droysen.

Politik, die offenkundig einer Bevölkerungsmehrheit dienen würde. Nur wenn ganz besondere Umstände (Krise im Inland und massiver Druck von der Straße) zusammentrafen, sahen sich Regierungen genötigt, tatsächlich Reformen anzugehen. Doch das kam selten genug vor. Die Maßnahmen des New Deals in den 1930er-Jahren und der Civil Rights Act von 1964, mit dem die Rassentrennung aufgehoben wurde, wurden nur auf Druck der Straße hin beschlossen.

Obama ist unwillig und unfähig, ernsthafte Reformen durchzusetzen, und so wurde er zum Meister der mitfühlenden Geste, des verständnisvollen Lächelns, des geschmerzten, aber freundlichen Ausdrucks, der zu sagen schien: »Da stimme ich Ihnen voll zu. Ich wünschte, wir könnten... Doch das geht nicht. Sorry, aber es ist nicht meine Schuld.« Die Implikation dahinter ist immer, dass das System in Washington jeden Politikwechsel verhindert. Glaubhaft klingt das jedoch nicht. Denn Obama spielt ständig das gleiche Spiel – bei der Ausweitung eines nicht gewinnbaren Krieges, bei der Rettung der Wall Street, bei seiner verbaselten Gesundheitsreform, deren Bestimmungen er sich von Lobbyisten der Versicherungswirtschaft diktieren ließ, oder bei der Nominierung von Kandidaten für Kabinett und Obersten Gerichtshof. Immer legt er eine anfangs eine attraktive Option vor, die er jedoch nicht ernsthaft erwägt. Zusätzlich präsentiert er auch eine miserable Alternative, die aber schnell verworfen wird zugunsten eines »Kompromisses«, eines Mittelwegs. Bei seinen Anhängern erweckt er damit den Eindruck, er versuche sein Bestes, eine Mannschaft kluger Köpfe denke alle Möglichkeiten durch, aber die beste Alternativlösung sei eben nicht durchsetzbar. Sodann wird ein fauler Kompromiss gefunden, den die schönrednerischen Pressesprecher als tolles Ergebnis hinstellen.

Vielleicht meinte Obama das, als er in seinem Buch zum Wahlkampf, *Hoffnung wagen*, schrieb, Reagan sei ihm in vielerlei Hinsicht Vorbild gewesen. Er allein habe die Psyche des amerikanischen Volks wirklich verstanden und verdiene aus diesem Grund Bewunderung. Mit diesem »Bekenntnis« zielte Obama vornehmlich auf Republikaner und Wechselwähler ab. Mit Blick auf die Wiederwahl beschloss Obama noch vor seinem Amtsantritt, sich als Versöhner zu profilieren – ganz anders als sein Vorbild Reagan (oder auch Lincoln). Lincoln hatte einen brutalen Bürgerkrieg geführt, um die Einheit des Landes zu bewahren, Reagan hatte – unter Mithilfe eines skrupellosen konservativen Politbüros – den New-Deal-Konsens beendet und dem Reich des Bösen den Kampf angesagt.

Schon als Senator in Illinois zeigte Obama Pragmatismus bis hin zum blankem Opportunismus. Einmal stimmte er, zusammen mit drei weiteren, ebenfalls als sozial geltenden Demokraten, für drakonische Einschnitte bei Hilfsprogrammen für Kinder. Ein damaliger Fraktionskollege, der Afroamerikaner Rickie Hendon, regte sich hinterher fürchterlich auf:

> Damals kämpfte er schon um einen Sitz im Bundessenat. Als ich ihn mit traurigen Augen und blutendem, verwirrtem Herzen fragte, warum er das getan habe, sagte er: »Wir müssen mit dem Geld vorsichtig umgehen.« – »Was?«, blaffte ich. Worauf er mir erklärte, in Zeiten knapper Budgets müsse man jeden Dollar verantwortlich ausgeben... Später hörte ich, wie das Gesetz zur Ausgabenkürzung in Senator Obamas Bezirk, der South Side,

zur Diskussion kam. Barack stand auf und appellierte an den Senat in einer anrührenden Rede, auf diese Kürzungen zu verzichten... Er bat um Mitleid und Verständnis... Keine zehn Minuten vorher hatte er für Sparsamkeit votiert – und jetzt wollte er Mitleid!

Obama verlor die Abstimmung und legte sich hinterher mit Hendon an:

> Barack lehnte sich herüber, schob sein Gesicht ganz nah an meines und fauchte mit einer unheimlichen, dunklen Stimme, die tief aus den Abgründen seines Charakters kam: »Du hast mich vor dem Senat blamiert. Wenn du das je wieder tust, tret ich dir in den Hintern!« Ich fragte: »Was?« Er sagte: »Du hast mich gehört, du [zensiert]! Wir können auch nach hinten gehen, zu den Telefonen, wo die Presse nichts mitbekommt, dann tret ich dir gleich in den Hintern!«

Der 1,70 m große Hendon entgegnete, das könne Obama gern versuchen. Die zwei Senatoren verzogen sich außer Sichtweite und prügelten sich, bis ein herbeigeeilter Kollege die zwei trennte. Obama forderte Hendon auf, den Kampf woanders fortzusetzen, damit er ihn »zermalmen« könne. In der Geschichte Chicagos wimmelt es von zermalmten Bürgern: buchstäblich, in der Ära Al Capone, und politisch, durch den destruktieven Machtapparat Daleys. Schon damals ahnte Hendon, dass Obama es einmal weit bringen würde: »Barack und ich haben nie mehr darüber gesprochen, aber nach dieser Episode stand für mich fest, dass er flexibel und weiß genug ist, um Präsident der Vereinigten Staaten zu werden.«[2]

---

[2] Rickey Hendon: *Black Enough/White Enough. The Obama Dilemma*, Chicago, 2009.

Diese Episode zeigt, dass Obama sich seine Aggressionen für die sozial denkenden Menschen auf seiner Seite aufhebt. Wer links von ihm steht, sollte auf rechte Haken gefasst sein. Mit anderen legt er sich nicht an: Konzerne samt ihren Lobbyisten und Politikern lassen sich nicht zermalmen. Besser man verträgt sich mit ihnen.

Und so lässt sich in der Innenpolitik das gleiche Phänomen bestaunen wie in der Außenpolitik: Obama tat genau das Gegenteil dessen, was er versprochen hatte. Ob nun aus Kalkül oder übertriebener Vorsicht, sei allerdings dahingestellt. Obama versuchte, es sowohl Demokraten als auch Republikanern recht zu machen, doch letztlich stieß er fast alle vor den Kopf. Die Rechte verachtet ihn ganz offen, die Mitte, vertreten durch die Hauptkommentatoren der *New York Times*, ging schon bald auf erstaunliche (wenn auch verständnisvolle) Distanz, und die Basis seiner Wählerschaft, die Jugend, wendet sich von ihm ab. Angesichts der Krise im Land wollte sich niemand mit schönen Worten abspeisen lassen. Oder mit einer bereits diskreditierten Politik im Stile Clintons.

Allein an der Gesellschaftspolitik lässt sich die Gesundheit einer Nation kaum ablesen. Ja, Amerika ist inzwischen weniger rassistisch, schwulenfeindlich und sexistisch als vor hundert Jahren. Das ist Grund zum Feiern. Doch es öffnet sich ein neuer Abgrund im Land: der zwischen Arm und Reich. Armut wird heute brutal bestraft, was sich etwa an der riesigen Zahl inhaftierter junger Schwarzer ablesen lässt.

> In zentralen Bereichen herrscht heute in den USA größere Ungleichheit als noch vor 40 Jahren. Niemand mit einem sozia-

len Gewissen könnte das leugnen. 1969 verdiente die obersten 20 Prozent der Lohn- und Gehaltsempfänger in den USA 43 Prozent des gesamten Arbeitseinkommens, die untersten 20 Prozent verdienten 4,1 Prozent. 2007 verdiente die obersten 20 Prozent 49,7 Prozent, die untersten 3,4 Prozent. Rasse und Geschlecht spielen bei der Einkommensverteilung nur eine überraschend kleine Rolle. So haben Weiße einen Anteil von etwa 70 Prozent an der Gesamtbevölkerung, doch auch in den untersten 20 Prozent sind sie mit 62 Prozent vertreten… Selbst wenn es also gelänge, alle Folgen von Rassismus und Sexismus zu beseitigen, wäre in Sachen Umverteilung kaum etwas gewonnen. Eine Gesellschaft, wo Weiße auch im untersten Fünftel der Lohn- und Gehaltsempfänger proportional vertreten sind (und Schwarze im obersten), wäre um nichts weniger ungleich. Sie wäre um nichts gerechter, sie wäre in ihrer Ungerechtigkeit nur farbenblind.[3]

Konsenspolitiker regten sich nie über diesen Umstand auf. Auch konservative afroamerikanische Gruppen wie Farrakhans Nation of Islam beharrten darauf, dass jeder Afroamerikaner seines eigenen Glückes Schmied sei. Diese Botschaft wurde auch bei der Schlusskundgebung des Millionen-Mann-Marsches im Oktober 1995 gepredigt. Jahre später zeigen die Statistiken, dass der Marsch nicht die geringste Wirkung gehabt hatte – was angesichts der läppischen Ideologie dahinter auch nicht verwundern konnte. Das Establishment in Form von Leitartiklern und Politikern lobte den Marsch in höchsten Tönen dafür, dass Schwarze nun endlich die Verantwortung für ihr eigenes Leben zu übernehmen bereit schienen. Obama pflichtet dem im Grunde bei,

---

[3] Walter Benn Michaels: »What Matters«, *London Review of Books*, 27. August 2009.

wie er auch in einigen (schlechten) Reden demonstrierte. Doch bald schon tauchten wichtigere und neuere Probleme am Horizont auf. Dunkle Wolken waren aufgezogen und kündigten einen wirtschaftlichen Hurrikan an.

Noch während des Präsidentschaftswahlkampfs gerieten die Wall Street und das System, das es in den letzten Dekaden des 20. Jahrhunderts geschaffen hatte, in massive Schwierigkeiten. Viele Volkswirte hatten schon lange gewarnt, dass der Boom allein auf mit Schulden finanziertem Konsum beruhte, während die Investitionen bedrohlich abnahmen. Das System stand auf tönernen Füßen, das war seit Juni 2007 unübersehbar. In den darauf folgenden neun Monaten zerbröselte es. Die großen Investmentbanken und Brokerfirmen bluteten finanziell rasch aus und verloren in kürzester Zeit 175 Milliarden Dollar Kapital. Panische Rettungsmaßnahmen der amerikanische Zentralbank (Fed) stoppten den Blutverlust nur kurzfristig.

Im September 2008, als der Präsidentschaftswahlkampf auf seinen Höhepunkt zuging, implodierte Lehman Brothers. George Bush, längst ein Präsident auf dem Abstellgleis, beschloss, die Investmentbank bankrottgehen zu lassen. Erwog der arrogante Chef der Firma, Richard Fuld, je, vom Dach seines Hauses zu springen, wie es 1929 einige Bankrotteure getan hatten? Einige Monate nach dem Zusammenbruch erzählten mehrere seiner ehemaligen Mitarbeiter nach ein paar Cocktails, wie Fuld damals aus den Scheiben seines Büros im obersten Stock gestarrt habe, als ob er sich hinabstürzen wollte. Doch da war bei Fulds ehemaligen Angestellten wohl der nostalgische Wunsch Vater des Gedankens. Schließlich befinden wir uns nicht mehr im Jahr 1929, als Kapitalisten noch ein Gewissen hatten. Damals zogen sie den Selbstmord einer Zukunft vor, in der sie am Bürgersteig sitzend um Cents betteln oder gemeinsam mit den Arbeitern, deren Leben sie ruiniert hatten, in der Gosse landen würden. Warum hätte Fuld springen sollen, auch wenn ihn unten eine Handvoll Demonstranten dazu aufforderte? Schließlich quollen seine privaten Schatullen nur so über – im krassen Gegensatz zu jenen der öffentlichen Hand. Auch die Analysten und Broker im Solde Lehmans hatten vermutlich den ein oder anderen Dollar ihrer Boni auf die hohe Kante gelegt. Mitten in die weltweite Panik platzte die Nachricht der Fed, dass die Gesamtverschuldung der USA von 255 Prozent des Bruttosozialprodukts im Jahr 1997 auf 352 Prozent im Jahr 2007 hochgeschnellt war. Ein deregulierter, von seinem Erfolg berauschter Finanzsektor hatte diese nie dagewesene Neuverschuldung finanziert.

Ein hochrangiges Mitglied des Internationalen Währungsfonds warnte, die gesamte kapitalistische Welt befinde sich »am Rande des Systemzusammenbruchs«. In Amerika verstaatlichte die Regierung Bush in höchster Not die zwei Hyptotheken-Giganten Fannie Mae und Freddie Mac, nachdem deren Eigenkapital sich in Luft aufgelöst hatte. Die Citibank wurde teilverstaatlicht, andere Pleitekandidaten wurden überstürzt zwangsverheiratet: Marrill Lynch mit der Bank of America, HBOS mit Lloyds TSB. Es brauchte gewaltige Geldspritzen aus dem Finanzministerium zur Stützung von Goldman Sachs, Deutscher Bank und Société Générale. Produktion, Handel, Investitionstätigkeit und Kreditvergabe gingen weltweit steil nach unten, die Arbeitslosenzahlen im Westen schossen nach oben. Der Markt hatte schmählich versagt. Staatsinterventionen in Billionenhöhe waren zur Rettung des Systems nötig geworden. Der viel gerühmte

Washingtoner Konsens würde das bestimmt nicht überleben, oder? Wenn es je eine Gelegenheit gab, das Ruder herumzureißen, dann bot sie sich jetzt. Und die Welt brauchte dringend einen Kurswechsel. Doch es fehlte völlig an politischem Gestaltungswillen. Selbst Joseph Stiglitz' gemäßigt keynesianischer Ansatz wurde als zu radikal verworfen. Stiglitz hatte Folgendes vorgeschlagen:

> Zwangsversteigerungen ließen sich mit verschiedenen Maßnahmen verhindern. Erstens könnte man Häuser für Menschen mit geringem oder mittlerem Einkommen erschwinglicher machen, wenn man die Absetzbarkeit von Hypothekenzinsen abschaffen und durch eine Subvention in fester Höhe ersetzen würde. Heute zahlt der Staat reichen Haushalten effektiv 50 Prozent ihrer Hypothekenzinsen, armen Haushalten (die keine Steuern zahlen) aber nichts. Zweitens muss das Privatkonkursrecht derart geändert werden, dass Eigentümer den Wert ihres Hauses herabsetzen und darin wohnen bleiben können. Drittens könnte der Staat einen Teil der Hypotheken übernehmen und von seinen günstigeren Refinanzierungsmöglichkeiten profitieren …
>
> Neuerdings ist man der Ansicht, durch Entpacken der Kreditpakete könne man einen echten Mehrwert schaffen – man entfernt diese Werte aus dem Finanzsystem und reicht sie an die Regierung weiter. Doch das erfordert, dass die Regierung überhöhte Preise zahlt und letztlich nur die Banken stützt … Wall Street hat die Wirtschaft mit toxischen Hypotheken vergiftet. Jetzt sollte sie auch für die Aufräumarbeiten zahlen.

Unter Volkswirten wächst der Konsens, dass eine Rettung, wie Paulson sie vorgeschlagen hat, nicht funktioniert. Der Versuch wird nur die Staatsverschuldung in ungekannte Höhen treiben und die Menschen weiter verunsichern, wenn sie sehen, dass selbst 700 Milliarden Dollar nicht zur Rettung der US-Wirtschaft reichen. Diese Verunsicherung wird die Krise weiter verschlimmern. Andererseits können Politiker unmöglich tatenlos zusehen, wie das Land in die Krise rutscht. Wir können also nur beten, dass sich die beteiligten Seiten samt ihren Partikularinteressen, krausen Vorstellungen von Volkswirtschaft und ihrer rechten Ideologie, die die Krise überhaupt erst ausgelöst hat, irgendwie auf einen Rettungsplan einigen, der funktioniert – oder der bei einem Scheitern zumindest keinen allzu großen Schaden anrichtet.[4]

Die visionslosen Politiker der »linken Mitte« Nordamerikas und Europas haben durch die Verteidigung des neoliberalen Systems ihr gesamtes politisches Kapital verbrannt: Clinton, Blair und Brown, Jospin und Felipe Gonzales, D'Alema und Prodi – sie alle waren bei der Deregulierung ganz vorn dabei, die die Orgie des schnellen Geldes überhaupt erst ermöglichte. Entweder bauten sie selbst alle möglichen Hürden ab oder versprachen, das bei erstbester Gelegenheit zu tun. Ihre Erben waren danach wie gelähmt. Bush, Brown und Berlusconi sahen sich keiner nennenswerten Opposition ausgesetzt. Und so machten sie weiter wie gehabt. Obamas Rhetorik war beeindruckend, aber der Wählerschaft zeigte er auch keine Alternative auf. Er versprach wenig, betonte aber, nur die Demokraten könnten die Wirtschaft aus der Rezession holen. Gern ließ er sich dabei filmen, wie er mit Warren Buffett und Paul Volcker sprach, jenen zwei Personen, deren Ruf die Krise überstanden hatte. Dennoch: Obama und sein Beraterteam (Joseph Stiglitz wurde bewusst nicht hinein berufen, vermutlich, um die Wall Street nicht zu verschrecken) schafften es nicht, eine ernsthafte ökonomische Alternative zu entwi-

---

[4] Joseph Stiglitz: »Bail-Out Blues«, *Guardian*, 30. September 2008.

ckeln. Dabei war das Desaster ja durchaus nicht aus heiterem Himmel gekommen.

Schon vor über einem Vierteljahrhundert hatte der angesehene Wissenschaftler Hyman P. Minsky seine »Hypothese der finanziellen Instabilität« aufgestellt. Er warnte vor der umjubelten Deregulierung im Finanzsektor und verglich die Finanzjongleure mit Brandstiftern, die die ganze Wirtschaft in Brand stecken. Die Casino-Praktiken in der Wall Street ermunterten geradezu, gewaltige Risiken einzugehen. Minskys Argument war klar und hellsichtig: Während einer langen Phase der Prosperität werden Investoren leichtsinnig, sie nehmen immer mehr Risikokapital ins Portfolio, und es werden so lang immer größere Kreditsummen vergeben, bis die Schuldner sie nicht mehr bedienen können. Wenn diese überschuldeten Akteure dann Aktien zu verkaufen beginnen, um Zins und Tilgung bezahlen zu können, beginnt eine Abwärtsspirale an den Börsen. Plötzlich brauchen alle Bargeld; dieser Punkt im Zyklus wurde als »Minsky-Moment« bekannt. Neoliberale verleumdeten Minsky als durchgeknallten Radikalen von gestern. Doch in den vergangenen Jahren hat sich gezeigt, wie recht er hatte, vor allem mit seiner Forderung, den Banksektor an die Kandare zu nehmen.

Wenn es je einen Moment gegeben hat, um die von Minsky geforderten Maßnahmen umzusetzen, dann war er jetzt gekommen. Doch die amerikanische Politik hat sich seit vielen Jahrzehnten daran gewöhnt, es den Konzernen recht zu machen und sie zu unterstützen, anstatt sie zu kontrollieren. Die ganze Wirtschaft hing engstens mit Militarismus und Finanzkapitalismus zusammen. In den letzten Jahrzehnten hat sich der Markt überallhin ausgedehnt – bis in die Schlafzimmer hinein (über die neue drahtlose Kommunikationstechnologie). Kurz, es gab keine ernsthafte Opposition im Land.

Obama befand sich auf der sicheren Seite, als er die 700-Milliarden-Dollar-Bankenrettung durch Bush guthieß. Einige Demokraten hätten ja gerne einen neuen New Deal zum Wiederaufbau des Landes angestoßen, doch Obama erinnerte seine Landsleute nicht an Franklin D. Roosevelt, seinen New-Deal-Vorgänger. Damit hätte er vielleicht die Märkte verschreckt, aber Bürger mit kurzem Gedächtnis belehrt und neue Hoffnung verbreitet. Solch Unfug vertrug sich nicht mit neoliberaler Politik und war damit nicht möglich. Ansonsten hätte Obama die Krise so zu bewältigen versuchen können, wie bereits eine demokratische Regierung vor ihm: Nach dem Börsenkrach von 1929 ging die Demokratische Partei in die Offensive und schuf einen neuen Konsens im Land, der bis in die Ära Reagan hielt. 1932 besiegte Roosevelt Herbert Hoover mit einem Reformprogramm, das den Armen half, ohne das System infrage zu stellen. Das demokratische Wahlprogramm jener Zeit zeigt sehr schön die Stimmung im Land:

> In diesen Zeiten nie gesehener wirtschaftlicher und sozialer Not ist die Demokratische Partei davon überzeugt, dass der Grund für die aktuelle Lage in den desaströsen Entscheidungen unserer Regierungen seit dem [Ersten] Weltkrieg zu suchen ist. Wir haben uns ökonomisch isoliert, Zusammenschlüsse von Konkurrenten zu Monopolen gefördert und die unverzeihliche Ausdehnung und Kontraktion von Krediten für persönlichen Profit auf Kosten der Allgemeinheit ermutigt.
>
> Die Verantwortlichen für diese Politik haben die Ideale geopfert, mit denen der Krieg gewonnen wurde, und so die

Früchte des Sieges verschenkt. Sie haben die größte Chance der Geschichte vertan, unserem Volk und der ganzen Welt Frieden, Wohlstand und Glück zu bringen.

Sie haben unsere Exportwirtschaft gelähmt, den Wert unserer Güter gemindert, unser Bankensystem schwer beschädigt, Millionen Bürger ihrer Lebensersparnisse und ihrer Jobs beraubt, grassierende Armut erzeugt und die Staatsfinanzen ruiniert wie noch nie in Friedenszeiten.

Die einzige Hoffnung auf Besserung liegt in einer drastischen Wende der Wirtschaftspolitik. Nur so können wir wieder Jobs schaffen, die Not der Menschen dauerhaft lindern, den Stolz der Nation wiederherstellen, die Zufriedenheit im Land mehren und unsere weltweite Führungsposition im Finanz-, Industrie- und Landwirtschaftssektor sowie im Handel wieder herstellen… Die Demokratische Partei gelobt feierlich, alles Notwendige zu tun, um die hier geschilderten Prinzipien, Strategien und Reformen umzusetzen und die Strategien, Methoden und Praktiken auszumerzen, die an dieser Stelle verdammt wurden.

Der New Deal kam nicht aus heiterem Himmel, er war ein Kind seiner Zeit. Die wirtschaftliche, soziale und politische Lage stellte sich völlig anders dar als heute. An der Heimatfront traten die Gewerkschaften äußerst offensiv auf und besetzten schon einmal Fabriken, während sich Europa politisch radikalisierte und sich entweder dem Kommunismus einer idealisierten Sowjetunion zuneigte oder, etwa in Italien, Deutschland und Spanien, dem Faschismus. Druck von innen und außen zwang die die Demokraten zu ihrem New Deal.

Die damals ergriffenen Maßnahmen mögen angesichts Obamas hohler Phrasen radikal wirken, doch die Wirtschaft belebten sie auch nicht. Die erneute Rezession von

1937 endete erst, als wegen des Zweiten Weltkriegs die Industrieproduktion wieder ansprang.

Ein wichtiges Erbe des New Deal bestand in einigen Gesetzen zur Einschränkung der Macht von Konzernen. Dazu gehörte etwa der Glass-Steagall Act von 1933, der es Geschäftsbanken verbot, sich als Investmentbanken zu betätigen. Dieses Gesetz wurde unter Clinton aufgehoben, ein entscheidender Fehler, ohne den die ganze Finanzkrise nicht erfolgt wäre. Übrigens findet Regulierung oft dann statt, wenn es der Industrie zugutekommt: »In aller Regel wird Regulierung von der Branche angeregt und ist dafür da, Branchen zu schützen.«[5]

2008 waren die Gewerkschaften in den USA nur noch Schatten ihrer selbst. Sie hatten während des Kalten Krieges einen faustschen Pakt mit den Konzernen abgeschlossen, der sie nun an einer effektiven Interessenvertretung hinderte.[6] Seit den 1950er-Jahren arbeiteten Gewerkschaften und Konzerne auf verschiedenen Ebenen zusammen, vor allem (aber nicht ausschließlich) in der Rüstungsindustrie. Mit vereinten Kräften ließ sich dann erfolgreich Lobbyarbeit machen, etwa für Raketen- oder – aktueller – Drohnen-Hersteller. Als man dann streitbare Gewerkschaften brauchte, gab es fast keine mehr. Für die Arbeiterschaft hatte

---

[5] George Stigler: »The Theory of Economic Regulation«, zitiert von Simon Johnson und James Kwak in *13 Bankers. The Wall Street Takeover and the Next Financial Meltdown*, New York, 2010, S. 93. *13 Bankers* ist ein erschütternder Bericht darüber, wie Banker die Weltwirtschaft beherrschen und wie das Finanzkapital die Demokratie unterminiert.

[6] Die antikommunistische Hetzjagd unter McCarthy säuberte die Gewerkschaften und Hollywood von radikalen Elementen; nur Letzteres hat sich später davon wieder erholt.

das katastrophale Folgen. Als die Politik in den 1990ern auf Deindustrialisierung und Deregulierung umschwenkte, sahen sich die hoffnungslos kompromittierten amerikanischen Gewerkschaften – anders als die Genossen in Deutschland und Frankreich oder die Volksbewegungen in Südamerika – völlig außerstande, sich der totalen Konzernierung der Wirtschaft zu widersetzen. Noch die schlimmste Wirtschaftskrise führt nicht automatisch zu einem allgemeinen Stimmungswandel und zu einer grundsätzlichen Systemkritik.

Der Kapitalismus wird regelmäßig von Krisen erschüttert, das ist die unvermeidliche Begleiterscheinung einer vom Staat gestützten Marktwirtschaft. Der Kapitalismus hat schon oft versagt, doch er erholte sich immer wieder, selbst in Phasen, als er politisch ernsthaft herausgefordert wurde. Man darf seine Anpassungs- und Überlebensfähigkeit nicht unterschätzen, selbst wenn er normalerweise auf Kosten der ausgebeuteten Mehrheit überlebt. Im 21. Jahrhundert spürt die herrschende Elite Amerikas keinerlei Druck von innen oder außen, irgendwelche Strukturreformen zu verabschieden, die den Kapitalismus bändigen und der Bevölkerungsmehrheit nützen würden.

Solang keine neue politische Bewegung der Bevölkerung eine überzeugende soziopolitische und wirtschaftliche Alternative anbietet, solang findet die finale Krise des Kapitalismus nicht statt – außer in den Träumen der Idealisten. Um sich selbst zu retten, erwägen die globalen Eliten nur diejenigen Ansätze zur Beilegung der Krise, die den Status quo erhalten. In der Krise standen die Regierungen vor der Alternative, entweder mit verstaatlichten Banken die Kreditvergabe und damit die Produktion wieder zu beleben oder die diskreditierten Finanzhaie weiter zügellos mit fiktivem Kapital jonglieren zu lassen. Bekanntlich entschieden sie sich für Letzteres.[7]

Obama ist sich dieser Tatsache nur zu bewusst und neigt gelegentlich dazu, seinen eigenen Opportunismus mit der Gleichgültigkeit der Massen zu rechtfertigen. Er tut so, als hätte er lieber eine sozialere Politik gemacht – wenn ihn denn der Druck der Straße dazu gezwungen hätte. Viele seiner Fans kaufen ihm das ab, auch wenn seine bisherige Bilanz eher das Gegenteil vermuten lässt. Vom Charakter her ist Obama ein Vermittler, kein Reformer. Durch die Auswahl seines Wirtschaftsteams signalisierte er seinen Freunden an der Wall Street, dass alles beim Alten bleiben würde. Joseph Stiglitz, der die neue Regierung zumindest dazu gezwungen hätte, über Alternativen angesichts des aktuellen makroökonomischen Desasters nachzudenken, wurde sorgfältig ausgegrenzt. Lawrence Summers, einer der Verantwortlichen für die Wall-Street-Kernschmelze von 2008, wurde zum Direktor des National Economic Council, wie als Belohnung für seine Hellsichtigkeit. Er hatte das Wie-Reiche-noch-

---

[7] Weil in den USA eine populäre Sozialbewegung fehlte, konnte die Elite ihre eigenen Lösungen durchdrücken. Sie tat, wenig überraschend, alles, um den Status quo zu erhalten. Die Bürger Südamerikas haben sich großteils viel effektiver gegen Deregulierung und Privatisierung gewehrt als die Gewerkschaften der Industriestaaten. Ähnlich entschlossenes Auftreten hätte in den USA großen Druck in Richtung Gesundheitsreform, massive Bildungsinvestitionen und Kürzungen im Militärhaushalt ausüben können. Auch Rettungsaktionen für die Autobranche und marode Airlines wären so vielleicht gestoppt worden. Lasst sie doch pleitegehen, hätte die Forderung lauten sollen, und baut stattdessen ein ökologisch vernünftiges und effizienteres System öffentlichen Verkehrs auf, das allen zugutekommt. Die Lektion ist uralt: Ohne Aktion von unten gibt es keine Reaktion von oben.

reicher-werden-Gesetz – auch bekannt als Gramm-Leach-Bliley Act – im November 1999 durchgedrückt, das die Fusion von Geschäftsbanken mit Investmentbanken, Brokerfirmen und Versicherungen ermöglichte. Summers frohlockte in seiner Grabrede auf den Glass-Steagall Act von 1933:

> Lassen Sie mich alle hier willkommen heißen zur Unterzeichnung dieses historischen Gesetzes. Mit diesem Gesetz macht das amerikanische Finanzsystem einen großen Schritt vorwärts ins 21. Jahrhundert. Amerikanische Verbraucher, Unternehmen und die Gesamtwirtschaft werden viele Jahre von diesem Gesetz profitieren ... Ich glaube, wir haben die richtigen Rahmenbedingungen für das zukünftige Finanzsystem Amerikas gefunden.

Im darauffolgenden Jahr konnten die »richtigen Rahmenbedingungen« den Absturz der Dotcom-Aktien allerdings auch nicht verhindern. Greenspan musste die Zinssätze radikal senken, von 6,5 auf 1 Prozent. Das bewahrte zwar die Wirtschaft vor dem Kollaps, sorgte aber für eine nie dagewesene Ausweitung der Kreditaufnahme und legte damit den Grundstein für die Katastrophe von 2008. Mit den billigen Krediten (das Kapital kam vornehmlich aus China und Japan) kauften die Leute ein wie wild, insbesondere auf dem Immobilienmarkt. Rasch stiegen die Immobilienpreise um 50 Prozent, eine riesige Spekulationsblase entstand. Gleichzeitig ließen die gewaltigen Militärausgaben für die Kriege im Irak und in Afghanistan sowie die Sozialausgaben daheim Fort Knox ausbluten. Die Wachstumsrate der Realwirtschaft ging immer weiter zurück, von 3,6 Prozent im

Jahr 2004 auf 0,8 Prozent im Jahr 2008[8]. Man sollte meinen, all dies brächte einen frisch gewählten Präsidenten ins Grübeln, wie er das System renovieren könne. Zwei Insider schrieben:

> Die Herausforderungen, vor denen die Vereinigten Staaten stehen, sind für die Leute vom IWF bekanntes Terrain. Würde man die Zahlen präsentieren, ohne das Land zu nennen, würden die erfahreneren IWF-Leute zweifellos raten: in Schieflage geratene Banken verstaatlichen und nach Bedarf aufspalten.[9]

Obamas Personalentscheidungen zeigten, dass er anderer Ansicht war. Neben Summers ernannte er Tim Geithner (zum neuen Sheriff im Finanzministerium) und Neal Wolin (zu dessen Stellvertreter) – drei in der Wolle gefärbte Neoliberale, wie Robert Scheer anmerkte:

> Wolin, Geithner und Summers genossen sämtlich die Protektion Robert Rubins, der als Finanzminister unter Clinton die treibende Kraft hinter dem Plan war, die Wall-Street-Firmen von ihren Fesseln aus Zeiten der Weltwirtschaftskrise zu befreien. Wolin trieb – im Auftrag Rubins – die Verabschiedung des Gramm-Leach-Bliley Act voran, der die Trennung zwischen Geschäfts- und Investmentbanken sowie Versicherungen aufhob und zur Bildung jener Finanzgiganten führte, die »zu groß, um zu scheitern« waren. Zwei dieser Giganten mussten mit öffentlichen Mitteln gerettet werden: die Citigroupbank, bei der Rubin nach seinem Ausscheiden aus der Regierung 120 Millionen Dollar »verdient« hatte, und die Hartford-Versi-

---

[8] Siehe dazu Susan Watkins: »Shifting Sands«, *New Left Review*, Januar/Februar 2010, S. 5–27.
[9] Simon Johnson und James Kwak: »The Quiet Coup«, *Atlantic*, Mai 2009.

cherung, zu der Wolin nach seiner Zeit im Finanzministerium gegangen war.[10]

Noch im Jahr 2006 hatte Finanzminister Geithner die Reform des Finanzsektors gepriesen: Sie »trug zu einer substanziellen finanziellen Stärkung der zentralen Finanzbroker und zur Stärkung der Flexibilität und der Widerstandskraft des amerikanischen Finanzsystems... und zu einer Stabilisierung des Wachstums über die letzten zwei Dekaden bei.«[11]

Pam Martens, die zwei Jahrzehnte an der Wall Street gearbeitet hatte (und das System kritisch beobachtet), macht klar, dass Obama kaum etwas dem Zufall überließ:

> Wir ergänzen die Liste derjenigen, die es unter Clinton vermasselt hatten und jetzt zurückgeholt wurden, um es auch in der Regierung Obama wieder zu vermasseln: Gary Gensler, der unter Clinton die Deregulierung des Handels mit Derivaten vorantrieb, ist jetzt Vorsitzender der Kommission zum Derivatehandel. Gene Sperling, dem Lawrence Summers bei der Vorstellung des Gramm-Leach-Bliley Act dankte, ist nun Berater des Finanzministers Tim Geithner.«[12]

Die »Regeländerungen« der Frank-Dodd Bill kamen zu spät, waren zu zaghaft und bewirkten praktisch gar nichts. Wie von Robert Reich vorhergesagt, hatten sich die Lobbyisten der Wall Street in zentralen Fragen durchgesetzt. So

---

[10] »Where is the Community Organizer We Elected?« *San Francisco Chronicle*, 19. November 2009.

[11] im Original nachzulesen unter ny.frb.org

[12] Pam Martens: »Obama's Economic Brains Trust«, *CounterPunch*, 2.–4. April 2010.

ist »heimlicher Derivatehandel in Währungsswaps (ähnlich dem, was Goldman machte, um Griechenland beim Verstecken seiner Schulden zu helfen) und in Transaktionen zwischen großen Banken und vielen ihrer Konzernkunden (z. B. AIG) weiter erlaubt«.[13] Eine Schlagzeile der *Financial Times* spiegelte das allgemeine Aufatmen an der Wall Street im Juni 2010 wider: »Die Wolken lichten sich, Bankaktien schwingen sich erleichtert in die Höhe.« Dazu gab es allen Grund. Mit hartnäckiger Überzeugungsarbeit hatten die Lobbyisten sämtliche Regelungen verhindert, die das gottgegebene Recht der Wall Street zu zocken eingeschränkt hätten. Banken durften weiter in Hedgefonds und Private-Equity-Firmen investieren und mindestens 70 Prozent ihres lachhafterweise »Derivatgeschäft« genannten Bereichs behalten. Den Zweckoptimismus von JPMorgan Chase, Goldman Sachs u. a. konnten unabhängige Ökonomen nicht teilen. In der *New York Times* prophezeite die Spaßbremse Paul Krugman eine Depression, als unvermeidliche Folge der Entscheidung von Fed und Europäischer Zentralbank, angesichts katastrophaler Arbeitslosigkeit die Kreditmärkte zu stützen, statt die Wirtschaft anzukurbeln. Tatsächlich wird der Wirtschaftsabschwung von den Konzernen als Anlass genutzt, um Mitarbeiter zu feuern und so Profite und Börsenkurse weiter nach oben zu treiben: So schossen etwa Caterpillar-Aktien nach oben – nicht weil das Unternehmen Produktion oder Absatz gesteigert hätte, sondern weil es 37 000 Arbeiter entließ. Wenn Regierungen der EU diese Politik nachmachen, verzögern sie den Crash nur.

---

[13] Robert Reich: »Fraud in the Street«, in seinem Blog auf robertreich.org

Angesichts des tief sitzenden Konservativismus der Regierung Obama war es von Anfang an albern, substanzielle Verbesserungen beim dringlichsten Problem zu erwarten: an der Gesundheitsfront. Die Lage im amerikanischen Gesundheitswesen ist schon lange skandalös. In den USA verschlang die medizinische Versorgung im Jahr 2009 satte 17,6 Prozent des Bruttosozialprodukts – in Deutschland waren es nur 11,6 Prozent, bei deutlich besseren Leistungen. Selbst im vom Boykott gebeutelten Kuba ist die Gesundheitsversorgung besser als in den USA! Der Grund für das Missverhältnis zwischen Kosten und Leistung liegt auf der Hand: Der Großteil des Geldes geht an die Giganten der Branche. Aktuellen Projektionen zufolge zahlt der amerikanische Staat schon 2011/2012 mehr ins Gesundheitssystem ein als Arbeitgeber- oder Arbeitnehmerseite.[14]

Es war einmal, vor langer Zeit, da waren sich selbst republikanische Präsidenten dieses Missstandes bewusst und versuchten gegenzusteuern. Richard Nixons Reformvorhaben wurde von der Ärztelobby abgeschossen. Später versuchte Edward Kennedy, eine Variante des Nixon-Plans wiederzubeleben, ebenfalls erfolglos. Dann stellten die Clintons ein weniger attraktives Modell vor. Doch auch das wurde von der Artillerie des medizinisch-industriellen Komplexes niedergemäht. Seit Jahrzehnten plädieren zahlreiche Ärzte und Gesundheitsexperten für ein staatliches Gesundheitssystem wie in Kanada oder Großbritannien. Würde Obama seine Mehrheit in Repräsentantenhaus und Senat dafür nutzen? Doch er fiel bereits um, als sich seine Nominierung zum

---

[14] Im Anhang 3 finden Sie eine Aufstellung der Gesundheitsausgaben der USA und Westeuropas.

demokratischen Präsidentschaftskandidaten abzeichnete. Je näher Politiker der Macht kommen, desto schneller verwandelt sich ihr Rückgrat in leuchtend gelbes Gelee.

Am 30. Juni 2003 hatte Obama sich vor Gewerkschaftlern in Illinois noch in starken Worten erregt:

> Ich befürworte ein staatliches Gesundheitssystem ... Ich sehe keinen Grund, warum Amerika, das reichste Land in der Geschichte der Welt, das 14 Prozent seines Bruttosozialprodukts für Gesundheit ausgibt, nicht jedem eine medizinische Grundversorgung gewähren sollte ... Niemand soll ausgeschlossen sein aus diesem staatlichen Gesundheitssystem. Das würde ich gerne sehen. Doch Sie alle wissen, dass uns das wahrscheinlich nicht auf Anhieb gelingt. Zuerst müssen wir das Weiße Haus zurückerobern, den Senat, das Repräsentantenhaus.

Fünf Jahre später hatten die Demokraten all das geschafft. Doch von einem staatlichen Gesundheitssystem war nun keine Rede mehr. Schon seit 2006 ruderte Obama zurück. In einem langen Interview gestand er Joe Klein, einem äußerst freundlich gesinnten Journalisten, dass er bereits begonnen habe, »kontroverse« Gesetzesvorschläge aufzugeben. Klein schrieb:

> Auch die Krankenversicherung für alle landete im Mülleimer. Ich fragte nach dem gerade in Massachusetts verabschiedeten Gesundheitsreformgesetz, das ein Triumph der überparteilichen Zusammenarbeit im Stile Obamas war. Das Gesetz verpflichtet alle, die mehr als das Dreifache des Lebensnotwendigen verdienen, eine Krankenversicherung abzuschließen. Mit ihren Beiträgen werden jene subventioniert, deren Einkommen geringer ist. Sollte Krankenversicherung für diejenigen, die sie sich leisten können, nicht Pflicht sein, wie die Haftpflichtversicherung beim

Auto? So weit möchte Obama nicht gehen. »Wenn es da eine freiwillige Lösung gäbe, würde das eher dem amerikanischen Charakter entsprechen«, sagte er. »Nur wenn sich das Problem nicht ohne staatliche Eingriffe lösen lässt, muss man die Versicherungspflicht einführen.«[15]

Doch was er dann schließlich als Gesundheitsreform vorlegte, war eine Kapitulation vor dem »amerikanischen Charakter«, den Versicherungen, den Pharmariesen, den privaten Krankenhäusern und den Spitzenärzten. All diese Gruppen sind auf dem Kapitolshügel bestens vernetzt. Und Bestechung in Form von Wahlkampfspenden ist legal. Das Weiße Haus hält die Einflussnahme offenbar für angebracht. Obama selbst bekniete Dutzende demokratische Abgeordnete, die seine früheren Ansichten teilten und gern eine viel weitergehende Reform gesehen hätten. Schließlich brachte Obama alle hinter sich – aber erst, nachdem er jeden Einzelnen von ihnen umworben und davon überzeugt hatte, dass sie unbedingt irgendetwas verabschieden müssten, sonst stehe die Präsidentschaft auf dem Spiel. Und das stimmte auch. Alle knickten ein, selbst Dennis Kucinich. Während des Wahlkampfs hatte Obama noch getönt, er werde seine Gesundheitsreform durchbringen, und wenn sie ihn die Wiederwahl kostete. Doch dazu war er nie bereit. Kaum war Obama gewählt, hatte er stets seine Wiederwahl im Hinterkopf. Selbst die obamafreundliche *Los Angeles Times* sah sich zu einigen kritischen Fragen veranlasst:

[15] »The Fresh Face«, *Time*, 15. Oktober 2006.

Als Präsidentschaftskandidat hatte Obama noch den Einfluss der Pharmakonzerne in Washington gegeißelt. In einem Fernsehspot griff er sogar direkt den Cheflobbyisten der Branche an, den ehemaligen Kongressabgeordneten Billy Tauzin. Er habe mit verhindert, dass Medicare[16] mit den Pharmafirmen Preisnachlässe aushandelte. Seit der Wahl hat sich Tauzin plötzlich zum Partner des Präsidenten verwandelt. In den vergangenen Monaten wurde er wiederholt ins Weiße Haus eingeladen. Dort, sagt er, habe er sich mit der Regierung darauf verständigt, dass Medicare auch in Zukunft den vollen Preis für Medikamente bezahlt – was Obama noch im Wahlkampf heftig kritisiert hatte.

»Das Weiße Haus hat das abgesegnet«, erklärte Tauzin. Im Gegenzug habe seine Branche politische und finanzielle Unterstützung für die Gesundheitsreform des Präsidenten versprochen – eine bemerkenswerte Wandlung, wenn man bedenkt, wie verbissen die Branche gegen Clintons Gesundheitspläne gekämpft hatte. Wenn das Paket durch den Kongress geht, verspricht die Pharmaindustrie als eigenen Beitrag 80 Milliarden Dollar Einsparungen über die nächsten zehn Jahre. Tauzin sagte, das Weiße Haus habe gelobt, Medicare werde bei den Medikamentenpreisen nicht nachverhandeln. Außerdem habe Obama versprochen, auf eine Maßnahme zu verzichten, die er noch im Wahlkampf gefordert hatte: den Import billigerer Arzneimittel aus Kanada oder Europa. Branchenvertretern zufolge hätten beide Maßnahmen die Pharmaindustrie Milliarden gekostet, ihre Fähigkeit unterminiert, neue Medikamente zu entwickeln, und, im Fall der Importe, Sicherheitsbedenken aufgeworfen.[17]

In anderen Worten: Der neue Präsident war zum Vermittler für Versicherungs- und Pharmaindustrie geworden. Und

---

[16] Amerikanische Gesundheitsfürsorge für Senioren (Anm. d. Red.).
[17] Tom Hamburger: »Obama Gives Powerful Drug Lobby a Seat at the Healthcare Table«, *Los Angeles Times*, 4. August 2009.

nicht nur für sie, wie der angesehene Wissenschaftler und Arzt Professor Arnold S. Relman von der Universität Harvard unterstrich. Die Gesundheitsversorgung war von einem staatlichen Sozialsystem zu einem milliardenschweren Geschäftszweig gemacht worden und wurde entsprechend betrieben. Es ging um

> mächtige finanzielle Interessen... die sich querstellen und denen man die Stirn bieten muss... All die Investoren, die ihr Geld in profitorientierte Firmen im Medizinbereich gesteckt haben, all die Spezialisten, deren hohe Einkommen davon abhängen, dass jemand für ihr Expertenwissen und für die Nutzung ihrer teuren Geräte gutes Geld bezahlt, müssen davon überzeugt werden: Wir brauchen eine Veränderung, bevor wir ins gelobte Land einziehen können.[18]

Hatte Obama überhaupt eine Chance, einen echten Systemwandel zustande zu bringen? Allerdings, aber er nutzte sie nicht, denn dafür hätte er sich vom Reagan'schen Konsens lösen müssen. Er hätte die Massen mobilisieren müssen, die 13 Millionen Bürger, die die Reform im Internet unterstützt hatten.

Er hätte die Menschen dazu bringen müssen, für dieses zentrale Anliegen auf die Straße zu gehen und zu diskutieren, zu streiten, zu argumentieren. Millionen hätten sich für Kundgebungen in Washington mobilisieren lassen. Aber dafür hätte man die Leute in den Hintern treten müssen, wie der Präsident es ausdrücken würde. Lieber verzichtete er darauf, sich nicht mit dem Medizin-Establishment anzulegen.

---

[18] Arnold S. Relman: »The Health Care Crisis and What to Do About It«, *New York Review of Books*, 23. März 2006.

Und so degenerierten die versprochenen Verbesserungen zu halbherzigen Detailkorrekturen.

Warum entlarvte Obama nicht die Sonntagsreden seiner Vorgänger, wonach eine Pflichtversicherung die individuelle Freiheit einschränke, als von der Industrie gesponserten Unfug? Hier hätte sich eine Chance geboten, sich mit der Branche anzulegen und dem Volk den Propagandakleister aus dem Hirn zu entfernen. Stattdessen agierte Obama in seinem charakteristischen Führungsstil: Er versuchte Gegensätze unter einen Hut zu bekommen und stellte alle Alternativen zu seinem Plan als leider nicht durchsetzbar hin. In den 1980ern erklärten über 70 Prozent der Amerikaner, eine Gesundheitsversorgung für alle sollte zu den Grundrechten gehören. In den folgenden Jahrzehnten bestätigten Umfragen dieses Ergebnis: Regelmäßig befürworteten große Mehrheiten in Amerika ein staatliches Gesundheitssystem. Eine Umfrage von NBC und *Wall Street Journal* ergab: »Zwei Drittel aller Amerikaner fanden, die Regierung solle ›jedem die beste und modernste Krankenversorgung garantieren‹.« Auch die Konkurrenz von ABC und *Washington Post* ermittelte durch Befragungen, dass für 80 Prozent der Bevölkerung »ein staatliches Gesundheitssystem wichtiger war als niedrige Steuern«. Ähnliche Ergebnisse erschienen in der *Business Week*, auch das Pew Research Center veröffentlichte einen Bericht, wonach 64 Prozent der Bürger ein staatliches Gesundheitssystem wie in Kanada oder Großbritannien befürworteten.[19]

Schließlich wurde ein schwaches, verwässertes Gesetz

---

[19] Zitiert in Noam Chomsky: *Failed States. The Abuse of Power and the Assault on Democracy*, New York, 2006.

verabschiedet, das den Kreis der Medicaid[20]-Berechtigten auf 16 Millionen Menschen mit geringem Einkommen ausweitete. Welche konkreten Auswirkungen dies haben wird, scheint momentan noch völlig unklar. Doch es hagelte Kritik aus den verschiedensten Richtungen. Zum Beispiel daran, dass die Regierung vor den Abtreibungsgegnern eingeknickt war, indem es eine staatliche Finanzierung von Abtreibungen mehr oder weniger gesetzlich verbot. Abtreibungsbefürworter waren von ebenjener Regierung, die sie gewählt hatten, in die Pfanne gehauen worden. Sharon Lerner bemerkte, dass selbst nach Verabschiedung des Gesetzes Pro-Choice-Gruppen wie Emily's List, NARAL und Planned Parenthood's Action Fund,

> die Politiker nach ihrem Abstimmungsverhalten in Abtreibungsfragen beurteilen, beschlossen, die letzte Gesundheitsreform nicht in die Wertung zu nehmen. In dieser Entscheidung spiegelt sich wider, dass die loyalsten Unterstützer ihrer Sache im Repräsentantenhaus für das Gesetz gestimmt hatten.[21]

Und John R. Macarthur schrieb im konservativen britischen *Spectator*:

---

[20] Amerikanisches Gesundheitsfürsorgeprogramm für Bedürftige (Anm. d. Red.).

[21] Sharon Lerner: »Nowhere to Hyde«, *Nation*, 1. April 2010. Dies war ein weiteres Beispiel – falls man denn noch eines brauchte – dafür, wie unbedingt »Progressive« Obama manchmal stützen. Hätten die Republikaner dieses Gesetz vorgelegt, hätten sich die Abtreibungsbefürworter wohl nicht so zurückgehalten. Selbst die heilige Katha Pollitt, die jede Verletzung von Frauenrechten mit Adleraugen registriert, hielt sich mit ihren Kommentaren viel zu sehr zurück.

Bedenkt man Obamas politische Herkunft aus [dem völlig korrupten] Chicago, verwundert nicht weiter, dass seine Gesundheits»reform« von Liz Fowler formuliert wurde, einer ehemaligen Spitzenmanagerin eines privaten Krankenversicherers. Heute arbeitet sie für Senator Max Baucus, der von Versicherern und Gesundheitsunternehmen Millionenspenden erhalten hat.[22]

Bill Clintons ehemaliger Arbeitsminister, inzwischen ein Professor an der Universität von Kalifornien in Berkeley, äußerte sich ebenfalls kritisch und warnte seine Leser davor, sich die »Reform« als Fortschritt andrehen zu lassen:

> Glauben Sie keinem, der behauptet, mit Obamas Gesundheitsreform schwinge das Pendel jetzt wieder zurück in Richtung Great Society und Great Deal. Das Gesetz ist stockkonservativ, es setzt auf einen marktorientierten (republikanischen) Ansatz, nicht auf Solidarität. In einem New Deal wäre Medicare auf alle Amerikaner ausgedehnt worden, zumindest aber hätte es die Option einer staatlichen Krankenkasse gegeben.

Rose Ann DeMoro vom Krankenschwesternverband National Nurses United beschrieb die Verabschiedung des Gesetzes als

> demokratisch bedenklich, weil der massive Einfluss der Lobbys sich sogar in der Wortwahl niederschlug. Die Reform stellt ganz und gar nicht den radikalen Schritt dar, als den die Rechte sie hinstellt. Die Unzufriedenheit der Amerikaner wächst angesichts weiter steigender Arztrechnungen und weiterhin andauernder Kämpfe mit ihren Versicherungen, welche Behandlung denn nun bezahlt wird. Erst wenn der Ärger groß genug

---

[22] John R. Macarthur: »Under False Colours«, *The Spectator*, 5. Mai 2010.

ist, ergibt sich wieder die Gelegenheit, auf eine echte Reform zu drängen. Lasst es uns das nächste Mal richtig machen![23]

Obamas erbärmliches Einknicken vor den Versicherungsgiganten war schlimm genug. Doch noch schlimmer war, dass er gegen den Skandal am Pharmamarkt überhaupt nichts unternommen hat. Dort herrscht die groteske Situation, dass Konzerne gewaltige Profite einfahren, indem sie den Kranken überteuerte Medikamente verkaufen. Im krassen Gegensatz dazu produziert das winzige Kuba die meisten Arzneien selbst und stellt sie seinen Bürgern kostenlos zur Verfügung. Den Rest verkauft das Land extrem billig an Karibikstaaten, nach Mittel- und Südamerika. Würden die USA das Embargo aufheben, würden zweifellos Millionen Amerikaner ihre Medikamente aus Kuba beziehen, und zwar weitaus mehr Patienten als diejenigen, die heute ohnehin schon online Arzneien in Kanada bestellen (aktuell geschätzt zwei Millionen US-Bürger).

Die Pharmariesen unterliegen keiner ernsthaften Regulierung und wachsen immer weiter. So gierig verschlucken sie kleinere Konkurrenten, dass ein Hai vor Neid erblassen würde. Wenn je eine Branche gezähmt gehörte, dann diese. Die Lobbyisten dieses Monsters kontrollieren die Gesetzgebung nach Belieben: »Der Kongress ist ihnen so verbunden, dass er fast alles tut, was sie verlangen.«[24] Das führt zu »freier Preisgestaltung und schneller Zulassung«, wie ein

---

[23] Rose Ann DeMoro: »On Health Care Reform!«, *CounterPunch*, 25. März 2010.
[24] Marcia Angell, MD: *The Truth About the Drug Companies. How they Deceive Us and What to Do About It*, New York, 2005. Eine scharfe und kluge Kritik an einem korrupten System, bei dem keine Pillen mehr helfen.

ehemaliger Pharmachef es ausdrückte. Durch die überhöhten Preise werden Medicare und Medicaid für den Staat so teuer, dass er sie sich kaum mehr leisten kann. Der Umsatz mit Medikamenten litt nicht einmal unter der Rezession: IMS Health prognostiziert für 2010 einen Anstieg um vier bis sechs Prozent und für 2014 eine Steigerung um acht Prozent. Amerikaner schlucken die Hälfte aller verschreibungspflichtigen Pillen dieser Welt und zahlten dafür im Jahr 2009 300 Milliarden Dollar.

Die Ergebnisse der staatlichen (vom Steuerzahler finanzierten) Grundlagenforschung stehen den Pharmafirmen gratis zur Verfügung, die sich ungeniert die Taschen vollstopfen und Gefälligkeiten an die Mächtigen verteilen. Diese Seilschaft aus Managern, Politikern und Ärzten bestimmt die Zukunft der Branche. Das Ergebnis ist ein klassisches Beispiel für die Irrationalität des Kapitalismus: Ein nicht gewinnorientierter staatlicher Pharmasektor könnte die Kosten minimieren, alle Bedürftigen gratis und alle Nicht-Bedürftigen günstig mit Medikamenten versorgen. Den Rest könnte er billig ins Ausland verkaufen und dort auch noch Gutes bewirken. Amerikanische Bürger würden von einem Gesundheitssystem wie in Kuba – das gerade von mehreren Ländern Südamerikas übernommen wird – enorm profitieren. Da man sich allerdings kaum vorstellen kann, dass ein amerikanischer Politiker sich für ein staatliches Gesundheitssystem begeistert, müssen die Kosten anders gedrückt werden. Zum Beispiel durch Importe billiger Arzneien aus Kuba, Brasilien oder Indien.[25] Solang aber Profite mehr zäh-

---

[25] Selbst einige Feinde Kubas sahen sich gezwungen, Kubas erstaunliche Gesundheitsversorgung zu loben. Die Kubaner sind enorm erfolgreich in der

len als die Gesundheit der Bevölkerung, wird es jedoch dazu nicht kommen. Leider wurde bis jetzt noch keine Pille gegen das Krebsgeschwür der Korruption in der amerikanischen Politik entwickelt.

Teri Reynolds, eine junge Ärztin in Oakland, beschrieb in einem bewegenden Essay, unter welchen Bedingungen die tägliche Arbeit mit unversicherten Patienten stattfindet – Bedingungen, an denen sich auch nach der Gesundheitsreform kaum etwas ändern wird:

> Mir war sehr bewusst, welche Folgen die Unwucht in unserem Gesundheitssystem für arme Patienten hat, doch erst kürzlich wurde mir klar, welchen Schaden das System selbst bei der kleinen Minderheit anrichtet, die gut versorgt sind. Bei einer meiner ersten Schichten im Krankenhaus der Universität Kalifornien brachte mir die Empfangsschwester eine handschriftliche Nachricht von einem Patienten im Warteraum. Darin stand:

Produktion von Vakzinen, Interferon und monoklonalen Antikörpern. Die HIV/AIDS-Forschung hat einen effektiven Impfstoff entwickelt, der aktuell ärmeren Ländern rund um den Globus zur Verfügung gestellt wird. Vor mehr als einem Jahrzehnt kündigte Dr. Vicente Verez, Chef des Labors zur Synthetisierung von Antigenen in Havanna, einen synthetischen Impfstoff gegen das Bakterium Haemophilus influenzae Typ b an. Die Regierung findet, es dürfe bei der Rettung von Leben keine Barrieren geben, und verzichtet auf ihre Patentrechte. Kuba produziert große Mengen von Generika und unterbietet die profitbesessenen Pharmakonzerne des Westens. Auch in der Nothilfe kann man von Kuba lernen: Wenn kubanische Ärzte in Katastrophengebieten eintreffen, bringen sie ihre eigene Ausrüstung und eigene Medikamentenvorräte mit. Sowohl in Pakistan als auch in Haiti staunten Erdbebenopfer über die Fähigkeit der Kubaner, selbst einfachsten Bauern grundlegendes Hygieneverhalten und Erste Hilfe beizubringen. Wäre Obama während der Flutkatastrophe in New Orleans Präsident gewesen, hätte er dann – anders als Bush – kubanische Helfer ins Land gelassen?

»Bitte helfen Sie mir. Mein Kiefer ist gebrochen, ich leide große Schmerzen. Ich warte schon über eine Stunde und blute noch immer. Meine Hände und Füße sind taub, ich beginne zu zittern. Ich brauche ärztliche Hilfe. Ich bin versichert.«[26]

Ein abschließendes Urteil über die aktuelle Reform der Krankenversicherung und ihre Auswirkungen auf die Gesundheitsversorgung lässt sich erst in einem knappen Jahrzehnt fällen, denn einige der beschlossenen Maßnahmen können nicht vor 2019 vollständig evaluiert werden. Bis dahin ist Obama, selbst wenn er wiedergewählt werden sollte, über alle Berge. Sein Nachfolger muss sich dann mit ausufernden Kosten herumschlagen und Leistungskürzungen durchsetzen. Die Konzerne, das darf man jetzt schon prophezeien, werden ungeschoren davonkommen.

Die Gesundheit armer Amerikaner hat die Unternehmen und die von ihnen finanzierten Politiker noch nie interessiert. Doch was, wenn ein Konzern ganz offen die Umwelt des Landes ruinierte? »Drill, Baby, drill« – Bohr, was das Zeug hält – lautete Sarah Palins Slogan zu Ölbohrungen vor der Küste Alaskas, der ihr viel Spott einbrachte. Welche Strafe erwartete nun die Leute, die Deepwater Horizon genehmigt hatten?

Im März 2010 verkündete der Präsident, flankiert vom Innenminister Ken Salazar, seine Entscheidung, wieder Tiefwasserbohrungen zuzulassen. Der Ort war sorgfältig gewählt: Andrews Air Force Base. So konnte Obama einer

---

[26] Teri Reynolds: »Dispatches From the Emergency Room« erschien erstmals in der Ausgabe zum 50. Jahrestag der *New Left Review* vom Januar/Februar 2010. Den hervorragenden Gesamttext finden Sie in Anhang 1.

rein wirtschaftlich begründeten Entscheidung einen patriotischen Anstrich geben. Er enttäuschte nicht: Seine Regierung erwog neue Bohrgebiete im Mittel- und Südatlantik sowie im Golf von Mexiko. Natürlich war er sich bewusst, dass »manche gar nicht damit einverstanden waren« und es sogar Leute gab, »die sagen, wir sollten gar keine neuen Gebiete für Bohrungen ausweisen«. Obama verstand die Bedenken jener Bürger – ging aber über sie hinweg. Er befürwortete kein »Bohren auf Teufel komm raus«, hatte sich aber für einen Kompromiss entschieden, um dem Land mehr Zeit für die Suche nach alternativen Energiequellen zu verschaffen. Und warum verkündete er diese Entscheidung in einem Airforce-Stützpunkt?

> Schauen Sie sich nur dieses F-18-Kampfflugzeug und dieses Panzerfahrzeug hinter mir an. Die Army und das Marine Corps haben das Fahrzeug mit verschiedenen Biotreibstoffen getestet. Und dieses Kampfflugzeug der Navy – passenderweise Green Hornet [Grüne Hornisse] genannt – wird in ein paar Tagen zum ersten Mal abheben, am Tag der Erde. Verlaufen die Tests wie vorgesehen, wird dies das erste Flugzeug sein, das zu 50 Prozent mit Biotreibstoff angetrieben die Schallmauer durchbrechen wird. Das Pentagon erprobt die alternativen Antriebe nicht nur zum Schutz unserer Umwelt, es stärkt durch eine vermehrte Nutzung heimischer Energiequellen auch die nationale Sicherheit.[27]

---

[27] »Remarks by the President on Energy Security at Andrews Air Force Base«, 31. März 2010. Obama hätte geradeso gut auch die Gesundheitsreform an einem Luftwaffenstützpunkt verkünden können, schließlich würde der Schub für die Versicherungsunternehmen und die Entscheidung, die Pharmaindustrie in Ruhe zu lassen, auch die Gesundheit von Marines und anderen Soldaten beeinflussen. Überdies ist der Anteil ehemaliger Offiziere unter den Vertretern für den Pharmagiganten Pfizer überproportional hoch. Siehe dazu auch Jamie Reidy: *Hard Sell. The Evolution of a Viagra Salesman*, Kansas City, 2005.

Anfang April schickte Obama zur großen Freude der Öllobby einen Vorschlag zur Ausweitung der Offshore-Bohrungen an den Kongress:

> Während wir uns langsam auf sauberere Energien umstellen, müssen wir kurzfristig schwierige Entscheidungen treffen. Wie können wir neue Öl- und Gasfelder im Meer erschließen und gleichzeitig die Gemeinden und Küsten schützen? Unter dem Strich sieht es so aus: Angesichts unseres Energiebedarfs und zur Aufrechterhaltung des Wirtschaftswachstums sowie der Wettbewerbsfähigkeit unserer Industrie brauchen wir herkömmliche Energiequellen, während wir gleichzeitig die Produktion erneuerbarer heimischer Energie steigern. Wir werden Gebiete schützen, die für den Tourismus wichtig sind, die Umwelt und die nationale Sicherheit. Und wir lassen uns nicht von politischer Ideologie leiten, sondern von wissenschaftlichen Erkenntnissen... Irgendwann müssen wir die abgedroschenen Debatten zwischen links und rechts hinter uns lassen, zwischen Umweltschützern und Managern, zwischen jenen, die gar nichts von weiteren Bohrungen halten, und denjenigen, die Bohrungen als Allheilmittel betrachten. Denn dieses Problem ist schlicht zu wichtig für unser Wachstum, als dass wir endlos weiter debattieren dürften.

Seit Jahrzehnten hatte es nicht mehr so gut für die Bohrindustrie ausgesehen. Das Unbehagen, das die Exxon-Katastrophe in Alaska 21 Jahre zuvor ausgelöst hatte, hatte sich fast vollständig gelegt. Doch nur wenige Wochen nach dieser Rede, am 20. April 2010, gab es neue wissenschaftliche Erkenntnisse zur Sicherheit von Offshore-Bohrungen: Eine BP-Bohrplattform explodierte im Golf von Mexiko, zehn Arbeiter starben, Millionen Liter Öl ergossen sich ins Meer. Zwei Monate nach dem Unfall strömten nach Angaben von

Regierungsexperten weiterhin bis zu 30 000 Fass Öl täglich in den Golf von Mexiko. Es war die schlimmste Umweltkatastrophe, die das Land je heimgesucht hatte – und sie war von der Politik mitverursacht worden. Bilder von ölverklebten Pelikanen brachten die Ideologen der Deregulierung und der ungehemmten Marktwirtschaft vorübergehend zum Schweigen. Verschmutzte Flussmündungen und Sümpfe an der Küste Louisianas belebten die »abgedroschenen Debatten« wieder neu. Ende Mai erreichte das Öl das Mississippidelta und bewegte sich auf die Strände und Inseln der Vermillion Bay zu. Die Kritik am Präsidenten wurde immer lauter, selbst aus dem eigenen Lager.

Und zu Recht: Sowohl Obama als auch Ken Salazar hatten sich für Tiefwasserbohrungen stark gemacht. Während seiner vier Jahre als Senator für Colorado (von 2005 bis 2009) hatte sich Salazar durch rückhaltlose Unterstützung für Alberto Gonzales' Bewerbung als Generalbundesanwalt ausgezeichnet. Salazar stand der republikanischen Regierung durchaus nicht unkritisch gegenüber, zum Beispiel kritisierte er die nur schleppende Ausweitung der Ölförderung im Golf von Mexiko. Salazar gehörte auch zu den treibenden Kräften hinter dem Gulf of Mexico Energy Security Act, der weitere acht Millionen Dollar für Bohrungen locker machte. Seine Ernennung zum Innenminister geschah auch nicht zufällig. Während der ersten zwölf Monate im Amt verleaste Salazar neue Explorationsgebiete von insgesamt 210 000 Quadratkilometern Fläche – womit er den Rekord der Bush-Regierung bei Weitem übertraf.[28]

---

[28] Jeffrey St. Clair: »Oil Drilling Under Clinton, Bush and Obama«, *CounterPunch*, 16.–30. Juni 2010.

Obama reagierte nur zögerlich, bis er den Umfang der Katastrophe begriff und, ebenso wichtig, bis ihm das Ausmaß der öffentlichen Entrüstung über seine Untätigkeit dämmerte.

Eine Verschärfung der Regulierung kam für ihn nicht infrage, doch den Chef von BP nahm er streng ins Gebet und seine Ölbohrpläne legte er vorerst auf Eis. Die auf dem Luftwaffenstützpunkt Andrews verkündete Politik hatte sich erledigt. Deepwater Horizon hatte aufgezeigt, dass Obamas Politik falsch gewesen war. Auch deswegen wirkte seine gespielte Empörung so unglaubwürdig. Er drohte, BP dazu zu zwingen, so lange keine Dividenden mehr zu zahlen, bis Arbeiter und örtliche Kleinunternehmer vollen Schadenersatz erhalten hätten. Die demokratische Sprecherin des Repräsentantenhauses, Nancy Pelosi, schloss sich dieser Forderung an. Doch auf Intervention des britischen Premiers, der im Namen der Pensionäre in seinem Land um Gnade bettelte (heimische Pensionsfonds hatten massiv in BP-Aktien investiert; ein weiterer Skandal, aber so ist die Welt nun mal, in der wir zu leben gezwungen sind), wurde dieser Plan aufgegeben. Erstaunlicherweise erlaubte man BP weiter, das Katastrophenmanagement selbst zu betreiben, obwohl doch offensichtlich war, dass die Regierung einschreiten und alles tun hätte müssen, um das Leck endlich zu stopfen. Robert R. Reich hatte einen besseren Vorschlag: »Wäre es nicht viel einfacher für das Weiße Haus, BP unter Berufung auf den Pollution Control Act von 1990 unter temporäre Zwangsverwaltung zu stellen? So könnte Obama die hiesigen Operationen BPs übernehmen, mit dem Fachwissen der Firma das Leck stopfen und die Sauerei so schnell wie möglich beseitigen lassen. Das unvermeidliche Hickhack danach hätte er den Gerichten überlassen können.«[29]

Schon beim Wall-Street-Krach von 2008 hatte die politische Führung Europas und Amerikas die Strategie verfolgt, ihre eigene Schuld auf geeignete Sündenböcke abzuwälzen: auf gierige Banker mit ihren obszönen Boni. Das wiederholte sich jetzt: Auf die Bosse von BP wurde eingedroschen, während der einheimische mitverantwortliche Konzern, Halliburton, völlig ungeschoren davonkam. Unterwürfige konzernfreundliche Medien verbreiten dieses Bild (von wenigen Ausnahmen abgesehen) bis heute. Immer sind Individuen verantwortlich, nie das System, das sie zu ihren Entscheidungen zwingt, oder gar die Politik, die (teilweise sogar von den beteiligten Konzernen bezahlt) riskantes Verhalten erst erlaubt und später, wenn die Sache schiefgegangen ist, verdammt.

Nach dem Crash von 2008 wurden einzelne Firmenchefs zur Zielscheibe. Das Desaster im Golf von Mexiko war so gewaltig, dass ein ganzes Unternehmen zum Objekt präsidentiellen Zornes wurde. Aus Angst vor der Wut der Wähler wälzten die Politiker ihre Mitverantwortung für die Katastrophe ab. Die Branche wiederum setzte auf Zeit: Wenn die Erinnerung an die ölverseuchten Strände erst einmal verblasst sein wird und die Kinder keine Fragen mehr stellen, darf man die Tiefwasserbohrungen in aller Stille wieder aufnehmen. Der Marktwert von BP und der ganzen Tiefwasserbohr-Branche ist zwar dramatisch gefallen, erholt sich mit der Zeit aber gewiss wieder. Ein Namenswechsel von BP

---

[29] Robert Reich: »Why the United States Can't Get BP to Do What's Necessary«, guernicamag.com, 13. Juni 2010.

(British Petrol) zu GP (Green Petrol) würde dabei sicher helfen, nicht nur, weil's ökologischer klänge, sondern auch, weil die Verbindung mit einem bestimmten Land wegfiele.

So wie die Ölgiganten auf der ganzen Welt hausen, darf das Desaster von Louisiana niemanden überraschen. Schon seit einem halben Jahrhundert prangern Umweltschützer die Zustände im Nigerdelta an, wo regelmäßig Öl austritt, inzwischen mehrere tausend Mal in größeren Mengen. Doch solange die Katastrophen sich in Entwicklungsländern abspielen, regt sich die G8 darüber nicht weiter auf. Im Nigerdelta heißt einer der Hauptverantwortlichen übrigens BP. Auch vor anderen Küsten Westafrikas gehen die Tiefwasserbohrungen munter weiter. Die Genehmigungen sind schnell eingeholt: Man bezahlt einfach Präsidenten und Generale in bar. Es braucht also keine Lobbyisten und Umwege wie in den USA, um Politiker ganz legal zu bestechen. Aus Verzweiflung über ihre verschmutzten Bäche und Städte haben die Bewohner des Nigerdeltas MEND (Bewegung zur Emanzipation des Nigerdeltas) gegründet und einen Guerillakrieg gegen die Ölkonzerne begonnen. Es ist ihnen gelungen, die Ölförderung um mindestens 40 Prozent zu vermindern.[30] Aber noch hat sich niemand darangemacht, die angerichteten Schäden zu beseitigen. Die Menschen dort leben in schrecklichen Verhältnissen. Könnte das Desaster im Golf von Mexiko und das damit verbundene Medienecho letztlich auch der Peripherie zugute kommen? Na klar, irgendwann mal nach dem Sankt-Nimmerleins-Tag.

---

[30] Exzellente Bilder und Texte zur Zerstörung des Nigerdeltas finden Sie in Michael Watt: *Curse of the Black Gold. 50 Years of Oil in the Niger Delta*, Brooklyn, 2008.

Obama macht auf fast allen Gebieten in etwa so weiter wie seine Vorgänger. Warum sollte ausgerechnet die Bildungspolitik da eine Ausnahme darstellen? Seit Clinton herrschte ohnehin schon so etwas wie überparteilicher Konsens auf diesem Gebiet. So hatte bereits 2001 Andrew Rotherham im *Blueprint Magazine* der demokratischen Parteiführung angegeben: »Herrn Bushs Ideen zum Thema Bildung könnten größtenteils auch von modernen Demokraten stammen… Das neue Bildungsgesetz, allgemein als ›Bushs Bildungsoffensive‹ gehandelt, wurde zu großen Teilen von den demokratischen Senatoren Lieberman und Bayh… formuliert.« Stolz reklamierten die Demokraten noch die schlimmsten Passagen von Bushs »No Child Left Behind«-Paket für sich.

Obama schloss daran nahtlos an. New Orleans wurde zum Freilandversuch für seine Politik. Im August 2005 hatte Hurrikan Katrina die Deiche zerstört und die Stadt, Schulen und Privathäuser, Büros und Geschäfte unter Wasser gesetzt. Da erspähten Marktradikale eine wunderbare Gelegenheit. Ein Gründervater der Bewegung, der 93-jährige Milton Friedman, äußerte sich im *Wall Street Journal* so:

> Die meisten Schulen in New Orleans sind ruiniert, ebenso wie die Häuser der Schüler. Die Kinder sind nun über das ganze Land verstreut. Das ist eine Tragödie. Aber gleichzeitig bietet sich auch eine Chance, das Bildungssystem radikal zu reformieren.

Naomi Klein glaubte darin ein Muster zu erkennen: Im Ausland zerbombte Amerika Städte, im Inland musste man auf Naturkatastrophen warten, aber für den Wiederaufbau setzte man in beiden Fällen auf den Markt, in Bagdad ebenso wie in New Orleans:

Friedmans radikale Idee bestand darin, einen Teil der Milliarden von Hilfsgeldern nicht in den Wiederaufbau und die Verbesserung des öffentlichen Schulwesens von New Orleans zu stecken; vielmehr sollte die Regierung den Familien vom Staat subventionierte Gutscheine geben, die sie dann bei privaten, meist profitorientierten Einrichtungen einlösen könnten. Entscheidend sei, führte Friedman aus, dass diese grundsätzliche Reform des Schulwesens nicht als Behelfsmaßnahme, sondern als »permanente Reform« gesehen werde.

Ein Netzwerk rechtslastiger Denkfabriken griff Friedmans Vorschlag auf und fegte nach dem Sturm über die Stadt. Die Regierung von George W. Bush unterstützte mit zig Millionen Dollar deren Pläne, die Schulen von New Orleans in »Charter Schools« umzuwandeln, bei denen es sich um eigentlich öffentliche Schulen handelt, die von privaten Betreibern nach deren eigenen Regeln geleitet werden...

In scharfem Gegensatz zu dem Gletschertempo, mit dem die Dämme repariert und das Stromnetz wieder in Gang gebracht wurden, wurde das Schulsystem von New Orleans mit militärischer Eile und Präzision verauktioniert. Binnen 19 Monaten – während die Armen der Stadt noch größtenteils evakuiert waren – wurde das öffentliche Schulsystem nahezu vollständig durch privat betriebene Charter Schools ersetzt. Vor dem Hurrikan Katrina verwaltete die Schulbehörde 123 öffentliche Schulen, jetzt waren es nur noch vier. Vor dem Sturm hatte es sieben Charter Schools in der Stadt gegeben, jetzt waren es 31. Einst wurden die Lehrer von New Orleans von einer starken Gewerkschaft vertreten, jetzt kam der Tarifvertrag in den Reißwolf, und alle 4.700 Mitglieder wurden gefeuert. Einige jüngere Lehrer wurden – bei reduziertem Gehalt – von den Charter Schools wieder eingestellt, die meisten aber nicht.[31]

---

[31] Naomi Klein: *Die Schock-Strategie. Der Aufstieg des Katastrophen-Kapitalismus*, dt. Übersetzung von H. Schickert, M. Bischoff und K. H. Siber, S. 15 f. Frankfurt/M., 2007.

Friedmans Rat wurde also befolgt, und als Friedman ein Jahr später starb, waren die Schulen in New Orleans faktisch privatisiert und die örtliche Lehrergewerkschaft zerschlagen.

Die aktuelle Regierung hat sich nie ums Gemeinwohl geschert, und ihre »neue« Bildungspolitik fügt sich nahtlos in dieses Bild. In fast schon Orwell'scher Wortverdrehung hatte Bush sein Bildungsgesetz »No Child Left Behind« (»Niemand wird zurückgelassen«) genannt, obwohl die neuen Regelungen genau dafür sorgen würden: Wie schon unter Clinton würden sehr viele Kinder zurückgelassen. Zumindest hätte Obama sich mit Diane Ravitch beraten sollen, einer in Theorie und Praxis versierten Bildungsexpertin. Sie war unter Bush senior Vize-Kultusministerin gewesen und saß unter Clinton in einem wichtigen nationalen Bildungsgremium (dem NAGB; National Assessment Governing Board). Heute ist sie Professorin für Bildungswissenschaften an der Universität New York und Beraterin der Brookings Institution. Ihre Erfahrungen in den letzten Dekaden überzeugten sie, dass die »Reformen«, die sie selbst unterstützt und deren Umsetzung sie überwacht hatte, falsch waren. Sie hat erkannt, dass Politiker und Geschäftsleute, die im Bildungssektor für »freie Marktwirtschaft« plädierten, nicht die Bildung verbessern wollten, sondern andere Ziele verfolgten. Sie stößt sich an dem ständig benutzten Etikett »Reformer« für »Erzieher und Bürokraten, die Schulen mit marktorientierten Ansätzen und ›objektivierbaren Zahlen‹ zu reformieren versuchen«. Denn schließlich lehnten diese sogenannten Reformer Lehrergewerkschaften aus tiefstem Herzen ab.[32]

---

[32] Das Versagen der Gewerkschaftsführung im Kampf gegen diese »Reformer« führte 2010 zu einer mittleren Revolution in der Lehrergewerkschaft Chicagos,

Ravitch dämmerte allmählich, dass alle Reformen der Mehrheit der Kinder nichts brachten und die ständige Testerei, Prüferei und statistische Evaluiererei ein mittleres Desaster war. Die Politik lobte das neue System in den Himmel, weil es Bildungsstätten mit unterdurchschnittlichen Leistungen bestrafte, manchmal sogar schloss und damit auch noch prahlte. In armen Wohngegenden sorgten die Reformen für eine Atmosphäre der Verunsicherung und Hilflosigkeit. Viele Lehrer klagten über Vorgesetzte, die ihnen ständig im Nacken säßen und keinerlei Kritik am neuen System zuließen. Die Diktatur des Kapitals hatte die öffentlichen Schulen erreicht. Die von den »Schulwahl«-Gurus so geliebten und von Bush, Clinton, Bush II. und nun Obama geförderten Charter-Schulen sind insoweit undemokratisch, als dass sie niemandem Rechenschaft schulden, weder Beamten noch Eltern. Damit stehen sie für einen »konzertierten Versuch, die Bildung zu deregulieren. Es gibt kaum mehr Vorgaben hinsichtlich der Lehrmethoden, der Lerninhalte, Klassengröße, der Disziplin und anderer Details des Schulalltags.«[33]

Die Privatisierung von Schulen schritt rasch voran, ungebremst von kleineren Rückschlägen wie an der Westküste, wo das Vorzeigeunternehmen California Charter Academy zu Beginn des Herbstsemesters 2004 pleiteging. 6000 Schü-

---

bei der die den Demokraten nahestehende Führungsriege abgelöst und von einer sozialistischen (!) Koalition ersetzt wurde. Daran lässt sich ablesen, wie groß der Ärger der Basis war.

[33] Diane Ravitch: *The Death and Life of the Great American School System. How Testing and Choice are Undermining Education*, S. 132–139. New York, 2010. Dieses erstklassige Buch sollte Pflichtlektüre für alle sein, die das amerikanische Bildungssystem in Großbritannien oder sonstwo imitieren wollen.

ler und ihre Eltern waren ratlos und wussten nicht weiter. Der CEO der Schule, ein ehemaliger Versicherungsmanager, hatte vom Staat 100 Millionen Dollar Anschubfinanzierung bekommen. Die für die Geldmaschine Verantwortlichen beeindruckte das gar nicht. Noch während Eltern und Lehrer eine Beendigung des Experiments forderten und mit einem Referendum drohten, spendete Bill Gates locker mal eine Million Dollar für die Unterstützer privatwirtschaftlicher Schulen.

Das große Geld hat sich noch einmal durchgesetzt, doch die Probleme bleiben. Eines davon ist extrem ernst; es betrifft die Qualität der Bildung. Die Charter-Leute und ihre Anhänger haben keine bildungspolitische Vision. Ihre enge Weltsicht schlägt sich in marktorientierten Änderungen des Lehrplans nieder. Dabei weiß Ravitch: In so fernen Ländern wie Japan oder Finnland, wo Schüler in Mathematik und Naturwissenschaften regelmäßig besser abschneiden als in Amerika, stehen neben den »marktorientierten« Fächern auch Kunst, Fremdsprachen usw. auf dem Lehrplan. Breite Bildung schließt also exzellente Leistungen in einzelnen Fächern nicht aus.

Hat irgendjemand Obama darüber aufgeklärt, wie es um den privatwirtschaftlichen Bildungssektor steht? Bestand überhaupt ein Bedarf dafür? Wusste der ehemalige Senator für Chicago nicht, dass im benachbarten Milwaukee ein Gutscheinprogramm aus den Clinton-Jahren die Leistungsdifferenzen zwischen reichen und armen sowie zwischen weißen und schwarzen Schülern nicht hatte verringern können? Selbst wer nur gelegentlich die *New York Times* las, hatte das mitbekommen. Es besteht kein Zweifel, dass der bestbelesene Präsident der jüngeren Vergangenheit sehr wohl die Berichte über Schikanen (gegenüber Lehrkräften) und Bestechung (der Schulaufseher) gekannt hat. Als die California Charter Academy pleiteging, organisierten wütende Eltern und Lehrer den Widerstand gegen Charter-Schulen. Doch sie mussten es mit gewaltigen Gegnern aufnehmen. Bill Gates spendete die Million sicher nicht, um eine einzelne Schule zu retten, sondern das ganze Programm. Die *Times* berichtete:

> Als Erziehungspioniere vor einem Jahrzehnt begannen, Charter-Schulen zu gründen, regte sich kaum Widerstand. Doch heute, da 3000 öffentlich finanzierte, aber privat gemanagte Schulen in 40 Staaten existieren, ist Privatisierung zu einem der am heißest umkämpften Themen in der Bildungspolitik geworden. Nicht nur in Washington wird momentan verbissen um Charter-Schulen gerungen. Auch in Chicago kam es zu Protesten, nachdem die Stadt 100 gescheiterte Schulen schließen und teilweise durch Charter-Schulen ersetzen wollte. In Detroit bot ein Unternehmer an, 200 Millionen Dollar in die Schaffung von 15 Charter-Schulen zu investieren, doch die Lehrergewerkschaft und einige Eltern überzeugten das örtliche Parlament davon, den Vorschlag abzulehnen. In Massachusetts und Ohio ging so viel Geld für Charter-Schulen drauf, dass für die restlichen Schulen nicht mehr genug da war. Auch dort formiert sich eine Gegenbewegung. Florida und Kalifornien verschärfen nach Korruptionsskandalen die Vorschriften.[34]

In seiner ersten großen Rede nach seinem Amtsantritt beurteilte Obama die Lage so:

---

[34] Sam Dillon: »Voters to Decide on Charter Schools«, *New York Times*, 25. Oktober 2004.

> Wir geben für Schulen zwar mehr aus als sonst irgendwer auf der Welt, doch unsere Leistungen fallen ab, unsere Schulen verkommen, die Qualität unserer Lehrer ist ungenügend, andere Nationen überholen uns… Der relative Verfall unseres Bildungswesens ist für unsere Wirtschaft untragbar, für unsere Demokratie ruinös und für unsere Kinder inakzeptabel. Wir können uns nicht leisten, dass es so weitergeht. Nichts weniger steht auf dem Spiel als der Amerikanische Traum.

Der Lösungsvorschlag klang vertraut: Der Markt müsse es richten. Charter-Schulen wurden gepriesen, genau sie brauche man jetzt. Die Tatsache, dass sie quer über das Land versagt hatten, wurde also unterschlagen. Seit den Reagan-Jahren hat das Kapital wieder das Sagen, und Obama bleibt auf diesem Kurs.

Zur rechten Zeit am rechten Ort: Arne Duncan, der Verantwortliche für die Privatisierung vieler Schulen Chicagos und die Auflösung der School Councils (wodurch die Charter-Schulen endgültig niemandem mehr Rechenschaft schuldig waren), war ein erfahrenes Mitglied des Parteiapparats der Demokraten in Chicago. Schon früh glaubte Duncan, der selbst auf Privatschulen gegangen war und keinerlei Lehrerfahrung hatte, an das Outsourcen von Bildung. Darin erwarb er sich als Spitzenmanager der Ariel Capital Management große Erfahrung, deren Broschüre für ihre potemkinsche Ariel Community Academy verkündete: »Wir wollen die Börsenkurse zum Thema beim Abendessen machen.« Jede erste Klasse würde 20 000 Dollar von der Schule gestellt bekommen, die es gemeinsam in Aktien anlegen sollte. Jede Abschlussklasse müsste später den neuen Erstklässlern die 20 000 Dollar zurückgeben, die Hälfte der Gewinne an die Schule abführen und die andere Hälfte unter den Schulabgängern aufteilen.[35] Wie könnte man Kindern besser beibringen, wie Amerika funktioniert? Noch weiß man nicht, ob die Erstklässler Anlagebetrügern aufgesessen sind, ihr Kapital in Aktien zweifelhafter Unternehmen wie Lehman Brothers gesteckt oder klug investiert haben. Ein Obama-Touch wäre es, am Sonntag Kurse im Wahlfach »So funktioniert Regulierung« stattfinden zu lassen.

Arne Duncan wurde später CEO von Chicago Public Schools. Gemeinsam mit Bürgermeister Daley ließ er sich einen relativ naheliegenden Plan einfallen, der vielleicht von einem besorgten Beamten im Verteidigungsministerium angeregt wurde. Seit Beginn des »Kriegs gegen den Terror« meldeten sich nämlich immer weniger Freiwillige zum Militärdienst. Deswegen, so kam man überein, müssten einige Schulen zu Militärakademien umgewandelt werden, um »der Gemeinde mehr Wahlmöglichkeiten zu geben«. Hunderte Lehrer, Eltern und Vertreter des Bezirks protestierten gegen die Umwandlung der örtlichen Senn Highschool in eine Marine-Akademie für Kinder. Duncan zeigte sich verständnisvoll und gab sich als überzeugter Pazifist seit Geburt: »Ich stamme aus einer Quäkerfamilie und lehne Krieg ab. Aber ich werde die Marine-Akademie hier errichten, um den Menschen des Bezirks mehr Wahlmöglichkeiten zu eröffnen.« Obama war beeindruckt. Eine derartige Heuchelei hätte er selbst kaum so gut hinbekommen. Also ernannte er Duncan zum Bildungsminister, womit er gleichzeitig das Militär und den Parteiapparat in Chicago zufriedenstellte. In Chicago sind 90 Prozent der Schüler öffentlicher Schulen

---

[35] Adam Sanchez: »The Education Shock Doctrine«, *International Socialist Review*, Mai/ Juni 2010.

ohnehin nicht weiß. Da bietet es sich doch an, sie schon mal in Richtung Militärdienst zu schubsen ... Ein brillanter Plan: Man verschaffte Privatunternehmen die Chance, Profite zu machen, und schuf gleichzeitig ein großes Reservoir an Rekrutennachschub. Eine tolle Methode, um zu verhindern, dass man die unpopuläre Wehrpflicht wieder einführen oder Sicherheitsdienstleistungen an überbezahlte Söldner von Blackwater und ähnlichen Firmen outsourcen muss.

Nicht nur die Schulen Chicagos waren aufgeschreckt. Auch in anderen Gegenden machten Rektoren sich Sorgen. Sie dachten zwar in vielen Bereichen ähnlich wie Obama, doch seine marktorientierten Bildungsideen missfielen ihnen. Sie fürchteten schlechtere Bildungschancen für arme Familien. George Wood, Rektor einer Highschool in Ohio, äußerte seine Besorgnis in einem Kommentar für die *Washington Post*:

> Der Bund hat 900 Millionen Dollar für Erneuerungen an Schulen bereitgestellt. Fast die Hälfte davon, 400 Millionen, sind für Charter-Schulen vorgesehen. Doch die bilden gerade einmal fünf Prozent aller Schüler im Land aus. Warum diese Großzügigkeit? Wir fordern, dass private und öffentliche Schulen gleichberechtigten Zugang zu den Mitteln bekommen.
>
> Ich bin Rektor einer öffentlichen Schule, und wir brauchen mehr an Veränderung, als der Plan der Regierung uns zugesteht. Wir brauchen mehr Gleichheit, eine Garantie für meine Studenten, dass ihre Bildungschancen nicht davon abhängen, in welchem Schulsprengel sie wohnen. Wir brauchen Lehrer, die gut vorbereitet sind, sodass sie interessanten und fordernden Unterricht abhalten können. Aber sie müssen auch anständig bezahlt werden. Wir müssen auch von dieser nationalen Test-Manie wieder runterkommen und wieder eine Kultur des Lernens schaffen.

Wood kritisierte, durch das ständige Testen würde unnötig Zeit und Energie vergeudet, die man zweckmäßiger in Bildungsanstrengungen gesteckt hätte. Auch eine bessere Bezahlung für Lehrer sei unerlässlich:

> Meine Schule hat mehrere hervorragende Lehrer verloren, weil sie bei uns nicht genug Geld verdienten, um ihre Studienkredite zurückzuzahlen. Für unsere Programme zur Unterstützung von Lehrern, zur Verbesserung ihrer Führungsqualitäten, zur beruflichen Fortbildung und zur Koordinierung von Lehrern mit gemeinsamen Schülern zahlt die öffentliche Hand wenig bis nichts.[36]

Wood und seine Kollegen sollten sich ernsthafte Sorgen machen. Der Bildungsminister und sein Präsident scheinen es für oberste Priorität zu halten, Kindern die Kunst des Spekulierens und des Kriegführens beizubringen. Wann springen CIA und FBI auf den Zug auf und gründen ebenfalls Akademien zur Heranzüchtung von Nachwuchs?

Seit dem Zweiten Weltkrieg, während des Kalten Krieges und nun im Krieg gegen den Terror wächst der geheime Staat mit seinen willkürlichen Urteilen und beiläufigen Morden unaufhaltsam. Aufgrund eines Ausnahmezustands, der nun schon seit Pearl Harbor andauert, fällt der Regierung eine praktisch unbegrenzte Macht zu. Die Angriffe auf das Pentagon und die Twin Towers konnte sie trotzdem nicht verhindern. Der geheime Staat im Staat ist unter Bush II sichtbar geworden: Die Regierung billigte ganz offiziell Fol-

---

[36] »A Principal Critiques Obama's Education Plan«, *Washington Post*, 18. März 2010.

ter, Internierungen ohne Gerichtsverfahren, die Aushöhlung des Rechts auf persönliche Freiheit, den Horror von Guantánamo, Bagram und Diego Garcia. All das wurde so typisch amerikanisch wie einst der berühmte Apfelkuchen. Die Klischees, mit denen die Zustände vor den Medien gerechtfertigt wurden, machten sich selbstständig und gingen auf Welttournee. Diesem politischen Sittenverfall musste Einhalt geboten werden. Wie würde Obama aufräumen? Im Wahlkampf versprach er eine Rückkehr zum Rechtsstaat – wobei die Vorgängerregierung ihre Notfallmaßnahmen ja durchaus als rechtmäßig empfand. Obama ging auf seine Vorgänger zu und umarmte sie schamlos. Es war eine völlig utopische Hoffnung, dass dieser Präsident Mitglieder der letzten Regierung für Verbrechen zur Rechenschaft ziehen würde, die weiterhin begangen werden sollten. Obama ist ein imperialer Präsident, und wer ein Großreich regiert, begeht unweigerlich Verbrechen. Kaum überraschend also, dass seine Mannschaft wohlbekannte Töne anschlug, zur Verärgerung vieler angesehener linker Historiker:

> Bei der Anhörung anlässlich seiner Ernennung zum CIA-Chef erklärte Leon Panetta, er wolle die »Renditions« – die Auslieferung Terrorverdächtiger zu Verhören ins Ausland – beibehalten. Obamas Kandidatin für den Posten des Solicitor General (und jetzt für den Obersten Gerichtshof), Elena Kagan, erklärte dem Kongress, sie stimme John Yoos Behauptung zu, Terroristen seien, egal wo sie gefasst würden, nach Kriegsrecht zu behandeln. Obamas Generalbundesanwalt Eric Holder nützte die erste sich bietende Gelegenheit, um einen Prozess unter Berufung auf »Staatsgeheimnisse« zu verhindern. Obama weigerte sich, Fotos von »erweiterten Verhörtechniken« zu veröffentlichen. Zuvor hatte die CIA (illegalerweise) 92 Videobänder mit

Aufnahmen von solchen Verhören zerstört. Obama verhinderte auch die Veröffentlichung von Dokumenten, die beschrieben, was auf den Bändern zu sehen war.[37]

Rahm Emanuel, der Kampfhund des Weißen Hauses, beschimpfte linke Kritiker Obamas als »völlig debil«. Wie sehr im Weißen Haus Panik herrscht, zeigt Obamas Vergleich zwischen der (selbstverschuldeten) Ölkatastrophe im Golf von Mexiko und den Anschlägen vom 11. September. Wechselwähler, die sich letztes Mal für Obama entschieden hatten, laufen in Scharen davon (yes, they can). »Völlig debil«, das könnte sich als ziemlich zutreffende Selbstbeschreibung der Regierung Obama herausstellen.

---

[37] Garry Wills: »Entangled Giant«, *New York Review of Books*, 8. Oktober 2009.

4

Sheriff der ganzen Welt

Ich kenne »dich und deinen Hund und deinen Busch«.

Shakespeare: *Der Sturm*
(Deutsch von August Wilhelm von Schlegel)

»und deine SEALs!« (Anonym, 2011)

Im imperialen Amerika sind Innen- und Außenpolitik weiter eng miteinander verknüpft.[1] Man muss sich nur die Kampagne zur Wiederwahl des Präsidenten betrachten, die am 2. Mai 2011 mit der Ermordung von Osama bin Laden ernsthaft begann. Spezialtruppen hatten bin Laden in Abbotabad, einem malerischen nordpakistanischen Städtchen am Fuß des Himalaya exekutiert. Die Rache an dem meistgesuchten Verbrecher wurde zum perfekten Startschuss für

---

[1] Eine optimistische Sichtweise, wie das eine das andere zum Sturz bringen kann, vertritt Professor Robert Brenner von der Universität Kalifornien in einem eindrücklichen Essay. Darin heißt es: »Der amerikanische Staat ist besessen davon, politisch-militärische Macht zu projizieren. Denn auf anderen Gebieten ist er längst machtlos. Der US-Staat rüstet in gewissem Sinn auf, um den – unumkehrbaren – wirtschaftlichen Bedeutungsverlust auszugleichen, auch wenn die Rüstungsanstrengungen zweifellos den ökonomischen Verfall weiter beschleunigen, bis am Ende auch die politisch-militärische Macht verfällt.« *New Left Review*, Januar/Februar 1991.

Obamas Wahlkampf. Ein Präsident in Freizeitkleidung sah sich die live per Satellit übertragene Operation im Kreis seiner Außenministerin und einiger Militärs an. Eine Szene wie aus einem Hollywoodfilm (könnte hochspannend in Szene gesetzt werden, zum Beispiel von Katherine Bigelow, der Regisseurin von *Tödliches Kommando – The Hurt Locker*). Im East Room standen die Kameras schon bereit, und kaum war die Tat vollbracht, schickte Obama eine Nachricht in die Welt hinaus. 56,5 Millionen Amerikaner sahen ihm zu – nie hatte er bessere Einschaltquoten gehabt. Was für eine herrliche Gelegenheit, den Wahlkampf für 2012 zu beginnen! Jetzt musste Obama nur noch hoffen, dass die Wirtschaft nicht völlig zusammenbrach. Ein oft als arrogant, herablassend und beratungsresistent kritisierter Präsident war plötzlich zum perfekten Anführer einer Nation im Krieg geworden.

Grandios salbungsvoll stahl er die 9/11-Bilder seines Vorgängers und überschrieb sie mit seinen eigenen: »Und doch wissen wir, dass die Welt die schlimmsten Bilder nie gesehen hat. Den leeren Stuhl am Familientisch. Kinder, die ohne Mutter oder Vater aufwachsen mussten. Eltern, die nie die Umarmung ihres Kindes spüren würden. Fast 3000 Bürger sind verschwunden und haben ein klaffendes Loch in unserem Herzen hinterlassen.« Die kunstvoll geschriebene Rede übertraf alles, was Bush je zusammengebracht hätte, und gehört zu den besten Predigten Obamas. Wie gewohnt endete auch die Fernsehansprache mit einer Berufung auf Gott: »Vergessen wir nie, dass wir diese Dinge nicht deswegen tun können, weil wir reich oder mächtig sind, sondern weil wir sind, wer wir sind: eine unteilbare Nation, unter Gott, mit Freiheit und Gerechtigkeit für alle. Vielen Dank. Möge

Gott Sie segnen. Und möge Gott die Vereinigten Staaten von Amerika segnen.«

Und Gott tat es, wie er es oft tut. Schnell entschlossen warfen die Fernsehstationen der Welt ihr Programm um, ohne jedes Gefühl des Missbehagens, und schalteten von den Feierlichkeiten einer königlichen Hochzeit in London zum Jubel über eine Tötungsmission in Pakistan. Die königliche Hochzeit sollte der englischen Monarchie ein frischeres Image verpassen – und Obama schuf sich ein neues Image, indem er Osama töten ließ. Wie auf Befehl strömten die Menschen in Washington und New York auf die Straße, um die Tat zu bejubeln. Staatsmänner aus Europa und aller Welt (darunter bizarrerweise auch der Premierminister Pakistans) riefen im Weißen Haus an und gratulierten.

Nicht wenige Linke befürworten Stil und Technik der Tötung in Abbotabad; sie schwärmten über die technischen Aspekte dieses großen Triumphs und insbesondere über die tolle Leistung der Navy-SEALs. Gary Wills, emeritierter Geschichtsprofessor an der Northwestern University, der sich, wie oben beschrieben, ernsthafte Sorgen wegen Obamas miserabler Bilanz in Sachen Bürgerrechte machte, war von bin Ladens Hinrichtung wie elektrisiert. Seiner Ansicht nach zeigte der Vorfall, dass Obama in Sachen nationale Sicherheit kein Weichei war, wie die Rechte gerne behauptete. Man müsse zwar die »großartige Leistung der Navy SEALs bewundern, dennoch sollten wir im Hinterkopf behalten, dass letztlich der Präsident der Vereinigten Staaten abgedrückt hat«.[2]

---

[2] *NYRB* Blog, 6. Mai 2011.

Maureen Dowd, die Obama in der *New York Times* oft kritisiert hatte, flötete hingerissen:

> Kein Wunder, dass die höchsten Generale den Präsidenten »Cool Hand Luke« nennen. Die Aktion in Echtzeit anzusehen wäre sicher ebenso dramatisch gewesen wie die Szene aus *Der Pate*, dem Lieblingsfilm des Präsidenten, als Michael Corleone ganz lässig als Pate bei der Taufe seines Neffen auftritt, während seine Gefolgsleute wie befohlen rivalisierende Gangster liquidierten. Man ersetze einfach »Leave the gun, take the cannoli« (Lass die Waffe, nimm die Cannoli) durch »Leave the copter, take the corpse« (Lass den Heli, nimm die Leiche).

Dowd bewunderte die »Coolness des Präsidenten und seine undurchdringliche Miene«. Bei anderer Gelegenheit war ihm diese Distanziertheit vorgeworfen worden, doch bei dem »lange erwarteten Showdown mit dem Staatsfeind Nr. 1 passte sie perfekt«. Dowd fuhr mit einem Schlachtruf fort, den ihresgleichen normalerweise mit Staatsfeinden assoziieren:

> Ich will Erinnerung und Gerechtigkeit und Rache... Linke Schuldgefühle mögen ihren Zweck haben, doch auf diese Tötungsmission sollten sie nicht verschwendet werden. Moralisch und operativ war das Terrorabwehr vom Feinsten. Wir müssen uns für nichts entschuldigen.[3]

Wenig überraschend bekam Obama für seine Tat höchstes Lob von seinem Amtsvorgänger. Selbst Ex-Vizepräsident

---

[3] Zitiert von Alexander Cockburn auf seinem bitterbösen *CounterPunch*-Tagebuch zum gleichen Thema, 13.–15. Mai 2011.

Dick Cheney und Ex-Verteidigungsminister Donald Rumsfeld fanden (grummelnd) lobende Worte. Letztere machten gleich klar, dass der oberste Terrorist nur aufgrund von Informationen gefasst werden konnte, die in Guantánamo unter Folter gewonnen worden waren. Ein konservativer Kolumnist musste schließlich auf eine Tatsache hinweisen, die die fortschrittlichen Apologeten des Weißen Hauses lieber ignorieren: »Wer Augen im Kopf hat, sieht, dass die Außenpolitik George W. Bushs und Barack Obamas sich immer ähnlicher wird. Seit letzter Woche ist es amtlich: Die Geschichtsschreibung wird die zwei Regierungen gemeinsam betrachten und die Bush-Obama-Ära als Einheit bewerten.«[4]

Viele progressive junge Amerikaner strömten auf die Straßen, um Osamas Ermordung zu feiern. Am Ground Zero in New York skandierten die Leute: »U-S-A, U-S-A / Obama schlägt Osama, Obama schlägt Osama / Ihr könnt uns nicht schlagen, Ihr könnt uns nicht schlagen / Scheiß auf bin Laden, scheiß auf bin Laden.« Ein Blogger für die radikale Literaturzeitschrift *N+1* berichtete von der Szene und gab zu, mit seiner Freundin und all den anderen gejubelt zu haben. »Ich bin froh, dass dieser Mann, diese wie ein Schafhirte aus dem 13. Jahrhundert angezogene Fernsehfigur mit ihrer AK-47 aus der Requisite, tot ist. Ich bin froh, dass er tot ist. Ich bin froh, dass er tot ist.« Oft ist der Lack der Zivilisation nur sehr dünn. Vergleichen Sie damit das Unbehagen von William O'Connor, einem ehemaligen Feuerwehrmann in New York:

---

[4] Ross Douthat: »Whose Foreign Policy is it?«, *International Herald Tribune*, 10. Mai 2011.

Mein Herz brüllt: »Du Hurensohn, ruhe in Fetzen!« Doch als Vietnamveteran und als 62-Jähriger, der Leid und Tod aus nächster Nähe gesehen hat, ärgere ich mich über die Milchgesichter, die auf die Straßen strömen und »USA, USA« skandieren. Wenn man den Kaftan eines anderen Mannes anzieht, sieht man gleich: Was dem einen ein »Terrorist«, ist dem anderen ein »Patriot«.

Was, wenn ein Iraker George W. Bush ermordet und »Endlich Rache!« gerufen hätte? Wenn die Leute in arabischen Ländern auf der Straße getanzt hätten? Wenn Muslime sich über unser Leid freuen, finden wir das widerwärtig. Und umgekehrt soll es okay sein? Diese Botschaft zumindest schicken wir an die arabische Welt.

Wir sitzen nicht im Fußballstadion! Der unangebrachte Jubel verletzt die menschliche Würde und die inhärente Heiligkeit des menschlichen Lebens. Ich erinnere mich noch, wie wütend ich am 11. September 2001 über die Bilder aus Afghanistan war, wo Menschen auf der Straße tanzten. Nicht nur Kriegsteilnehmer und Feuerwehrleute haben Schreckliches miterlebt, aber Männer in Uniform sind sich schmerzlich bewusst, dass Opfer ein Gesicht haben, eine Geschichte, eine Vergangenheit. Zahlen können angepasst oder korrigiert werden, doch Menschen werden nicht wieder lebendig. Knochen brechen, Blut fließt, Gliedmaßen werden abgetrennt. Die Worte »Soldat stirbt« fließen leicht von den gut bezahlten Lippen eines Kommentators. Doch der Kamerad des Soldaten, der dessen Kopf zusammendrückte, damit das Hirn nicht in den Wüstensand tropfte, würde den Tod nicht so leichtfertig abtun.[5]

Im Triumphgeheul wurde vergessen, welch desaströse Ergebnisse der »Krieg gegen den Terror« daheim und welt-

---

[5] William O'Connor: »No Time for Dancing in the Streets«, *CounterPunch*, 12. Mai 2011.

weit gebracht hatte. Natürlich erwähnte niemand die Million »leerer Stühle an Familientischen« im Irak, wo Zahlen des aktuellen Regimes von fünf Millionen Waisen sprechen. Kein Wort des Bedauerns für sie oder die zwei Millionen vertriebenen Iraker. Auch die fast 2000 Zivilisten, die bei Drohnenangriffen in Pakistan ums Leben kamen, werden totgeschwiegen, ebenso die zivilen Opfer in Afghanistan – fast drei Mal so viele, wie am 11. September 2001 in Amerika umgekommen waren.

Vernünftigere Stimmen in Militär und Wissenschaft versuchen geduldig, mit dieser Sichtweise durchzudringen, doch vergeblich. Obama bewegt sich auf der gleichen imperialistischen Schiene wie seine Vorgänger. Im April 2009 mahnte der pensionierte Oberst Douglas Macgregor im *Armed Forces Journal*:

> Das Wichtigste ist, dass Präsident Obama künftig unnötige, aufwendige und offene Militärinterventionen vermeidet und nach Möglichkeit Konflikte verhindert …
>
> Die aktuelle Wirtschaftskrise ist zwar ernst, doch die größte Bedrohung der nationalen Sicherheit geht von Washingtons Neigung aus, mit amerikanischer Militärmacht an vielen Orten der Welt einzugreifen, an denen Washingtons Lösungen weder gebraucht werden noch durchsetzbar sind. Präsident Obama muss endlich umsteuern und systematische sowie methodische Änderungen in den Zielen der amerikanischen Militärstrategie vornehmen. Sowohl im Irak als auch in Afghanistan hat die amerikanische Invasion bereits zu schlimmen Folgen für die nationale Sicherheit geführt, nämlich
> * zur Ausweitung des iranischen Einflusses im Irak und der ganzen Region,
> * zur Erosion des prekären Zusammenhalts von Pakistan, mit gefährlichen Folgen für Zentral- und Südasien,

* zu einer erhöhten Gefährdung Israels,
* zu wachsendem Anti-Amerikanismus in der Welt und
* zur Erosion der wirtschaftlichen Leistungsfähigkeit Amerikas.

Zwei Jahre später stellte John Mearsheimer, einer der angesehensten Vertreter des Neorealismus in internationalen Beziehungen, einen Zusammenhang zwischen den Kriegen im Ausland und dem Angriff auf die Bürgerrechte daheim her:

> Seit 1989 führten die Vereinigten Staaten in erschreckenden zwei von drei Jahren irgendwo auf der Welt Krieg. Und es scheint kein Ende in Sicht. Dabei weiß jeder, der nur rudimentärstes Geschichtswissen hat, dass Länder, die sich ständig im Krieg befinden, ausnahmslos mächtige Sicherheitsapparate aufbauen, die die Bürgerrechte aushöhlen und es schwierig machen, die politischen Führer für ihr Verhalten zur Rechenschaft zu ziehen. Am Ende steht unweigerlich eine völlig skrupellose Politik, wie man sie normalerweise mit Diktaturen in Verbindung bringt.

Mearsheimer erinnerte eine Nation, die oft kurze, prägnante Sätze in den Medien für Geschichte hält:

> Die Gründerväter haben dieses Problem erkannt, wie sich an James Madisons Warnung ablesen lässt: »Keine Nation kann ihre Freiheit bewahren, wenn sie sich ständig im Krieg befindet.« In den letzten zehn Jahren hat Washington gemordet, an Folterstaaten ausgeliefert oder selbst gefoltert und daheim die Grundrechte ausgehebelt. Das zeigt, dass die Sorgen der Gründerväter berechtigt waren.[6]

---

[6] *The National Interest*, Januar/Februar 2011.

Das hatten Professor Wills und Maureen Dowd übersehen.

Obama scherte sich nicht um solches Gerede. Von der euphorischen Reaktion auf seinen ersten »Triumph« ermutigt, markierte Obama drei Wochen später den starken Mann und betonte: Wenn die USA Terroristen suchen, ist die Souveränität Pakistans irrelevant. Man darf annehmen, dass ein paar weitere Tötungen kurz vor November 2012 Obamas Wiederwahl sicherstellen werden.

Ironischerweise erlebte die arabische Welt ab Januar 2011 den Beginn einer Demokratisierung, während im Westen die Demokratie immer weiter ausgehöhlt wurde. Al-Qaida und ihr greiser getöteter Führer, beide zuvor schon unbedeutend, wurden mit dem arabischen Frühling noch unerheblicher. Nach der Niederlage Ägyptens gegen Israel und dessen Unterstützer 1967 schrieb der große Barde der arabischen Welt, Nizar Qabbani:

> *Kinder Arabiens,*
> *Kornähren der Zukunft,*
> *Ihr werdet unsere Ketten zerreißen.*
> *Das Opium in unseren Köpfen vernichten,*
> *Die Illusionen zerstören.*
> *Kinder Arabiens,*
> *Lest nicht von unsrer erstickten Generation,*
> *Wir sind ein hoffnungsloser Fall,*
> *Wertlos wie die Schale der Wassermelone.*
> *Lest nicht von uns,*
> *Äfft uns nicht nach,*
> *Akzeptiert uns nicht,*
> *Akzeptiert unsere Ideen nicht,*
> *Wir sind eine Nation von Gaunern und Jongleuren.*

*Kinder Arabiens,
Frühlingsregen,
Kornähren der Zukunft,
Ihr seid die Generation,
die die Niederlage überwindet.*

Die ersten Monate des Jahres 2011 hätten dem 1998 verstorbenen Dichter gefallen. Die von ihm so geschmähten Massen Arabiens erhoben sich und demonstrierten für einen Regimewechsel. Von Tunis bis Kairo, von Sanaa bis Bahrain – überall sah man, wie die arabischen Völker sich von ihren Knien erhoben. Am 14. Januar rotteten sich demonstrierende Massen vor dem tunesischen Innenministerium zusammen, Präsident Ben Ali floh mit seiner Familie nach Saudi-Arabien. Am 11. Februar stürzten die Ägypter ihren Diktator Hosni Mubarak, gleichzeitig erhoben sich die Menschen in Libyen und im Jemen. Im besetzten Irak protestierten Demonstranten gegen die Verkommenheit des Regimes al-Maliki. Jordanien wurde von landesweiten Streiks erschüttert. Auf Protesten in Bahrain wurde die Abschaffung der Monarchie gefordert. Und bald belagerte das eigene Volk die korrupte und brutale Baath-Bande in Syrien.

Der politische Flickenteppich der arabischen Welt – Marionettenmonarchien, verkommene nationalistische Diktaturen, imperiale Tankstellen (alias Golfstaaten) – ist noch immer Folge der Kolonialisierung durch England und Frankreich. Nach dem Zweiten Weltkrieg ging die Macht in einem komplexen Prozess von den ehemaligen Kolonialmächten auf das Großreich der Vereinigten Staaten über. Dieser Umstand führte in der arabischen Welt zu radikal antikolonialem Nationalismus und in Israel zu zionistischem

Expansionsdrang. All das fand im weiteren Gesamtzusammenhang des Kalten Krieges statt. Als dieser endete, übernahm Washington die völlige Kontrolle in der Region; anfangs über lokale Potentaten, später über Militärstützpunkte und Invasionen. Von Demokratie war nie die Rede – was den Israelis erlaubte, sich als demokratischer Musterknaben unter arabischen Diktaturen aufzuspielen. Wie hat der arabische Frühling all das verändert?

Die Rebellion speiste sich aus zwei Quellen, der Unzufriedenheit der Menschen mit der Wirtschaftslage – Massenarbeitslosigkeit, steigende Preise und Knappheit lebensnotwendiger Güter – und mit den politischen Verhältnissen, mit Vetternwirtschaft, Korruption, Unterdrückung und Folter. Ägypten und Saudi-Arabien waren wichtige Säulen der amerikanischen Strategie für die Region. Das bestätigte auch der amerikanische Vizepräsident Biden, als er sagte, er sorge sich mehr um Ägypten als um Libyen. Doch die Hauptsorge gilt Israel: Eine nicht mehr steuerbare demokratisch gewählte Regierung Ägyptens könnte beschließen, den »Friedensvertrag« mit Israel neu zu verhandeln, dessen wichtigste Funktion darin bestand, Palästina und dessen Bewohner zu isolieren. Noch gelingt es Washington, den politischen Wandel in einen sorgfältig von oben orchestrierten Prozess zu pressen, der von Mubaraks Militärminister und Stabschef geleitet wird. Letzterer steht dem Pentagon sehr nahe. Die alten Köpfe des Regimes sitzen großteils noch an den Schalthebeln der Macht. Ihre zentrale Botschaft: das Land brauche Stabilität und eine Rückkehr zum Alltag, also Schluss mit den Streiks. Hinter den Kulissen verhandeln die USA fieberhaft mit der Muslimbruderschaft, um jede ernsthafte Veränderung der Beziehungen zu Israel zu verhindern. Die alte Verfassung gilt in leicht verbesserter Version weiter, eine Umwälzung nach dem Modell Südamerikas ist nicht in Sicht. Dort haben gewaltige Massenbewegungen neue politische Organisationen geschaffen, die an den Wahlurnen triumphieren und echte Sozialreformen durchsetzen. Was die arabische Welt angeht, muss Amerika also nicht bang sein. Zwar bleiben die Massen in Tunesien und Ägypten weiter ein Faktor, doch es fehlen die politischen Instrumente, um den Willen des Volkes auch politisch auszudrücken. Die erste Phase ist vorbei. Die zweite Phase hat begonnen, die der Restauration.

Mit der gnadenlosen Bombardierung Libyens durch die NATO versuchte der Westen lediglich, die »demokratische« Initiative wieder zu erlangen, nachdem anderswo seine Diktatoren gestürzt worden waren. Die Lage im Land hat sich dadurch nur verschlimmert. Um ein angebliches Massaker zu verhindern, tötete die NATO Hunderte libysche Soldaten, von denen viele nur unter Zwang kämpften. So erlaubten sie dem grässlichen Gaddafi, sich als »Antiimperialist« zu gerieren. Doch auch mit dem Sturz Gaddafis verlor das libysche Volk, weil sich der Westen das Land mitsamt seinen Ölquellen unter den Nagel riss. So um Demokratie besorgt wie in Libyen war Amerika in der Region sonst nirgends. Im Fall Bahrains gaben die USA den Saudis ganz offenkundig grünes Licht für eine Militärintervention zur Rettung des örtlichen Despoten, zur Zerschlagung der Demokratiebewegung und zur Forcierung religiöser Zwistigkeiten. Demonstranten wurden in nichtöffentlichen Prozessen zum Tode verurteilt. Heute ist Bahrain ein Gefangenenlager, eine toxische Mischung aus Guantánamo und Saudi-Arabien. Gegen die schiitische Bevölkerungsmehrheit kommt es immer wieder zu Pogromen. In Syrien schießt der von Baath-Partei und Assad kontrollierte Sicherheitsapparat nach Belieben auf die Bevölkerung, ohne aber die Demokratiebewegung stoppen zu können. Die Opposition wird nicht von Islamisten kontrolliert, sondern ist eine breite Koalition aus allen Gesellschaftsschichten, nur die Kapitalisten sind dem Regime treu geblieben. Im Unterschied zu anderen arabischen Staaten blieben in Syrien viele Intellektuelle im Land, wo sie Folter und Gefängnis ertrugen. Der Untergrund in Damaskus oder Aleppo wird von säkularen Sozialisten wir Riad al-Turk und anderen organisiert. Niemand hofft auf eine militärische Intervention des Westens. Niemand will ein zweites Libyen. Israel und die USA hätten anfangs zwar nach dem Prinzip »Besser den Teufel, den man kennt« Assad gern im Amt behalten, sind aber inzwischen umgeschwenkt.

Angesichts der großen strategischen Bedeutung, die mehrere aufeinanderfolgende US-Präsidenten der Region zugemessen haben, scheint ein kurzer historischer Abriss der dortigen Kolonialgeschichte angemessen. Zum ersten Mal seit Mitte des 20. Jahrhunderts schwappte die Welle der Rebellion über Landesgrenzen hinweg und erfasste die gesamte Region von Tanger bis Teheran, was Erinnerungen an eine einheitliche arabische Welt weckte.

Gleichzeitig liefen in allen betroffenen Ländern ganz eigene Prozesse ab. Um sie zu verstehen, muss man jedes Land einzeln betrachten und gleichzeitig im Auge behalten, wie sich die arabische Welt in die Weltordnung insgesamt fügt. Denn der Begriff »arabische Welt« bezieht sich nicht nur auf Gemeinsamkeiten in Kultur, Sprache und Religion (oder gar Ethnie, was in einer Region lachhaft wäre, in der auch Berber, Tuareg, Numider, Perser, Kurden und zahlreiche weitere Stämme leben). Er wurde auch durch die europäischen Kolonialmächte definiert, die in der Region massiver intervenierten als sonst irgendwo auf dem Globus. Briten und Franzosen zerteilten zwischen 1830 und 1945 die Überreste des Osmanischen Reiches in fast zwei Dutzend Staaten und Mini-Staaten. Die örtliche Wirtschaft wurde dabei an die Bedürfnisse der Kolonisten oder der Großstädte angepasst. Es folgte die Schaffung des Siedler-/Kolonialstaats Israel und die Hegemonie der USA unter den Rahmenbedingungen des Kalten Krieges. Gleichzeitig sicherten sich die Amerikaner den Zugriff auf das Öl der Golfstaaten, im Namen nationaler Sicherheitsinteressen. Doch die Kontrolle erstreckte sich nicht über die ganze Region. Dank der rivalisierenden Sowjetunion ergaben sich auch Freiräume für eine echte Unabhängigkeit, wie etwa für Ägypten unter Nasser. Nach dem Zusammenbruch der UdSSR und dem Ende des Kalten Krieges änderte sich die Lage erneut. In Südasien intervenierten die USA mehrfach militärisch; hier starben seit 1990 mehr als eine Million Zivilisten. Gleichzeitig machte sich die Europäische Union, mit Unterstützung durch die USA, an die Umgestaltung der Maghrebstaaten.

In der ersten Phase der Kolonisierung durch Briten und Franzosen konzentrierte Großbritannien seine Aufmerksamkeit auf Ägypten, die Arabische Halbinsel und den Persischen Golf – kurz: die Route nach Indien. Die ägyptische Monarchie durfte bleiben, hoch verschuldet, während das Land von London aus regiert wurde. Im Golf zwang man die örtlichen Herrscherfamilien, ihre Rechte weitgehend abzutreten und sich unter ein Protektorat zu flüchten. Die al-Chalifas in Bahrain, al-Thanis in Katar, as-Sabahs in Kuwait, Sultan Qabus im Oman – sie alle verdanken ihren Thron der Royal Navy. Frankreich konzentrierte sich auf den westlichen Maghreb: Es schickte Siedler nach Algerien, wo die örtliche Bevölkerung um die Hälfte dezimiert wurde, und ließ die örtlichen Herrscher Marokkos und Tunesiens als Marionetten im Amt. (Tunesien hatte sich unter dem Bey mit seinem Modernisierungsprogramm finanziell überhoben und von französischen Banken abhängig gemacht – genau wie Ägypten völlig in die Hände englischer Banken geriet.) Nach 1918 zogen London und Paris die Grenzen der Staaten im Nahen Osten und nutzten das selbst verliehene Mandat, diese »auf die Unabhängigkeit vorzubereiten«, als Vorwand zur Installation eines Billig-Kolonialismus. Großbritannien verpflanzte Marionettenmonarchen aus Mekka nach Transjordanien und in den Irak, begrüßte die Eroberung Arabiens durch die Saudis, trennte das Mikro-Königreich Kuwait ab, förderte die Einwanderung von Zionisten nach Palästina und schlug die arabische Revolte von 1936 bis 1939 nieder. Die libyschen Provinzen wurden von Italien unterjocht, durch Badoglio und Mussolini. Nördlich der Sykes-Picot-Linie betrieb Frankreich eine Politik des Teilens und Herrschens mit Völkern verschiedenen Glaubens: Es zog einen Zaun um den christlich dominierten Libanon und sorgte dafür, dass eine ethnische Minderheit den Sicherheitsapparat Syriens leitete. Die Truppen wurden klein gehalten, Frankreich verringerte die Stärke der syrischen Truppen von 7000 auf 2000 Mann. 1948 hatten sie den gut gerüsteten Truppen der zionistischen Paramilitärs daher nichts entgegenzusetzen.

Bei Erlangung der Unabhängigkeit sah das Erbe der arabischen Staaten typischerweise so aus: Ein schwacher, dem Westen gewogener Monarch (Beispiele: Ägypten, Tunesien, Irak, Jordanien, Libyen) saß an der Spitze eines politischen Systems, das von konservativen Würdenträgern dominiert wurde. Traditionelle religiöse und administrative Strukturen bröckelten zwar, waren aber noch weitgehend intakt. Dynamischere soziale Kräfte – nationale Bourgeoisien, die eine Modernisierung anstrebten, aufsteigende Mittelschichten, entstehende Arbeiterbewegungen – mussten diese Relikte hinwegfegen. Jüngere Offiziere hatten sowohl die Mittel als auch den Willen dazu. Putschisten übernahmen die Macht: Nasser in Ägypten, Qasim im Irak, asch-Schischakli in Syrien, Gaddafi in Libyen, anfangs mit großer Zustimmung durch das Volk. In Algerien waren Unabhängigkeitskämpfer und Franzosen nach acht Jahren Krieg erschöpft, doch Boumediennes Armee blieb intakt und installierte 1962 Ben Bella. Konservative Monarchien hielten sich nur in Marokko, wo die Franzosen den Sultan zum Nationalhelden gemacht hatten, indem sie ihn ins Exil zwangen, und auf der Arabischen Halbinsel, die – von der britischen Militärbasis Aden einmal abgesehen – nie kolonisiert wurde.

Doch vor dem Unabhängigkeitskampf kam es in der Region noch zu zwei Interventionen, die von der Ankunft einer neuen, ungleich stärkeren imperialen Macht kündeten. Erstens erklärte US-Präsident Eisenhower 1943, er betrachte das Öl der Saudis als »vital für die Sicherheitsinteressen der USA«. Und zweitens unternahmen zionistische Kräfte, was Frankreich in Algerien und Italien unter Badoglio in Libyen getan hatten: Sie eroberten mit militärischen Mitteln Land und Siedlungen in Palästina, um dort eigene Siedler unterzubringen. Bis heute sind Öl und Israel die zwei ewigen Konstanten in der amerikanischen Nahostpolitik. Amerikas Strategie war jedoch nicht nur imperialistisch, sondern hegemonial: Sie zielte darauf ab, blockfreie arabische Staaten für den Westen zu gewinnen und den Einfluss der Sowjets zurückzudrängen. Der entscheidende Moment kam im Oktober 1973, dem Höhepunkt arabischer Einheit – und ihrem Ende. Während des Yom-Kippur-Krieges eroberte Ägypten innerhalb weniger Tage von Israel besetzte Gebiete östlich des Suezkanals, Syrien gewann sein verloren gegangenes Land auf den Golanhöhen zurück. Die OPEC unterstützte die Forderung an Israel, aus den seit 1967 besetzten Gebieten Palästinas abzuziehen, mit der Drohung, die Ölförderung zu drosseln. Doch innerhalb einer Woche wendete sich das Kriegsglück, weil die USA massiv Waffen nach Israel einflog. Die dritte Armee Ägyptens fand sich plötzlich in der Wüste eingekesselt. Nur Washington konnte sie noch retten. Kissinger nutzte die Chance, das führende Land Arabiens in die US-Ordnung einzubinden. In den folgenden fünf Jahren machte Sadat ein Zugeständnis nach dem nächsten – er beendete das Ölembargo, öffnete den Markt für amerikanisches Kapital, schloss die PLO von Verhandlungen aus und ließ sich in der Palästinenserfrage immer weiter vertrösten. Die Gegenleistung: Israel zog sich ein paar Kilometer in die Weite der Wüste Sinai zurück. Der 1979 schließlich unterzeichnete Vertrag war weniger ein Friedensvertrag als vielmehr eine einseitige Erlaubnis, Krieg zu führen: Ägypten behielt seine Armee, verzichtete aber darauf, sie einzusetzen. Nun, da die Macht der Araber neutralisiert war, verdoppelte Israel sein Arsenal, marschierte im Libanon ein, schlug die Intifada der Palästinenser nieder und drängte Amerika, gegen den Irak und den Iran vorzugehen.

Weithin wird angenommen, dass nach 1990 eine dritte Phase begann. Der Kalte Krieg war vorbei, und die USA ließen ihre militärische Macht völlig ungehindert von der Leine. Damit schufen sie ein Konfliktfeld, das vom östlichen Mittelmeer bis an den Hindukusch reicht. Mit der Operation Desert Storm begann eine gewaltige Verlegung amerikanischer Soldaten und Waffen auf die Arabische Halbinsel und eine Ausweitung der Marinestützpunkte im Persischen Golf und im Arabischen Meer. Und diese Waffen wollten eingesetzt werden: erst gegen den Irak, dann nach dem Schock vom 11. September 2001 in Afghanistan, anschließend wieder im Irak. Die Souveränität Pakistans wurde mit Füßen getreten, as-Saleh im Jemen mit Militärhilfe und bewaffneten Drohnen unterstützt. In den 1990ern durften die Diktatoren der arabischen Welt noch einmal durchatmen. Woanders wurden Autokraten verjagt und Parlamente gegründet, doch hier lag alles unter einer dicken Schicht Eis. Prowestliche Regimes wurden mit amerikanischem Geld umgarnt, ihre Spitzelsysteme und Folterkammern in das System von USA und EU eingebunden. »Säkulare« Staaten wie Algerien und Syrien wurden als Bollwerke gegen den Islamismus heimlich unterstützt. Immer mehr setzte sich, von der Führungsspitze der Staaten an abwärts, das Gefühl durch, keinerlei Rechtsverstöße der Machthaber würden bestraft.

Nach 1990 ging es für die arabische Welt also eindeutig bergab, während in Lateinamerika und Südostasien gewaltige wirtschaftliche und gesellschaftliche Fortschritte gemacht wurden – in Ländern, denen die arabischen Staaten noch in den 1960er- und 1970er-Jahren voraus gewesen waren. Bei Erlangung der Unabhängigkeit waren diese zwar weitgehend landwirtschaftlich geprägt gewesen, mit einem verarmten Subproletariat nur dort (Ägypten, Algerien), wo die Kolonialmächte zur gewerblichen Nutzung im großen Stil Land enteignet hatten. Staatliche Investitionen, industrielles Wachstum und bescheidene Landreformen brachten in den ersten Jahrzehnten der Unabhängigkeit jedoch einen Boom, angeschoben von den steigenden Öleinnahmen in den 1970er-Jahren. Doch bis Mitte der 1980er waren die Ölpreise wieder eingebrochen und das Wachstum war versandet. Der Globalisierungsboom ging an der arabischen Welt vorbei. Bis Mitte der 1970er-Jahre erwirtschafteten Türkei und Ägypten bei vergleichbarer Bevölkerungszahl (ca. 80 Millionen) etwa das gleiche Bruttosozialprodukt. Anfang der 1990er-Jahre wuchs die türkische Wirtschaft dann aber vier Mal so schnell, seit 2001 setzte sie sich weit von der ägyptischen ab: 2008 lag Ägyptens Bruttosozialprodukt bei etwa 110 Mrd. Euro, das der Türkei bereits bei etwa 500 Mrd. Die Standardrezepte der Weltbank – Zollsenkungen, Privatisierungen, freie Kapitalbewegung, Strukturwandel von Landwirtschaft und industrieller Produktion hin zu Dienstleistungen, vor allem im Tourismus – kamen nur ein paar Insidern des Regimes zugute. Rasantes Bevölkerungswachstum ließ die Zahl der Menschen in der Region von 150 Millionen in den 1970ern auf heute über 300 Millionen anwachsen. Entsprechend jung sind die arabischen Gesellschaften, etwa 50 Prozent aller Menschen sind dort unter 25 Jahre alt, und entsprechend eng geht es zu in den Küstenstreifen, im Niltal und an den Flüssen der Levante.

In Tunesien entzündete sich der Aufstand eindeutig an sozialen Fragen. Er begann im Landesinneren, wo der Ärger über steigende Lebenshaltungskosten, hohe Arbeitslosigkeit und allgemeine Perspektivlosigkeit bereits brodelte. Der Funke, der buchstäblich die ganze Region in Brand steckte: Am 16. Dezember 2010 verbrannte sich der Obsthändler Mohamed Bouazizi nach Schikanen und Schutzgelderpressungen durch die Polizei öffentlich selbst. Sidi Bouzid, der Ort des Geschehens, ist ein Städtchen von vielleicht 30 000 Einwohnern, das von der Restrukturierung nach Anleitung der EU in den 1990er-Jahren abgehängt worden war. Die Wirtschaft war ganz auf die Küstenstreifen ausgerichtet worden, auf Tourismus und Bauindustrie, während die Landwirtschaft durch den Import subventionierten Weizens ruiniert wurde. Die einzige Form der sozialen Absicherung bestand aus einem guten System weiterführender Schulen. Die in den 1980ern geborene Altersgruppe erlebte das Ende des Booms, der mit Erlangung der Unabhängigkeit begonnen hatte. Und so wuchs eine Generation von Mohamed Bouazizis heran, mit Abitur, aber kaum Aussichten auf einen guten Job, mit dem man eine Familie ernähren könnte. Er war der dritte junge Mann, der sich 2010 selbst verbrannte.

Als die Proteste sich zwischen 19. Dezember 2010 und 5. Januar 2011 ausweiteten, kam es zu Zusammenstößen zwischen Jugendlichen und der Polizei. Massenverhaftungen fachten die Rebellion nur noch weiter an. Al-Dschasira, dessen Financier, der Emir von Katar, mit Ben Ali in Streit geraten war, berichtete ausführlich darüber. Bilder, wie die Polizei das Feuer auf Demonstranten in Kasserine eröffnete, trugen die Revolte, die bis dahin ein Arbeiteraufstand gewesen war, in die größeren Städte, wo sie politische Form annahm. Erst wurde die Absetzung des Innenministers verlangt, schließlich der Rücktritt der gesamten Regierung. Die nationale Gewerkschaft, die mit dem Regime kollaborierte, wurde von einer internen Revolte zum Kurswechsel gezwungen und rief schließlich am 11. Januar 2011 zum Generalstreik auf. Gleichzeitig erklärte der Generalstabschef, dass die Armee nicht auf das Volk schießen würde. Prompt wurde er von Ben Ali gefeuert. Ab 12. Januar demonstrierten Hunderttausende vor dem Innenministerium und riefen zum Regimesturz auf. Der öffentliche Zorn richtete sich auch gegen Symbole für den Reichtum der Familie Ben Alis – das sichtbare Ergebnis des von den Franzosen angestoßenen Privatisierungsprogramms. Die Armee schritt ein, sicherte wichtige Regierungsgebäude und – stellte sich der Präsidentengarde entgegen. Damit war der Konflikt entschieden; am 14. Januar flohen Ben Ali und Familie nach Riad.

Die Armee Tunesiens hatte immer eine gewisse Distanz zum Regime bewahrt. Bei der Erlangung der Unabhängigkeit spielte sie kaum eine Rolle. Die erstritt Bourguibas mächtige Neo-Destour-Partei, die sowohl vom Groß- und Kleinbürgertum als auch von den Gewerkschaften unterstützt wurde. Frankreich gab die Kontrolle über Tunesien 1956 ab, um sich auf die Verteidigung seiner Besitzungen in Algerien konzentrieren zu können. Es kam nie zu Kampfhandlungen, der Bey wurde 1957 durch Parlamentsbeschluss abgesetzt. Das Militär hielt sich am Rande, während die Neo-Destour-Partei (später: RCD) zur megalithischen Kraft wurde, mit zwei Millionen Mitgliedern in einem Zehn-Millionen-Volk. 1987 drängte Ben Ali, ein ehemaliger Chef der Sûreté Nationale, den alternden Bourguiba zur

Seite. Ben Ali hatte sich im Vorjahr seine Sporen als Innenminister verdient, bei der Niederschlagung der aufkommenden Islamistenbewegung. Als Präsident verstärkte Ben Ali die Polizei, hielt die 35 000 Mann starke Armee aber auf Distanz. Das rächte sich 2011; ohne Unterstützung durch das Militär, das sich selbst aus der Innenpolitik weitgehend heraushielt, kollabierte das korrupte System rasch.

Aus den ersten demokratischen Wahlen zu einer Verfassunggebenden Versammlung im Oktober 2011 ging die islamistische en-Nahda mit 89 von 217 Sitzen als Siegerin hervor. Das tunesische Volk hat seine Zukunft selbst in die Hand genommen.

In Ägypten sind die sozialen Probleme noch größer. Ein Fünftel der Bevölkerung drängt sich im Großraum Kairo, die Arbeitsbedingungen sind prekär, bezahlbare Wohnungen kaum zu finden. Als nach dem Fall von Lehman Brothers eine weltweite Wirtschaftskrise ausbrach, verloren viele ägyptische Gastarbeiter in den Golfstaaten ihre Jobs und konnten kein Geld mehr nach Hause schicken. Dieses Geld fehlte an allen Ecken und Enden; noch 2008 kam es wegen steigender Lebensmittelpreise zu ersten Aufständen. Doch erst 2011, inspiriert durch das Vorbild Tunesien, ging das Volk auch in Ägypten massenhaft auf die Straße. Seine Forderungen waren von Anfang an politisch: Beendigung des Ausnahmezustands, Rücktritt des Innenministers Adli und schließlich – nach dem gewaltsamen Vorgehen der Polizei gegen die Demonstranten am Tahrir-Platz – Rücktritt des gesamten Regimes. Von den Ereignissen in Tunesien erschreckt, versuchte das Weiße Haus, die Vorgänge in Ägypten schon früh zu steuern. Obama und Hillary Clinton forderten, Mubarak – der das Volk 30 Jahre lang geknechtet hatte – »darf nicht gedemütigt werden«. Doch Obamas Versuche, die Protestierenden zu Verhandlungen mit Mubaraks Geheimdienstchef Omar Suleiman zu verlocken, scheiterten. »Keine Verhandlungen, bis er weg ist«, erklärten die jungen Widerständler: Liberale, linke Gruppen und Muslimbrüder. Unter dem Druck der Straße musste Washington immer weiter zurückweichen: Nichts wurde aus »geordnetem Übergang«, nichts aus der geplanten Übergabe an den Chef-Folterknecht Omar Suleiman. Als Mubarak dann am 11. Februar 2011 abdankte (was dem Kongress bereits vom CIA-Chef angekündigt worden war), übernahm, auch auf Drängen Washingtons, ein Militärrat die Macht. Der versicherte als Erstes gleich, er wolle alle internationalen Verträge Ägyptens weiter erfüllen, insbesondere den Vertrag von 1979. Es werde also weiterhin subventionierte Gasverkäufe an Israel geben sowie freie Fahrt durch den Suezkanal für israelische Atom-U-Boote und amerikanische Flugzeugträger auf dem Weg Richtung Afghanistan und Irak.

Seit dem Putsch der Freien Offiziere 1952 war die ägyptische Armee immer eine tragende Säule der Macht gewesen; seit 1979 erhält sie ihre Ausbildung, Waffen und Bezahlung vom Pentagon. Mit dem Regime war die Armee schon länger unzufrieden. Aufgrund des guten Verhältnisses der ägyptischen Generale zu ihren amerikanischen Kollegen bekamen sie schließlich grünes Licht für die Absetzung Mubaraks. Die »gemäßigte Opposition« im Land – el-Baradei, Aiman Nur, die Führung der Muslimbruderschaft – hatte die Aufständischen schon früh ermahnt, die Kommandostruktur des Militärs zu respektieren, also nur mit der Armeeführung zu verhandeln, nicht mit fortschrittlicheren

Offizieren weiter unten in der Hierarchie. Das geschah dann auch, und es entstand ein politisches Zwitterwesen, wie Asef Bayat in seinem Artikel »Refo-lutions« auf der Website von Jadaliyya schön analysierte: Einerseits ging der Wandel in Tunesien und Ägypten weit über Reformen hinaus – die Herrscher wurden zum Teufel gejagt, nicht zu Veränderungen gezwungen –, andererseits fehlten den Aufständischen Parteien und Massenorganisationen, die sie gebraucht hätten, um einen eigenen Machtapparat aufzubauen. Folglich blieben die Institutionen des alten Staats mehr oder weniger intakt: Polizei, Militär, Ministerialapparate, Medien, die herrschende Partei. Und auf sie haben die Aufständischen nur wenig Einfluss. Der Vorteil daran ist, dass der Staat nicht zusammenbrach und die konterrevolutionäre Gewalt in Schach gehalten wurde. So bekamen die Bewegungen Zeit, sich zu organisieren und Druck auf die Übergangsregierung auszuüben. Dennoch liegt es in Händen der Armee, die Institutionen der Diktatur aufzulösen. Ob sie dazu willens und in der Lage ist?

Bald schien der ganze Schwung wieder zu versanden. Militärrat und Medien starteten gemeinsam die Kampagne »Vergeben und Vergessen«, die Bevölkerung bekam SMS-Nachrichten mit der Bitte, der »Polizei eine zweite Chance zu geben«. Eine Ministerriege musste gehen und wurde durch Leute ersetzt, die die Bewegung vorgeschlagen hatte. Einige Regimebüttel wurden zwar angeklagt, doch nur wegen Korruption, nicht wegen Mordes oder Folter. Erst nach erneuten Massenprotesten im April 2011 kamen auch Mubarak und seine Söhne vor Gericht. Das Militär, vorher beim Volk hoch angesehen, geriet bei diesen Protesten zunehmend in die Kritik.

Die Junta, das hatten die Leute inzwischen verstanden, strebte im Grunde eine Neuauflage des Systems Mubarak an, wenn auch mit neuen Köpfen. Zähneknirschend akzeptierte der Militärrat, dass den Muslimbrüdern eine legitime – und legitimierende – Rolle zufallen würde. Gut, dass die ägyptischen Muslimbrüder traditionell ein gutes Verhältnis zu Militär und altem System haben: In der Vergangenheit kollaborierte die Spitze der Muslimbrüderschaft ganz unverschämt mit Mubarak, sie verhandelte auch fröhlich mit Suleiman, während auf dem Tahrir-Platz Polizeibüttel auf Demonstranten einschlugen. Die jüngeren Mitglieder der Brüderschaft sind allerdings viel radikaler und ungeduldiger. Die Bewegung könnte sich also andersherum spalten als der türkische Islamismus, wo sich die offen pro-kapitalistische »gemäßigte« jüngere Generation um Erdogan und Gul sich von der anti-imperialistischen Garde um Erbakan löste und die AKP gründete, die politische Heimat der aufstrebenden Mittelklasse. Von innenpolitischen Fragen einmal abgesehen, wird das Verhältnis zu Israel ein zentraler Knackpunkt innerhalb der Muslimbruderschaft sein. Die ältere Führungsriege wird dieses Tabu nicht anrühren wollen, um sich nicht mit Militär und USA zu überwerfen, doch die jungen Hitzköpfe denken in dieser Frage ganz anders.

In Libyen verwandelte sich der Protest so rasch zu einer bewaffneten Rebellion, dass soziale Fragen nie aufkamen. Angelsachsen glauben ja hartnäckig an den Mythos, Wüstengesellschaften seien simpel. Dabei ist Libyen, ebenso wie der Irak, ein extrem komplexes Land, nicht zuletzt nach dem vergangenen Jahrhundert mit all seinen Wirrungen. Die Provinzen des Osmanischen Reiches Tripolitanien, Fessan und Cyrenaika widersetzten sich der Kolonialisierung energischer als sonst irgendeine Region im Maghreb. Nach dem Verlust Algiers löste die Hohe Pforte 1830 den Herrscher Tripolitaniens durch einen professionellen Militärgouverneur ab, der in der ganzen Region Forts baute und den mächtigen sufistischen Sanussi-Orden mit der Verteidigung der östlichen Provinz Cyrenaika beauftragte. 1911 fielen die Italiener ein, mit Rückendeckung durch die Entente cordiale. Doch sie stießen auf heftigen Widerstand: Die Jungtürken Enver Bey und Mustafa Kemal eilten persönlich Libyen zu Hilfe, um Freiwillige auszubilden. Bis 1918 kamen die Italiener nie über die Küstenstädte hinaus. 1923 startete Mussolini einen zweiten Versuch: Felder wurden angezündet, Brunnen zerstört, Herden getötet, Dörfer durch Bombenangriffe unterworfen, Rebellen gehängt. Man darf fast von einem Genozid sprechen: Zwischen 1911 und 1943 halbierte sich die Bevölkerung Libyens infolge von Krankheiten, Hunger, Massakern und Vertreibung. Zehntausende wurden samt ihrer Herden in Konzentrationslagern in der Wüste eingepfercht, Tausende mehr in Arbeitsbrigaden gepresst, die für Mussolinis Kolonisten futuristische Dörfer bauen mussten. Die sozialen und administrativen Strukturen des Osmanischen Reichs wurden zerschlagen, die Städte zerstört und danach wieder von der Wüste zurückerobert. Die einzig verbliebene Ordnung boten Familien und Stämme.

Nach ihrem Sieg gegen italienische und deutsche Truppen besetzten 1943 die Briten das Land und installierten das Oberhaupt des Sanussi-Ordens als König. Idris I. kam bald in Verruf, seine Seilschaften aus der Cyrenaika zu bevorzugen und für die Masse seiner armen Untertanen in Tripolis nichts zu tun. 1969 stürzte Gaddafis »Bund freier Offiziere« den König in einem unblutigen Putsch, angeblich mit Billigung der Briten. Die Bevölkerung zeigte zwar gewisses Wohlwollen, war aber nicht begeistert. Gaddafi besetzte Schlüsselpositionen des Staates mit seinen Leuten und verwendete die Öleinnahmen, um die Sicherheitskräfte zu erweitern und eine neue Stammeselite aufzupäppeln. In seinem *Grünem Buch* schwang Gaddafi anti-imperialistische Reden, doch ernsthafte soziale und politische Reformen unterließ er. Am krassesten zeigte sich seine Strategie, das Land absichtlich nicht zu modernisieren, in seiner sorgfältigen Pflege der byzantinischen Stammesstrukturen im Land. Nach verschiedenen Versuchen, ihn abzusetzen, wurde die Armee in den Tschad geschickt, wo sie 1986 von Frankreich und den USA vernichtend geschlagen wurde. Das Militär kam aufs Abstellgleis und wurde faktisch durch Elitebrigaden unter dem Kommando von Gaddafi-Söhnen ersetzt. In westliche Zirkel wurde Gaddafi wieder aufgenommen, als er Mitte der 1990er-Jahre aus Afghanistan zurückkehrende Dschihadisten mit mörderischer Gewalt unterdrückte und diese Repression später auf Salafisten und Muslimbrüder ausweitete. Islamisten wurden massenweise verhaftet und gefoltert; bei einem Gefangenenaufstand im Busalim-Gefängnis starben mehr als tausend von ihnen. Beeindruckt von seinem Umgang mit den Dschihadisten nahm die CIA wenig später Kontakt zu Gaddafi auf. 2003 war Gaddafi bereits ein wichtiger Verbündeter des Westens im Krieg gegen den Terror.

Entsprechend heterogen ist die Opposition gegen Gaddafi: verfolgte Islamisten, unzufriedene Cyrener aller Schichten, Liberale, Progressive, Überläufer aus dem Regime, Generale der unterfinanzierten Armee. Es heißt, der Oberst sei erstaunt darüber gewesen, dass seine neuen Freunde aus dem Westen ihn bei Ausbruch der Rebellion so schnell fallen ließen. Natürlich habe er mit Waffengewalt reagieren müssen: »Was haben die denn erwartet? Es ist eine bewaffnete Rebellion.«

Bald wurde im Westen der Ruf nach einer Flugverbotszone über Libyen laut. Die Motive waren nicht immer edel: Die kriegstreiberischste Ideologie des liberalen Imperialismus – die des militärischen Humanitarismus – stimmte in den gleichen Chor ein wie Nicholas Sarkozy, der dringend die Aufmerksamkeit der Medien davon ablenken musste, wie kuschelig das Verhältnis zwischen seiner Regierung und Ben Ali gewesen war. Auch die reaktionärsten arabischen Kräfte, die perfiden Monarchien des Golf-Kooperationsrats, schlugen kräftig die Kriegstrommeln (mit enthusiastischer Unterstützung durch al Dschasira): Saudis und Katarer verfolgten persönliche Motive – Gaddafi war ihnen mit seinen bizarren Auftritten schon lang auf die Nerven gegangen. (Bei einem arabischen Gipfeltreffen soll ein saudischer Prinz ihn einmal angeblafft haben: »Wir wissen ja alle, welche Intelligence Agency Sie installiert hat.«) Für die arabische Liga gab Moussa ein zögerliches Okay. Der Libanon, nun unter einer von Hisbollah gestützten Regierung, schlug die Resolution des UN-Sicherheitsrats vor, mit der der Angriff legitimiert wurde. In der *Financial Times* verbat sich Paddy Ashdown, zuletzt UN-Generalgouverneur von Bosnien und Herzegowina, jegliches Gerede von einer Demokratisierung Libyens. Die würde nur die Verbündeten vom Golf verschrecken. Als die ersten Raketen der Operation bereits flogen, schlugen besagte Golfstaaten gerade in Bahrein den Protest vor ihrer Haustür nieder. Die NATO bombardiert Libyen aus einem einzigen strategischen Grund: um die Kontrolle über das Gebiet zurückzuerlangen, um wieder stabile Verhältnisse herzustellen und den arabischen Völkern einzubläuen, dass alle Veränderungen nur mit Genehmigung der USA stattfinden.

Nach dem Sieg der Rebellen über Gaddafi übernahm ein Nationaler Übergangsrat die Macht – teilweise zumindest. Und wer saß dem Leitungsgremium, dem Nationalen Exekutivrat, vor? Mahmoud Jibril. Am 15. März 2011, drei Tage vor Beginn des Bombardements, hatte Jibril, ein Absolvent der Universität von Pittsburgh, sich mit Hillary Clinton getroffen. Wieder hat es also der Westen geschafft, eine Marionette zu installieren, genau wie zuvor Idris I. und auch Gaddafi. Für die Libyer kann das nur schlimm enden. Die Progressiven in Europa und Amerika, die Krieg sonst strikt ablehnen, werden vielleicht noch bereuen, dass sie die »humanitäre« Mission in Libyen befürwortet haben.

In Bahrain, einem US-Marinestützpunkt, begannen die Demonstrationen am 14. Februar 2011 mit ein paar Hundert Aktivisten, die den Rücktritt des ewigen Premierministers al-Chalifa forderten. Doch das brutale Vorgehen der Polizei, die einen Jungen erschoss und am nächsten Tag bei seinem Begräbnis wieder das Feuer eröffnete, ließ die Zahl der Protestierenden schnell auf 10 000 anschwellen. Der Perlenplatz in Manama wurde besetzt, von Schlägern geräumt, später zurückerobert. In der folgenden Woche demonstrierten 100 000 Bahrainer für ein Ende des Regimes. Auf die übliche Panikmache aus dem Palast – hier versuche Teheran wieder einmal, eine schiitische islamische Republik vor der Küste Saudi-Arabiens zu gründen – reagierten die Demonstranten mit Chören: »Wir sind Bahrainer, keine Schiiten oder Sunniten!«

Wie der Balkan liegen auch die östlichen Gestade der Arabischen Halbinsel historisch an der Schnittstelle von Territorien mit weit entfernten Hauptstädten. Die Familie al-Chalifa wurde in den 1860er-Jahren von den Briten zu Herrschern über das Protektorat gekürt, nicht zuletzt wegen ihrer prekären Stellung – als sunnitische Neuankömmlinge hatten sie das Archipel erst 40 Jahre zuvor übernommen. Sie waren auch deswegen ideale Marionetten, weil sie den uralten Machtansprüchen der Perser feindlich gegenüberstanden. Ohne Hilfe von außen hätten sie sich angesichts der vornehmlich schiitischen Bevölkerung aus Fischern und Perlentauchern niemals halten können. Als Bahrain 1971 unabhängig wurde, forderten die Menschen, per Volksentscheid über die Regierungsform abstimmen zu dürfen, was aber von den UN untersagt wurde. Eine Meinungsumfrage fand jedoch statt – und ergab eine überwältigende Mehrheit für ein unabhängiges Bahrain. Die Hoffnung Reza Pahlewis, des Schahs von Persien, Bahrain würde seine Autonomie freiwillig an sein Land abgeben, hatte sich also ohnehin als Hirngespinst erwiesen. Mit dem Vorwand, der Iran wolle die Souveränität Bahrains unterlaufen, vereitelte die Herrscherfamilie bis jetzt jeden Demokratisierungsversuch. Wie überall im Golf sitzen in den Schlüsselministerien ausschließlich Familienmitglieder, der Premier regiert seit 40 Jahren. Ein riesiger Marinestützpunkt der USA beherbergt zurzeit die Fünfte Flotte. Von der Basis lässt sich der Iran bequem erreichen, außerdem ist sie ein Zentrum für die amerikanischen Operationen im Irak, in Afghanistan und im Indischen Ozean. Seit Jahrzehnten ist die schiitische

Bevölkerungsmehrheit verbittert über ihre Benachteiligung durch die Herrscherclique, über die lausigen Wohnverhältnisse (im Schatten gläserner Bankpaläste und gewaltiger Ölterminals, die die Inseln verschandeln), über chronische Jugendarbeitslosigkeit und Polizeigewalt (viele Polizisten stammen aus Pakistan und dem Jemen, sind also in der örtlichen Gemeinschaft nicht verwurzelt; diese Praxis wurde noch unter den Briten eingeführt und vom Herrscherclan übernommen). 1997 klagte die Menschenrechtskommission der Vereinten Nationen über die Folter politischer Aktivisten in Bahrain: Sie würden an ihren Gliedmaßen aufgehängt, massiv verprügelt, ins Wasser getaucht, bis sie fast ertranken, und mit Bohrmaschinen gefoltert. Unter dem Druck der Massen wurden viele politische Gefangene vorübergehend entlassen, aber bald danach wieder verhaftet.

Als die Proteste am Perlenplatz eskalierten, reagierte Washington, indem es die Verhandlungen über kosmetische Reformen an der Verfassung wiederbelebte, die sich schon ein Jahrzehnt lang hinzogen. Doch Riad entschied sich für eine andere Lösung: für ein Massaker. Saudische Panzer rollten über die Brücke nach Bahrain. Der Angriff auf den Perlenplatz begann am 16. März 2011 mit Kampfhubschraubern, Tränengas und scharfer Munition. Panzer beschossen Dörfer und zerstörten ein Krankenhaus, in dem die Verwundeten behandelt wurden. Hunderte junger Demonstranten sind seitdem in der »Festung« des Innenministeriums verschwunden, einige wurden schon zu Tode gefoltert.

Bei allen Nachbarn Saudi-Arabiens brodelt es: in Ägypten, im Jemen, im Oman, in Bahrain, im Irak, in Jordanien. Die saudische Gesellschaft ist nicht monolithisch; jede Stadt hat ihren eigenen Charakter. Dschidda und Medina haben eine skeptische Intelligenzija und Elemente einer literarischen Untergrundkultur. Die Rückständigkeit des Landes ist bekannt: Frauen sind juristisch unselbstständig, sie dürfen ohne die Erlaubnis eines männlichen Vormunds das Haus nicht verlassen, selbst das Steuern eines Autos ist ihnen verboten. In einigen Vierteln herrscht noch immer große Armut, während daneben die Shopping Malls in den Himmel wachsen. Der Osten in der Nähe Bahrains lehnte sich schon oft auf. Die Jugendarbeitslosigkeit ist hoch, dazu kommt eine große Wohnungsknappheit. Und doch schien der arabische Frühling dem Königreich nichts anhaben zu können. Es gab lediglich höfliche Bitten, politische Gefangene freizulassen. Die Familie Saud mit ihren rund 7000 Prinzchen ist groß genug, um alle wichtigen Stellen in der Verwaltung selbst zu besetzen und überall im Land enge Seilschaften zu bilden. Unterstützt wird sie vom immens reichen wahabitischen Klerus, dessen kultureller Konservatismus eine ideologische Verteidigung gegen »westliche« Ideen darstellt – gleichzeitig hält sich der Klerus aber völlig aus der Politik heraus und ermöglicht so den engen Pakt zwischen USA und Saudi-Arabien.

Die ernste Mahnung des Propheten Mohammed lässt keine Interpretationsspielräume: Ungläubige müssen von der Halbinsel ferngehalten werden. Trotzdem kämpften die Saudis mit den Briten gegen das Osmanische Reich und ließen sich später von Amerika beschützen. Die Spitze des wahabitischen Klerus rechtfertigte jede politische Verrenkung, die zum Machterhalt nötig war. Die Schmuserei mit den Machthabern glichen die Kleriker durch ultra-dogmatische Ansichten in sonstigen Bereichen aus. So verweigern sie bis heute den Frauen zahllose Rechte, außerdem schränken sie die Zahl der Besucher an den Gräbern des Propheten und seiner Frauen in Mekka stark ein, um »der Bilderverehrung keinen Vorschub zu leisten«. Mehrere Gräber wurden inzwischen aufgelassen, eines wurde sogar durch eine öffentliche Bedürfnisanstalt ersetzt. Kritik wütender Extremisten gab es daran nicht.

Die Religion ist das ideologische Rückgrat des Regimes, und sie durchdringt alle Bereiche. Madhawi al-Raschid, ein saudischer Historiker im Exil, beschreibt es so:

»Nichts demonstriert die völlige Fixierung der saudischen Gesellschaft auf den Islam besser als die Fernsehsendung *Fatwa live*. In dieser Show beantwortet ein Korankundiger Fragen des Publikums. Eine Frau will wissen, ob es noch als Menstruation gilt, wenn ihre Blutung drei Wochen lang anhält. (Hintergrund: Während der Menstruation darf sie nicht beten.) Ein Mann erkundigt sich, ob es in Ordnung sei, sich Geld zu leihen, um seiner Mutter eine Pilgerfahrt zu finanzieren. Ein Dritter fragt, ob Frauen hohe Absätze tragen dürften und Männer Diamantringe.«

In diesen Shows werden die immer gleichen Fragen endlos wiedergekäut, eine Weltreligion wird auf einen Satz trivialer Rituale reduziert.

Da der wahabitische Glaube das Maß aller Dinge ist, so al-Rashid, mussten die Widersprüche zwischen religiöser Lehre und staatlicher Politik natürlich irgendwann einmal aufbrechen. Eine Folge davon war al-Qaida, auch wenn es im wahabitischen Establishment massiven Widerstand gegen die Terrorgruppe gibt. In seinem Artikel »Der rasende Wolf und die eingegrabene Schlange« schrieb der Kleriker Khalid al-Ghannami, es gäbe unter Dschihadisten zwei

Lager: »Die einen morden lieber ganz offen, während die anderen es vorziehen, im Untergrund abzuwarten, bis es sicher ist, aus seinem Loch zu kommen.« Wie in China ist das Internet zu einem Ort hitziger Debatten geworden, wo das Prinzip des »unbedingten Gehorsams« gegenüber dem Herrscher jeden Tag unter Beschuss gerät. Manche wagen sogar zu schreiben: »Unser Ziel muss sein, die Wahabiten von der Halbinsel zu vertreiben.« Würde Washington das je zulassen?

Die massive US-Militärpräsenz im Königreich seit 1990 machte die Position des Herrscherhauses unangreifbar, trotz aller Unzufriedenheit. Die Ergebnis sah man dann am 11. September 2001. Am Tag nach den Anschlägen auf New York und Washington rief eine in London lebende Frau aus Saudi-Arabien ihre Schwester in Riad an. Ihre Nichte ging ans Telefon.

»Ist deine Mutter da?«

»Ja doch, liebste Tante. Ich hole sie gleich. Sonst hast du mir nichts zu sagen? Keine Glückwünsche für gestern?«

Die liebste Tante, die wohl schon zu lang im Ausland lebte, war entsetzt. Hätte sie aber nicht sein müssen. Die Begeisterung im Land durfte sich zwar nicht offen zeigen, reichte aber bis in höchste Ebenen. Bestürzt mussten US-Geheimdienste belauschen, wie Angehörige des Königshauses den jüngsten Streich bin Ladens bejubelten. Damit hatte kein amerikanischer Geheimdienst gerechnet.

Washington hatte es als zu selbstverständlich hingenommen, dass Saudi-Arabien sein ältester Alliierter in der arabischen Welt sei. Nach dem 11. September fielen die US-Medien und ihre weltweiten Ableger über die Familie Saud her. Verlage, die die Anschläge rasch versilbern wollten, brachten hastig schlechte Bücher mit noch schlechteren Titeln heraus – *Königreich des Hasses, Mit dem Teufel ins Bett* –, in denen aufs saudische Königshaus eingeprügelt wurde. Das kurzzeitige Saud-Bashing wirkte sich aber nicht längerfristigen auf die Politik aus; bald galt wieder: business as usual.[7]

Betrachtet man die Lage heute, könnte man meinen, nichts hätte sich geändert. Saudische Prinzen, ungewohnt, sich ihrer Denkapparate zu bedienen, konkurrieren miteinander, wer den ausländischen Konzernen mehr Schmiergelder abknöpfen kann. In der Wirtschaft haben allein die Royals und ihre Strohmänner etwas zu sagen. Das Geschäftsklima ist üblicherweise freundlich – und völlig korrupt. Die Saudis kaufen Waffen für Milliarden Dollar ein, wer würde den Prinzen da eine Vermittlungsgebühr von läppischen 20 Millionen verübeln? Gleichzeitig verbreiten westliche PR-Firmen die Verlautbarungen des Regimes. Vor fünf Jahren sah ich auf einem europäischen Flughafen dieselbe saudische Presseerklärung, von *The Guardian, El Pais, The International Herald Tribune, Le Monde* und *La Repubblica* unhinterfragt wiedergekäut: Terroristen gäben ihre Waffen ab, sagten sich von ihrer Vergangenheit los und machten in der Umerziehung große Fortschritte.

---

[7] Am 14. Februar 2005 fand sogar eine Wiederholung des Aktes statt, in dem 60 Jahre zuvor Roosevelt und Ibn Saud auf der *USS Quincy* ihren Vertrag besiegelt hatten, der dem ersten König Saudi-Arabiens und seiner Familie die Herrschaft auf unabsehbare Zeit sicherte. Der Übersetzer damals war Oberst William Eddy gewesen, ein hochrangiger Geheimdienstoffizier, der darüber hinaus noch einige andere Posten innehatte. Da der Originalschauplatz, der Suezkanal, während des »globalen Kriegs gegen den Terror« als zu unsicher betrachtet wurde, mussten die Enkel der zwei Staatsmänner und Eddys Neffe mit dem Ritz in Coconut Grove, Florida, vorliebnehmen.

Obama hält weiter seine schützende Hand über diesen reaktionären Sumpf. Wie seine Vorgänger schweigt er die undemokratischen Zustände in Saudi-Arabien einfach tot. Maximal regt er vielleicht mal freundlich an, man könne das Fahrverbot für Frauen doch ein wenig aufweichen. Wenn es im Land zu Aufständen käme, würden die USA zum Schutz der königlichen Familie intervenieren, daran darf es keinen ernsthaften Zweifel geben.

Nach Beginn des Arabischen Frühlings ist die Lage von Land zu Land völlig unterschiedlich – gestürzte Diktatoren in Ägypten, Libyen und Tunesien; eine (von den Saudis) erstickte Rebellion in Bahrain; anhaltende Machtkämpfe in Syrien; schwelender Unmut in Jordanien. Doch was sind die Gemeinsamkeiten, die übereinstimmenden Themen? Erstens: Die Bewegungen verfolgten ganz überwiegend politische Ziele. Die Rebellion entzündete sich zwar in Tunesien an sozialen Missständen, doch um die ging es nur am Rande. Darin liegt eine gewaltige Unwucht: Es gibt immensen sozialen Zündstoff, noch geht der Kampf aber vornehmlich um politische Freiheiten. Noch konzentrieren sich die Länder weitgehend auf sich selbst, es kam zu keinen nennenswerten antiamerikanischen oder antiisraelischen Demonstrationen. Die ägyptische Rebellenbewegung des 6. April formulierte ganz klar: »Weder mit Amerika noch gegen Amerika.« Nur eine winzige Minderheit kritisiert, dass der Militärrat den Vertrag von 1979 respektiert und in Gaza weiterhin mit Israel zusammenarbeitet. Dabei mag eine Rolle spielen, dass Widerstand gegen amerikanischen Imperialismus heute mit zwei Nationen assoziiert wird: mit Assads Syrien und dem Iran der Mullahs. Diese unterdrückerischen

Regimes bieten keinerlei verlockende Alternative. Auch ein gesamtarabisches Denken findet nicht statt, wie sich an den Konfliktfällen Libyen und Syrien gezeigt hat.

Die USA wurden von der rasanten Umwälzung völlig überrascht. Als Mubaraks Regime ins Wanken geriet, schafften sie es gerade noch, sich einen Platz an der Spitze der Bewegung zu sichern. Bisher gelang es ihnen, mit Hilfe des Militärrats ihre zentralen Interessen – Friede mit Israel, freier Zugang zum Suezkanal – zu schützen. Die Lage in Bahrain wurde stabilisiert, mit kosmetischen Zugeständnissen. Die libysche Revolte wird von der NATO gesteuert. Die Lage im Jemen ist noch im Fluss, der von Washington gestützte Saleh ist weg, wurde aber lediglich durch seinen langjährigen Stellvertreter ersetzt.

In Syrien steht das Militär noch loyal zum Regime Baschar al-Assads, der mit den Methoden seines Vaters weiter regiert: mit Folter und Mord. Despoten sind blind. Sie sehen einfach nicht, dass sie ihrem Volk das geben müssen, was es friedlich verlangt. Sonst verlangt es später die gleichen Dinge erneut, nur mit der Waffe in der Hand. Obama muss mit einer veränderten und weiter veränderlichen Lage im Mittelmeerraum zurechtkommen. Der Hauptgrund, warum man die prowestlichen Diktaturen in Ägypten und Tunesien – ebenso wie die dem Westen weniger freundlich gesinnten Regimes in Syrien und Algerien – gestützt hatte: Bei demokratischen Wahlen wären vermutlich islamische Parteien an die Macht gekommen. Genau das ist nun in Ägypten und Tunesien passiert. Allerdings sind die ägyptischen Muslimbrüder und die tunesische en-Nahda im Grunde konservative Parteien, die die zentralen amerikanischen Interessen vermutlich nicht gefährden. Doch für Israel ist das Leben schon ein wenig ungemütlicher geworden. Es muss sich erst noch zeigen, ob Tel Aviv den neuen Zustand akzeptiert oder die neuen Machthaber der Nachbarschaft provoziert.

Eine wichtige Triebfeder hinter der Revolte bestand darin, dass viele junge Menschen das Gefühl hatten, ihre Länder befänden sich in einer historischen Sackgasse und könnten erst Richtung Moderne aufbrechen, wenn die Diktatoren beseitigt wären. Doch der weltweite Aufwärtstrend nach 1990, der ohne die arabische Welt stattgefunden hatte, ist zum Stillstand gekommen. Der Westen leidet noch immer unter der Kernschmelze des Finanzsystems 2008, kämpft mit Schulden und Defizitkrisen. Die Bedingungen, unter denen der globale Aufschwung der 1990er-Jahre stattgefunden hatte, gelten nicht mehr. Ein demokratisches Arabien muss sich also einen eigenen Weg in die Moderne suchen. Zum alten Status quo führt kein Weg mehr zurück, selbst wenn keine weiteren Durchbrüche in Sachen Demokratie gelingen sollten. Dafür sind die Umwälzungen in Ägypten – das für die Region ein ähnliches Vorbild ist wie Frankreich 1848 für Europa – zu groß gewesen. Es steht zu hoffen, dass es den Ägyptern und Tunesiern gelingt, die Systeme Mubarak und Ben Ali mit Stumpf und Stiel auszureißen und die Diktatoren samt ihrer Handlanger vor Gericht zu bringen, damit sie sich ihren Verbrechen am Volk stellen. Wie in der EU üblich, sollten alle Verträge, die die nationale Souveränität beschneiden, nur nach Volksentscheiden ratifiziert werden. Man sollte auf alle Parteien, die sich zur Wahl stellen, maximalen Druck ausüben, sich für eine faire Lösung des Konflikts zwischen Israelis und Palästinensern einzusetzen. Die Rechte beider Völker müssen respektiert werden, keines darf privilegiert werden. Das heißt: entweder eine echte Zwei-Staaten-Lösung mit gleicher Souveränität, gleicher Staatsfläche und vergleichbaren Ressourcen oder ein gemeinsamer Staat mit säkularer Demokratie. Da Ersteres nun unmöglich ist, bleibt nur die zweite Lösung, egal wie utopisch sie heute scheint. Nur sie ist machbar und vernünftig. Doch die USA denken gar nicht daran, sie weiter zu verfolgen. Auch 2011 hat Obama Israel zwar – wie alle US-Präsidenten zuvor – zu einer friedlichen Einigung mit Palästina gedrängt, in den vergangenen Jahrzehnten haben die USA jedoch so fest zu Israel gehalten, dass selbst gemäßigte Forderungen chancenlos bleiben. Für die Heuchler in Tel Aviv ist es undenkbar, dass Israel sich hinter die Grenzen von 1967 zurückzieht, selbst wenn der Deal mit dem Angebot, die Bevölkerungen entsprechend umzusiedeln, versüßt würde. Der amtierende israelische Ministerpräsident Netanjahu wurde vom Kongress mit stehenden Ovationen geehrt – ein Tribut an die politische und finanzielle Macht des AIPAC. Obama wird daran nicht rütteln – es ist doch Wahlkampf, oder?

Die Völker Arabiens wollen eine Region ohne Despoten und Sultane – ein Szenario, das der Sheriff in Washington fürchtet.

Die verheerende Niederlage der Demokraten bei den Wahlen zur Mitte der Legislaturperiode überraschte niemanden. Was für ein seltsames Schauspiel Obama bietet! Von Rivalen gelobt – kürzlich pries George W. Bush in seinen Memoiren Obamas Charisma und Politik –, doch von der Wählerschaft verlassen. Vielleicht besteht ja ein Zusammenhang. Seine Wirtschafts- und Außenpolitik mag zwar George W. Bush gefallen, bei demokratischen Wählern kommt sie jedoch nicht gut an. Viele, die 2008 für Obama gestimmt hatten, blieben jetzt zu Hause. Erwartungsgemäß sank die Wahlbeteiligung von Jugendlichen (von 18 auf 11 Prozent), Schwarzen (von 13 auf 10 Prozent) und Geringverdienern am stärksten. Doch insgesamt erreichte die Beteiligung mit 37,3 Prozent aller Menschen im wahlberechtigten Alter – darunter Millionen Häftlinge und anderweitig Entrechtete – durchaus kein historisches Tief. Nach dem überwältigenden Sieg der Republikaner gehört Obama jetzt zu den wenigen Regierungschefs, denen das Wahlvolk wegen der Wirtschaftskrise einen Denkzettel verpasst hat. Bis dahin hatten sich die politischen Nachwirkungen der Kernschmelze in der Wall Street und der folgenden Wirtschaftskrise noch in Grenzen gehalten – wobei man sagen könnte, der Fall Lehmans im September 2008 habe zu Obamas Wahl beigetragen. Jetzt sind die Flitterwochen endgültig vorbei. Symbolisch dafür steht die Tatsache, dass die Demokraten nicht einmal den Senatssitz für Illinois gewinnen konnten, den Obama nach seiner Wahl zum Präsidenten geräumt hatte. Drei Mal war Obama im Wahlkampf nach Chicago gereist, Michelle Obama war nach Milwaukee und Chicago gekommen und als Hauptattraktion bei der Wahlspendenparty für den demokratischen Kandidaten Giannoulias aufgetreten. Präsident und First Lady erschienen auch in der Wahlwerbung des Kandidaten. Am Wahltag selbst gab Obama zwei Chicagoer Radiosendern mit schwarzer Hörerschaft Interviews, in denen er zum Wählen aufrief. All das fruchtete nichts, aus offenkundigen Gründen. Der Präsident bleibt zwar ein hervorragender Spendensammler, doch was nutzt all das Geld, wenn man seine Leute nicht mehr an die Urnen locken kann?

Obamas Anhänger knabbern schwer an der Niederlage. Sie hoffen auf ein triumphales Comeback 2012 und eine sozialere Politik in der zweiten Amtszeit. Sie warten noch immer auf eine Wiederkehr des Barack Obama ihrer Träume. Man kann nur hoffen, dass die Niederlage bei den Wahlen 2010 mit dem in Europa noch weit verbreiteten Mythos aufräumt, Obama sei ein zweiter Franklin Delano Roosevelt, der daheim gegen die Hoovers und weltweit für die Werte des New Deal kämpft. Der allergrößte Teil des amerikanischen Rettungsgeldes ging an den Finanzsektor, die makroökonomische Politik ist rein außenpolitisch orientiert und zielt auf eine Abwertung des Dollars und den »Export amerikanischer Probleme ins Ausland«. Doch selbst der gelingt nur, wenn das Lohnniveau sinkt und die Produktivität steigt. Paul Krugman wies darauf hin, dass das 800-Milliarden-Dollar Konjunkturprogramm von 2009 lediglich ausglich, was durch Kürzungen auf staatlicher und lokaler Ebene an anderer Stelle wegfiel. Außerdem, kritisierte der Spekulant George Soros, fördere das Programm den Konsum, anstatt wie im New Deal durch Infrastrukturprojekte neue Arbeitsplätze zu schaffen. Mit welchen Taktiken – mit Duldung, Gegengeschäften, gegenseitiger Blockade oder öffentlichen Vorwürfen – auch immer Präsident und Kongress zukünftig um ihre Pläne kämpfen, wahrscheinlich werden zukünftige Maßnahmen zur Defizitsenkung aus dem gleichen überparteilichen Stoff gemacht sein wie Geithners Politik: Das Pensionsalter wird angehoben, staatliche Beihilfen werden gekürzt.

Dabei lässt sich recht leicht verstehen, was passiert ist. Obamas wirtschaftspolitische Bilanz spricht für sich. Ironischerweise führte der unbedingte Wunsch Obamas, nicht zu enden wie Clinton mit seiner Gesundheitsreform 1992–1994, zu einer noch schlimmeren Wahlschlappe, als Clintons Demokraten sie 1994 erlebt hatten. Obama verschleuderte sein politisches Kapital von 2008 mit einer von Versicherungs- und Pharmakonzernen formulierten Gesundheitsreform, während gleichzeitig die Zahl der Arbeitslosen und der Zwangsversteigerungen in die Höhe schoss. Nach dem Verlust Massachusetts' 2010 war Obama kurz so geschockt, dass er Volcker anwies, »die Banken hart anzufassen«. Goldman Sachs drohte er, er sei bereit zum Kampf. Doch der Effekt hielt keine zwei Wochen an; sein Gesetz zur Kontrolle des Finanzsektors ist eine einzige Ansammlung von Schlupflöchern.

Dem Präsidenten fiel wahrscheinlich ein Stein vom Herzen. Endlich brauchte er nach den desaströsen Zwischenwahlen keine Ausrede mehr, wenn er sich verhielt wie ein Republikaner. Endlich musste er nicht mehr um den heißen Brei herumreden. Der Chicagoer Machtapparat konnte anfangen, das Land so zu regieren, wie er seine Stadt regiert hatte. In Washington ging ohne Republikaner gar nichts mehr. Dieser »zentristische« Ansatz passte Obama und seinen Medien-Höflingen prima in den Kram. Obama durfte sich als Präsident der Versöhnung und des Ausgleichs präsentieren – und die gleiche Politik fortführen, die er auch mit Mehrheiten in beiden Kammern schon gemacht hatte. Im Vergleich zu den teilweise widersprüchlichen Zielen der Tea Party wirkte Obamas Politik geradezu vorbildlich stimmig. Gott sei Dank saß er im Weißen Haus und hielt die Barbaren draußen. Und sollte er einen neuen Krieg anzetteln, dann würde er das wenigstens ohne großes Tamtam und Geprahle machen, wie Rachel Maddow am 21. März 2011 dankbar auf CNBC feststellte: »Er spart sich das Posieren, das Obermacker-Gehabe, das früher bei jeder militärischen Intervention unvermeidlich war. Daran zeigt sich deutlich, wie sehr Obama sich von Bush unterscheidet.« Mit diesem Urteil stand sie nicht allein. Wie bereits erwähnt, brauchen die Höflinge daheim und die Vasallen im Ausland eine kuschelige Atmosphäre. Sie schätzen Obama als moderat klingenden Republikaner, auch wenn er eine deutlich unsozialere Politik macht als früher etwa Nixon.

Und da Krieg für die linken Demokraten jetzt schon akzeptabel war, warum sollten sie sich dann über die Beibehaltung der Bush'schen Steuererleichterungen für die Reichen beschweren? Hier verkalkulierte Obama sich allerdings ein wenig. Ein paar »scheinheilige Demokraten«, wie Obama sie nannte, regten sich öffentlich darüber auf, dass die Reichen regelmäßig belohnt und die Armen regelmäßig bestraft würden. Wer waren diese »Scheinheiligen«? Eine Handvoll Demokraten mit intakten Idealen; Abgeordnete, die eine düstere Zukunft fürchteten, wenn man die weniger Begüterten nicht zumindest mit Gesten oder kosmetischen Maßnahmen ruhig stellte. Schließlich, argumentierten sie, müsse etwas faul sein in einem Land, wo ein Hedgefondsmanager mit Milliardenvermögen einen niedrigeren Steuersatz bezahlt als seine Sekretärin. Die Einkommensschere öffnete sich immer weiter und machte das, was einst »amerikanischer Traum« genannt wurde, zum reinen Hohn. Doch die sozialeren Teile der Demokraten wagten nicht aufzumucken: Angesichts der wachsenden Popularität der Tea Party und des zunehmenden Populismus der Rechten glaubten sie, es bliebe ihnen nichts anderes übrig, als Obama vorbehaltlos zu unterstützen. Interessanterweise sah Obama die Tea Party differenzierter als viele seiner hysterischen Gefolgsleute. Gegenüber dem *Rolling Stone* erklärte er:

> Ich halte die Tea Party für ein Amalgam, ein Gemisch von vielen verschiedenen, schon lange bekannten Strömungen amerikanischer Politik. Klar gibt es in der Tea Party entschlossene Liberalisten, die grundsätzlich nichts von Staatseingriffen in Markt oder Gesellschaft halten. Dann gibt es die sozial Konservativen, die mich aus den gleichen Gründen ablehnen, aus denen sie Bill Clinton abgelehnt hatten: Weil ich zu sozial und zu fortschrittlich denke. Und dann gibt es noch die Wutbürger aus der Mittel- und Arbeiterschicht, die sich von der Klientelpolitik in Washington verschaukelt sehen. Doch ihr Zorn richtet sich gegen die falschen.
>
> Einige Aspekte der Tea Party sind allerdings bedenklich, wie etwa ihre feindliche Haltung gegenüber Immigranten. Einige ärgern sich auch darüber, was ich als Präsident repräsentiere. Die Tea Party als Bewegung lässt sich also kaum auf einen Nenner bringen. Ich glaube, sie noch dabei, sich zu definieren.

Jetzt nicht mehr. Von der liberalistischen Fraktion um Ron und Rand Paul einmal abgesehen, scheint die Tea Party mittlerweile abgewirtschaftet. Viele Anhänger, die sich über die Bankenrettung und die Korruption der Politik durch das Großkapital aufregt hatten, zogen sich frustriert wieder zurück, als sie merkten, dass sie nichts erreichten. Einige Abgeordnete der Tea Party haben sich als derartig dumm und unfähig erwiesen, dass der verbliebene Rest nun von Partei-Apparatschiks in Schach gehalten wird, die nur noch Sarah Palins Nominierung als Präsidentschaftskandidatin verhindern wollen. Die Bush-Republikaner geben wieder den Ton an, unterstützen Obama in den (für sie) wichtigen Vorhaben und verspotten ihn für seine Weichherzigkeit gegenüber Armen und Arbeitern.

In Wisconsin legten die Republikaner noch eines drauf. Im Dezember 2010 gewannen sie die dortigen Gouverneurswahlen – nicht zuletzt, weil viele linke Wähler zu Hause geblieben waren, um Obama für die hohe Arbeitslosigkeit zu bestrafen; die Wahlbeteiligung lag bei gerade einmal 28 Prozent. Scott Walker, der neue Gouverneur, erklärte, er befinde sich in täglichem Zwiegespräch mit ganz oben. Damit meinte er allerdings nicht Gott, sondern die Heritage Foundation und andere ultrarechte Denkfabriken. Die posaunen schon seit längerer Zeit herum, dass die Gewerkschaften des öffentlichen Dienstes eine Bedrohung für die Freiheit darstellten (in der Privatwirtschaft sind aufgrund von De-Industrialisierung und Neoliberalismus inzwischen nur noch acht Prozent der Beschäftigten gewerkschaftlich organisiert). Walker ging in die Offensive und legte einen Gesetzesentwurf vor, der kollektive Tarifverhandlungen abgeschafft und die Gewerkschaften neutralisiert hätte. Doch damit löste er unbeabsichtigt einen Klassenkampf aus: 100 000 Angestellte im öffentlichen Dienst und Studenten gingen, von den Protesten in Kairo inspiriert, in Madison auf die Straße. Sie besetzten das Kapitol, belagerten den Senat und verlangten die Abschaffung der Anti-Gewerkschafts-Gesetze. Der Rest des Landes staunte. Dennoch nützten die Proteste nichts. Der Vergleich mit Kairo war zwar naheliegend, hinkte aber. Auch wenn die Massen wütend waren, liefen ohne Unterstützung aus der Politik ihre Proteste ins Leere. Die Unschuld einer spontanen Bewegung wurde von Bürohengsten verdorben, die in einer primitiven Reaktion versuchten, die Demonstrierer in die traditionelle Mainstream-Politik einzubinden. Das Ergebnis: bedingungslose Kapitulation der Gewerkschaftsführer. Unfähig, sich von der hündischen Verbundenheit mit den Demokraten zu lösen, leckten sie die Hand, die sie schlug. Obama selbst hatte den Lehrergewerkschaften den Krieg erklärt, indem er Bundeshilfen nur an diejenigen Staaten auszahlte, die Anti-Gewerkschafts-Gesetze erließen. Wenige Wochen später reagierte die Lehrergewerkschaft damit, dass sie Obama für 2012 Unterstützung zusagte. Kompromisse dieser Art finden sich in der Geschichte fast aller amerikanischen Gewerkschaften über die letzten 50 Jahre.

Walker war kein einsamer Pionier, denn schon kurze Zeit später ahmten ihn republikanische *caudillos* anderer Staaten nach, zum Beispiel Gouverneur Rick Snyder im benachbarten Michigan. Ihre demokratischen Kollegen, darunter Jerry Brown in Kalifornien und Andrew Cuomo in New York, nutzten die republikanischen Gesetze, um selbst Kürzungen durchzudrücken. Wenn die Angestellten des öffentlichen Dienstes nicht kuschten, drohten die Gouverneure mit Massenentlassungen. In der arabischen Welt hatten die verzweifelten und geknechteten Menschen ihre Häupter erhoben und todesmutig gekämpft, weil sie nicht mehr an die Allmacht ihrer Unterdrücker glaubten. Auch in Wisconsin erhoben sich Häupter, doch die Bewegung, die eine echte Antwort auf die Bedürfnisse der meisten Bürger hätte sein können, versandete, weil sie sich einer Tatsache nicht stellte: dass die Demokraten aufseiten ihrer Gegner standen. Nun ist die Unternehmerfreundlichkeit der Demokraten zwar altbekannt, aber aktuell ist die soziale Krise so schwer und der Kapitalismus so arrogant, dass die Menschen nach einer Alternative suchen, die jedoch selbst die progressivsten Demokraten nicht bieten können. Ein Systemwandel übersteigt schlicht ihre Vorstellungskraft. Paul Krugman hatte schon recht, als er in der *New York Times* schrieb: »Mr. Walker und seine Unterstützer versuchen, Wisconsin – und letztlich ganz Amerika – von einer funktionierenden Demokratie zu einer Oligarchie im Stile der Dritten Welt zu machen. Jeder Amerikaner, der glaubt, wir bräuchten ein Gegengewicht zur politischen Macht des großen Geldes, sollte sich auf die Seite der Demonstranten schlagen.« Das Problem besteht darin, dass beide politischen Parteien von ungezügeltem Kapitalismus beherrscht werden. Er dominiert sie und fürchtet keine Alternative, weil es – nach Auffassung fast aller Amerikaner – keine gibt.

Die Amerikaner haben sich schon von vielen Illusionen verabschiedet, doch das Prinzip, »für das kleinere Übel« zu stimmen, hält sich bei der progressiven Linken hartnäckig, trotz den gebrochenen Versprechen, insbesondere in Sachen Bürgerrechte. Viele Wähler hatten ja gehofft, Obama würde einige der krasseren Maßnahmen Bushs rückgängig machen. Doch genau das Gegenteil passiert, wie die WikiLeaks-Affäre im Mai 2010 zeigte. Das Militär glaubte, der Irakveteran Private Bradley Manning hätte WikiLeaks brisante Dokumente zugespielt, und drehte ihn durch die Mangel. Und Obama? Brach er eine Lanze für die Meinungsfreiheit? Nein, er beschuldigte Manning öffentlich eines Verbrechens – ohne Beweise und ohne Prozess. Da Manning des Hochverrats angeklagt ist, wäre es nur logisch, ihn hinzurichten oder so irre zu machen, dass er den Tod herbeisehnt. Dick Cheney zeigt sich vom Eifer des neuen Sheriffs beeindruckt: »Ich glaube, er hat gelernt, dass unsere Reaktion viel angemessener war, als er uns im Wahlkampf je zugestanden hat. Ich glaube, er hat aus Erfahrung gelernt. Er hat auch daraus gelernt, dass die demokratischen Wählern bei den Wahlen in Scharen daheim geblieben sind.«

Dabei hatte Obama kurz nach der Wahl die Whistleblower noch gepriesen: Zuträger und Tippgeber seien »oft genug die wichtigste Informationsquelle über Verschwendung, Betrug und Missbrauch im Staat«. Als hätte der Fall Manning noch nicht gereicht, ließ der Präsident nun auch Thomas Drake, einen hochrangigen Beamten im Geheimdienst NSA (und eingeschriebenes Mitglied der Republikaner) als »Staatsfeind« anklagen. Jane Mayer prangerte die Dämonisierung Drakes an und staunte im *New Yorker*: »Die Regierung Obama geht überraschend rigoros gegen Tippgeber vor. Inklusive des Falls Drake beruft sie sich in nunmehr fünf Fällen von angeblichem Geheimnisverrat auf das Anti-Spionage-Gesetz und fordert hohe Strafen. Das sind mehr Fälle als in der gesamten amerikanischen Geschichte zusammen.« Den Fall Drake hat Obama noch von Bush geerbt. Mayer zitierte in ihrem Artikel Gabriel Schoenfeld, einen konservativen Politikwissenschaftler am Hudson Institute: »Er plädierte 2010 in seinem Buch *Necessary Secrets* für einen besseren Schutz geheimer Informationen. Er schrieb: ›Ironischerweise geht Obama drakonischer gegen Geheimnisverräter vor als sonst irgendjemand in unserer Geschichte, selbst als Nixon.‹«[8]

---

[8] Jane Mayer: »The Secret Sharer. Is Thomas Drake an Enemy of the State«, *New Yorker*, 23. Mai 2011. Sie erläutert, dass die NSA »drei Mal so groß ist wie die CIA. Sie bekommt ein Drittel des gesamten amerikanischen Geheimdienst-Budgets und verfügt in Fort Meade über ein 20-Quadratkilometer-Gelände, das mit Iris-Scannern und Gesichtserkennungssoftware geschützt wird. Es heißt, ihre Stromrechnung betrage mehr als 70 Millionen Dollar im Jahr.«

Was war Drakes »Verbrechen«? Er hatte keine militärischen Geheimnisse an feindliche Mächte verkauft, sondern einem Journalisten der *Baltimore Sun* von der allgegenwärtigen Verschwendung, von Betrug und Machtmissbrauch in der NSA erzählt. Der machte daraus eine höchst informative und interessante Artikelserie. Diesen Dienst an der Öffentlichkeit stufte das Establishment als Hochverrat ein. Drake musste bestraft werden, zur Abschreckung anderer. Darin zeigt sich die ewig gleiche Denkweise des Überwachungsstaats. Auch wenn das Personal ausgewechselt wurde, die politische Physiognomie der Republik nach dem 11. September bleibt die Gleiche. Das macht die Leute so verbittert. Thomas Drake hatte sich von Obama Besseres erwartet, ebenso wie viele andere, die eine Aufhebung des Patriot Act erhofften, den Bush nach dem 11. September 2011 so mühelos durchbekommen hatte. Nichts da. Im Mai 2011 verlängerte Obama den Patriot Act um weitere vier Jahre.

Wie enttäuscht ehemalige Obama-Fans von ihrem Präsidenten mittlerweile sind, zeigt sich exemplarisch an Cornel West, einem bekannten afroamerikanischen Professor in Princeton. West hatte im Wahlkampf laut für Obama getrommelt und sich mit ihm über den Sieg gefreut (sich aber später darüber geärgert, nicht zur Amtseinführungsfeier eingeladen worden zu sein). Zwei Jahre beobachtete West den neuen Präsidenten, dann platzte ihm der Kragen. Im Mai 2011 brach er öffentlich mit Obama. West erklärte, er wisse gar nicht mehr, warum Obama überhaupt regieren wolle. Vielleicht aus reiner Machtlust; Obama scheine von einem einzigen Gedanken besessen zu sein: zu herrschen, und zwar über zwei Amtsperioden. Der heitere, sonnige Nachmittag, den viele Amerikaner nach seinem Sieg erwartet hatten, würde nie kommen. West begründete seine Kritik stichhaltig, aber natürlich war er auch naiv gewesen, Obamas Wahlversprechen für bare Münze zu nehmen. Wie konnte er nur glauben, Obamas Financiers von der Wall Street würden später kein gewaltiges Wort mitreden? Cornel West ist, wie viele andere Linke, auch deswegen so wütend (auf sich selbst), weil er sich Illusionen gemacht hatte und nun betrogen sah:

> Stellen Sie sich vor, Obama hätte als Präsident das amerikanische Volk darüber aufgeklärt, wie die Finanzkatastrophe passieren konnte und welche Gier am Werk gewesen war. Stellen Sie sich vor, er hätte uns erläutert, welche Haftungsregeln das Land brauchte. Stellen Sie sich vor, er hätte die Hypothekenschuldner gerettet statt die Investmentbanken. Stellen Sie sich vor, er hätte ein massives Arbeitsbeschaffungsprogramm beschlossen. Dann hätte der dem rechten Populismus der Tea Party den Wind aus den Segeln genommen. Die Tea-Party-Anhänger haben recht, wenn sie die Regierung als korrupt bezeichnen. Denn sie ist korrupt. Konzerne und Banken haben die Regierung gekapert und völlig korrumpiert.

Noch harscher ging die afroamerikanische Rechtswissenschaftlerin Michelle Alexander mit dem Präsidentenduo Bush und Obama ins Gericht. Sie räumte mit den Illusionen von der Farbenblindheit der amerikanischen Gesellschaft auf und sagte, für Selbstzufriedenheit gebe es angesichts der geradezu skandalösen Anzahl schwarzer Häftlinge nicht den geringsten Anlass. Ein farbiger Präsident – »da staunen wir alle, wie weit wir es gebracht haben. Doch aktuelle Zahlen zeigen, dass es für Schwarze kaum mehr vorangeht«. Trotz »affirmative action«, der Aktion gegen Diskriminierung von

Minderheitsgruppen, »lebt fast ein Viertel aller Afroamerikaner unterhalb der Armutsgrenze, genau wie 1968.« Die Kinderarmut liege sogar noch höher als vor 40 Jahren, und die Arbeitslosenquote schwarzer Bürger lasse sich mit der afrikanischer Staaten vergleichen. Die wirklich schockierende Zahl ist aber die: Im Jahr 2011 saßen so viele Schwarze im Gefängnis, wie 1850, vor dem Bürgerkrieg, als Sklaven lebten.«[9] Derweil predigt Obama fröhlich weiter, dass die Schwarzen endlich Verantwortung für sich selbst übernehmen müssten. Er klagt: »Zu viele Väter fehlen, in zu vielen Leben und zu vielen Haushalten … haben sich davongeschlichen … sich ihrer Verantwortung entzogen … sich wie Jungs statt wie Männer benommen.« Doch er fragt nie nach den Gründen. Wo sind die Väter denn? Sitzen sie aus eigener Schuld im Gefängnis oder hat sie – Gott bewahre! – das System dorthin gebracht? Mit einem gezielten Kesseltreiben, das sich der Drogengesetze als Vorwand bedient, um Hunderttausende Schwarzer einzusperren. Hat das Ganze vielleicht sogar mit der Arbeitslosigkeit zu tun, die wegen der rigiden Wirtschaftspolitik Obamas weiter ansteigt?

Cornel West findet, es könne so lange keine Fortschritte geben, bis diese unbequeme Wahrheit endlich bei den Menschen angekommen ist:

> Der Mainstream lügt wie gedruckt. Die massive Benachteiligung geht unter den Demokraten unverändert weiter. Man darf der Demokratischen Partei jetzt keine Feigheit vor dem Feind und keine Rückratlosigkeit mehr vorwerfen. Nein, inzwischen ist klar: Die Demokratische Partei trägt für einige der schlimmsten

---

[9] Michelle Alexander: *The New Jim Crow. Mass Incarceration in the Age of Colorblindness*, New York, 2010.

Auswüchse im amerikanischen Reich die volle Verantwortung. Ich glaube, ich darf niemandem mehr guten Gewissens empfehlen, für Obama zu stimmen... Wir müssen ernsthaft über unabhängige Kandidaten, dritte Gruppierungen, dritte Parteien nachdenken.[10]

Was West sagt, stimmt zweifellos. Nur ist sein Rezept realistisch? George W. Bush regierte zwei volle Amtszeiten, völlig unbeeindruckt von den Buhrufen seiner Gegner. Danach sehnten sich viele Demokraten nach Frieden. Sie hofften, ihr neuer Anführer würde dem Land seine Kriegslüsternheit und seine Geldgier austreiben. Auch die ultrarechten Medien glaubten (oder hofften), das könnte der Fall sein, und malten den Untergang in düstersten Farben.

Obama widerlegte sie alle. Seine Anhänger bevormundete er wie kleine Kinder. Er kannte ihre Schwächen, vor allem aber wusste er, dass sie keine Alternative hatten. Dieser unselige Zustand hält in den Vereinigten Staaten schon viel zu lang an. Aufgrund der Schwierigkeiten der Republikaner, einen glaubwürdigen Kandidaten zu ermitteln, könnte Obama 2012 sogar wiedergewählt werden. Seine gefährlichsten Widersacher sind momentan nicht die Republikaner, sondern die prekäre Wirtschaftslage und die turbulenten Entwicklungen in der arabischen Welt.

Wie steht das Imperium momentan da? Es ist gewalttätig, aggressiv, verunsichert und zunehmend undemokratisch. Wie lange kann die Großmachtpolitik noch weitergehen? So lange, wie amerikanische Bürger die in ihrem

---

[10] Chris Hedges: »The Obama Deception. Why Cornel West Went Ballistic«, TruthDig, 16. Mai 2011.

Namen begangenen Verbrechen ignorieren oder gar bejubeln. Doch das könnte abrupt umschlagen. Warum sollte die amerikanische Geschichte statischer verlaufen als die arabische? Lange galt ja gerade die arabische Welt als Hort der Stabilität. Man darf also mit – gelegentlich unangenehmen – Überraschungen rechnen. Die Republik muss aus ihrer Selbstgefälligkeit gerissen werden, und zwar von ihren eigenen Bürgern.

Was wäre die Folge? Sicher eine Außenpolitik, bei der das Töten von Muslimen nicht mehr als unerlässlich für die nationale Sicherheit gilt. Noch regen sich viele Amerikaner nicht über die Toten im Irak, in Afghanistan und Pakistan auf, ebenso wenig über die Wildwest-Methoden, mit denen sie ermordet wurden. Der Linken ist lieber, wenn ein Demokrat das erledigt. Ansonsten passt schon alles. Nicht aber an der Heimatfront. Der parteienübergreifende Konsens, das bestehende Finanzsystem zu stützen, könnte die Menschen in die Rebellion treiben.

In den letzten Jahren hat sich die Schere zwischen den Reichen, den Wohlhabenden, den Armen und den Ärmsten weit geöffnet. Die Medienkonzerne verbreiten das Bild, die Mehrheit der Menschen lehne Steuern grundsätzlich ab und Steuererhöhungen erst recht. Doch das stimmt so nicht, wie Jacob Hacker und Paul Pierson kürzlich nachwiesen: 1939, bevor der Zweite Weltkrieg die Weltwirtschaftskrise beendete, fanden 35 Prozent aller Amerikaner »die Regierung soll umverteilen, indem es die Reichen hoch besteuert«. Im Jahr 1998 stimmten schon 45 Prozent dieser Aussage zu und im Jahr 2007 bemerkenswerte 56 Prozent. Doch eine Steuerprogression – das heißt, höhere Steuersätze für Reiche – ist für beide Parteien völlig undenkbar.

Schließlich brauchen sie doch ihre Spender von der Wall Street. Deswegen verteidigen beide Parteien die Privilegien der Superreichen und schaffen ihnen eigene Steuerschlupflöcher, wie etwa das, dass auf Kapitaleinkünfte nur 15 Prozent Steuern fällig werden. Folglich »verdienten im Jahr 2006 die 25 Manager der größten Hedgefonds im Schnitt 600 Millionen Dollar. James Simons schnitt am besten ab und scheffelte 1,7 Milliarden Dollar [1,3 Milliarden Euro]. Es besteht keinerlei Zweifel daran, dass die amerikanische Steuerpolitik die Hyperungleichheit im Land noch verstärkt hat.« In Sachen Ungleichheit liegen die USA damit auf einer Stufe mit Uganda.[11]

Das kapitalistische Finanzsystem beherrscht die Politik des Landes und unterminiert den verbleibenden Politikbetrieb, den es als Deckmäntelchen braucht, den es aber im Grunde am liebsten entsorgen würde. Sollte dieses System je ernsthaft infrage gestellt werden, würde es vermutlich nicht zögern, die Demokratie weiter einzuschränken. All die aktuell gültigen Gesetze und Dekrete des Präsidenten zur »Terrorbekämpfung« könnten so abgeändert werden, dass sie auch auf »ökonomische Terroristen« anwendbar sind, das heißt auf Leute, die die Berechtigung des kapitalistischen Systems anzweifeln und so die Demokratie der Reichen gefährden, in der das Recht auf Profit ganz oben auf der Menschenrechtsliste steht. Es bräuchte schon einen gewaltigen Aufruhr von unten, bevor das amerikanische Wirtschaftssystem sich ändert. Von selbst wird das nicht geschehen, wie Bertolt Brecht schon vor langer Zeit erkannte:

---

[11] J. S. Hacker/ P. Pierson: *Winner-Take-All Politics*, New York, 2010.

Da sind die Unbedenklichen, die niemals zweifeln.
Ihre Verdauung ist glänzend, ihr Urteil ist unfehlbar.
Sie glauben nicht den Fakten, sie glauben nur sich,
Im Notfall
Müssen die Fakten d'ran glauben.
Ihre Geduld mit sich selber
Ist unbegrenzt, auf Argumente
Hören sie mit dem Ohr des Spitzels. [12]

---

[12] Passage aus Bertolt Brechts Lehrgedicht »Lob des Zweifels«, in: *Große kommentierte Berliner und Frankfurter Ausgabe*, 1988–2000, Band 11, Suhrkamp.

ANHANG I

Briefe aus der Notaufnahme
von Dr. Teri Reynolds

Ich bin in einem Wohnwagenpark in Texas aufgewachsen und glaubte deshalb durchaus etwas von schlechter medizinischer Versorgung und vielleicht sogar von Armut zu wissen. Bis ich in einer Notaufnahme in Oakland zu arbeiten begann. Die Notaufnahme meines staatlichen Krankenhauses behandelt im Jahr etwa 75 000 Patienten, also 200 am Tag. Es gibt 43 Betten, wegen der Überbelegung stehen Extrabetten in den Gängen, die irgendwann zu offiziellen Behandlungsräumen erklärt wurden. Erst Gang 1, dann ein Jahr später Gang 2, und jetzt noch Gang 3. Nachts tun üblicherweise ein Oberarzt, zwei Assistenzärzte, zwei Praktikanten und etwa zehn Schwestern Dienst. Von vormittags bis etwa zwei Uhr nachts, den betriebsamsten Stunden, arbeiten zwei Oberärzte.

In staatliche Krankenhäuser wie unseres kommen hauptsächlich Leute ohne Krankenversicherung. Auch Ältere und Behinderte mit Anrecht auf Medicare und Medicaid könnten zu uns, meistens gehen sie aber woanders hin. Nur wer keine Versicherung, kein Geld und keine Alternative hat, landet bei uns. Unsere Hauptaufgabe ist die Erstversorgung.

Manche Patienten segnen mich, weil ich mir Zeit für sie nehme – nachdem sie 18 Stunden gewartet haben, um sich ein Rezept erneuern zu lassen. Ein anderer grüßt mich regelmäßig mit: »He, Schlampe, bring mir ein Sandwich!« Ich hatte einen Patienten, der seine private Krankenversicherung verschwieg, um weiter in »sein« Krankenhaus gehen zu dürfen, in dem er auch geboren worden war. Doch die meisten unserer Patienten haben das Gefühl, ganz unten angelangt zu sein, wenn sie sich keine andere Behandlung mehr leisten können.

Rund 47 Prozent unserer Patienten sind Afroamerikaner, 32 Prozent Hispanics. Regelmäßig brauchen wir telefonische Übersetzerdienste für Mongolisch und Eritreisch. Wir sehen auch viele Patienten, die eigentlich zum Mittelstand gehörten, aber aus dem System fielen, als sie ihren Job verloren. Bei den meisten Amerikanern ist die Krankenversicherung an einen Job gebunden, ihren eigenen oder den eines Familienmitglieds. Nicht selten geben die Menschen als Hauptgrund für den Besuch des Krankenhauses an: »Versicherung verloren«, »Kaiser verloren« (Kaiser ist der größte Gesundheitskonzern Kaliforniens), »Lost to Follow-Up« oder schlicht »Lost«. Doch wir wissen alle, was gemeint ist. Jede Woche bekommen wir Patienten mit unbehandelten chronischen Leiden, die sagen: »Alles war prima, bis ich meinen Job verlor und keine Medikamente mehr bekam.«

Einige Patienten sind tatsächlich Notfälle – jedes Jahr versorgen wir etwa 2500 schwere Traumata: Schuss- und Stichwunden, Sturzverletzungen, Folgen von Autounfällen und Überfällen. Oft sind dabei Alkohol und Drogen im Spiel. Im Jahr 2008 geschahen allein in Oakland 124 Morde, fast alle mit Schusswaffen. Die meisten Opfer waren schon vorher mit Gewalt in Berührung gekommen. Ständig landen Teenager mit Schussverletzungen in der Notaufnahme, ihre Arme sind voller Gang-Tätowierungen. Bei der Anlieferung fluchen, brüllen und schlagen sie um sich. Erst am nächsten Tag entpuppen sie sich als die Kinder, die sie noch sind, kleinlaut neben ihren am Bett sitzenden Müttern. Wir sehen auch die Zufallsopfer: Schüler, die auf dem Nachhauseweg angeschossen wurden, den alten Chinesen, der beim Zeitungholen von einer verirrten Kugel getroffen wurde, die Mutter, die sich schützend vor ihren Sohn stellte und erschossen wurde. Der Junge gab der Polizei gegenüber an, er haben den Schützen nicht gekannt, doch am nächsten Tag hörte eine Krankenschwester, wie er seine »Jungs« zur Vergeltung anstachelte. Gewalttaten wie diese verwandeln Opfer zu Tätern. Meine erste »Todesnachricht« als Assistenzärztin musste ich einer Mutter von drei Söhnen überbringen. Sie hatte ihre zwei Ältesten drei Monate an die Ostküste geschickt, damit sich eine »Krise in der Nachbarschaft« ein wenig abkühlte. Keine 24 Stunden nach ihrer Rückkehr wurden die zwei Brüder auf offener Straße erschossen. Ein dritter Bruder, gerade 18-jährig, bekam einen Schuss in die Lunge, überlebte aber. Bei seiner letzten Nachsorgeuntersuchung wurde er wegen Verdachts auf klinische Depression an die Sozialdienste verwiesen – dabei gab es zu jenem Zeitpunkt keinerlei ambulante Betreuungsmöglichkeiten.

Drogen und Alkohol erhöhen in vielen Bereichen die Risiken und werden in allen Schichten konsumiert. Doch Kokain spielt in unserer Stadt eine ganz besondere Rolle. Durch das Rauchen von Crack werden derart oft Asthma-Komplikationen ausgelöst, dass wir schon von »Crasthma« sprechen. Anfangs waren die Ärzte der Notaufnahme überrascht, als ein paar ältere Damen mit Brustschmerzen positiv auf Kokain getestet wurden. Es stellte sich heraus, dass sie aus Südostasien stammten und gerne ab und zu mal in geselliger Runde Opium rauchten. Als ihre Familien nach Oakland umzogen, stiegen sie auf Crack um, das aber viel schädlicher fürs Herz ist. Kürzlich sah ich eine 55-jährige Frau, deren Familie sie mitten in der Nacht auf dem Boden aufgefunden hatte. Ihr CT-Scan zeigte eine große Einblutung im Gehirn. Nach Jahren der Planung hatte sie endlich den Umzug ihrer Familie nach Mississippi organisiert. Dort, so hoffte sie, würden ihre heranwachsenden Enkelsöhne sicherer vor den Verlockungen des Ganglebens sein. Die ganze Nacht hindurch hatte sie das Haus geputzt und für die Abreise am nächsten Morgen gepackt – und das Kokain, das die Gehirnblutung verursachte, vermutlich als Muntermacher genommen.

Dann sind da noch die alltäglichen Notfälle: allergische Schocks, Herzinfarkte, Gehirnschläge, tödliche Lungen- und Hautinfektionen, Atem- und Herzstillstände. Dies sind, neben den größeren Traumata, die Fälle, für die eine Notaufnahme gedacht ist. Die meisten unserer Patienten sind allerdings gar keine Notfälle. Sie sind lediglich krank und können sonst nirgendwo hin. Der Bezirk betreibt zwar etliche Kliniken für ambulante Fälle, in denen einige der besten Ärzte arbeiten, die ich kenne. Doch als ich das letzte Mal nachfragte, musste man dort sechs Monate auf einen Termin warten. Manchmal gibt es gar keine Termine, nur ein Klemmbrett, auf das wir den Namen eines Patienten schreiben, um ihn für eine Behandlung in sechs Monaten vorzumerken.

Dann gibt es die Patienten, die zwar einen Termin in einer

dieser Kliniken hatten, aber kein Telefon, sodass sie die Verschiebung ihres Termins nicht mitbekamen. Manche müssen mehrere Male umsteigen, um zur Klinik zu kommen, und verpassen den letzten Bus und versäumen so ihren Termin. Manche würden den Termin gern einhalten, vergessen ihn aber, weil sie zu viel getrunken haben. Andere wieder, vor allem Alte, gehen zu keinen Terminen am Spätnachmittag, weil sie Angst davor haben, nach Einbruch der Dunkelheit zurückfahren zu müssen. Einige Patienten benötigen bloß Rezepte, weil ihre Medikamente gestohlen wurden oder sie diese zu schnell verbrauchten, oder sie wollen Hustensaft mit Kodein, der eine beliebte Ersatzdroge geworden ist. Dann gibt es die, deren Leben derart kompliziert ist – wegen drei Jobs oder sechs Kindern –, dass sie es erst um drei Uhr morgens zum Arzt schaffen. Die kommen zu uns, denn wir haben immer offen und weisen niemanden ab.

Jede Schicht geht sofort unter Volldampf los. In einer 20 bis 30 Minuten langen Übergabe informieren uns die Kollegen über alle aktuellen Fälle. Wir besprechen den Zustand der Patienten und die zu treffenden Maßnahmen. Den Großteil der Schicht rennen wir herum, behandeln Patienten und klären ihren Krankenversicherungsstatus. Aber wir verhandeln auch mit Oberärzten und Aufnahmeärzten, regeln den Krankenwagen-Verkehr und lösen Mitarbeiterkonflikte. Offizielle Pausen gibt es nicht, Essen schnappen wir uns einfach, wenn es gerade passt. Ich habe stets ein schnurloses Telefon dabei, das unablässig klingelt. Ständig kommen neue Einweisungen oder Fragen. Notfallmediziner werden im Schnitt alle drei bis vier Minuten durch Anrufe in ihrer Arbeit unterbrochen – von Pflegern, Praktikanten, Technikern, Pharmazeuten und Kollegen. Gelegentlich gelingt es mir eine ganze Schicht lang nicht, die Toilette aufzusuchen.

Krankenschwestern und -pfleger – frisch von der Schwesternschule und in engen pinkfarbenen Kitteln oder Ex-Militärsanitäter voller Tätowierungen – stehen in Krankenhäusern wie unserem an vorderster Front der medizinischen Versorgung. Sie bekommen die Patienten als Erste zu Gesicht und müssen entscheiden, wer sofort Behandlung benötigt und wer warten kann. An ihnen entlädt sich der Frust der Patienten hauptsächlich. Bei deren Entkleiden finden Schwestern und Pfleger oft verheimlichte Verwundungen oder versteckte Waffen, Medikamente und Geld, Nadeln und Crackpfeifen. In der Notaufnahme dürfen auf eine Schwester maximal vier Patienten kommen, so schreibt das Gesetz in Kalifornien vor. Die Gewerkschaft achtet peinlich darauf, dass dieses Verhältnis eingehalten wird. Das Gesetz war zum Schutz von Patienten gedacht, doch es gibt eine ganz natürliche Spannung zwischen der Erfordernis, Patienten schnell und gleichzeitig sicher zu versorgen. Wegen des chronischen Pflegekräftemangels entstehen hier oft die Staus. Weil die Anweisungen der Ärzte nur von Pflegern ausgeführt werden dürfen, müssen Patienten häufig stundenlang warten, bis sie ein Bett oder nur schmerzstillende Mittel bekommen.

Manche Ärzte regen sich über Patienten auf, die für Routinebehandlungen in die Notaufnahme kommen, doch die meisten akzeptieren das System so, wie es ist, wirbeln herum und empfinden sogar einen gewissen Stolz darauf, in diesem Chaos einen ruhigen Kopf zu bewahren und die letzte Sicherungsinstanz zu sein, die Menschen vor dem Absturz bewahrt. Wenn Patienten sonst keine Behandlung bekommen können, weisen wir sie an, zur Nachuntersuchung zu kommen, wenn wir wieder Dienst haben. Ich habe bei Patienten Diabetes festgestellt und die Behandlung eingeleitet und sie später auf Insulin umgestellt, bis sie endlich eine normale Arztpraxis aufsuchen konnten. Ich habe Therapien erster, zweiter und dritter Wahl gegen zu hohen Blutdruck angeordnet, ich habe drei Generationen einer Familie und deren Onkel behandelt. Unsere Stammkunden kennen wir beim Namen, wir besprechen unter Kollegen ihre letzten Besuche und informieren uns per E-Mail, wenn sie gestorben sind. Wir stellen also medizinische Grundversorgung bereit. Manche von uns genießen das sogar, und die Patienten brauchen uns. Aber richtig gut können wir sie nicht versorgen. Eine Notaufnahme ist einfach nicht für die Behandlung chronischer Krankheiten ausgelegt.

Das Fehlen medizinischer Grundversorgung führt oft zu Notfällen, die nie hätten passieren dürfen. Hier in der Klinik sehen wir die schlimmsten Erscheinungsformen von Krankheiten: Ein eigentlich einfacher Fall von Diabetes, der mit Tabletten und einer Ernährungsumstellung behandelbar gewesen wäre, hat sich zur diabetischen Ketoazidose, einer lebensbedrohlichen Säurekonzentration im Blut, entwickelt, als wir den Patienten zu Gesicht bekamen. Wir sehen schlimme Infektionen, bei denen nur noch eine Amputation hilft – im Frühstadium hätten sie einfach mit Antibiotika bekämpft werden können. Wir bekommen Schlaganfälle herein, die durch rechtzeitige Senkung des Blutdrucks hätten verhindert werden können. Die Notaufnahme versucht jedem Patienten zu geben, was er braucht. Doch nicht geben können wir ihm: eine Telefonnummer, über die er Folgerezepte bestellen könnte, eine Praxis für die Nachbehandlung oder die Chance, über längere Zeiträume vom gleichen Arzt behandelt zu werden.

Oft gelingt es uns in der Notaufnahme nicht, den Patienten vollständig zu untersuchen. Angesichts der zahllosen akuten Fälle können wir uns einfach nicht um den Wust an gesundheitlichen Problemen kümmern, die viele der Nicht-Notfallpatienten mit sich herumschleppen. In der Medizin sprechen wir von der »Hauptbeschwerde«, dem eigentlichen Grund für einen Arztbesuch. Das können Schmerzen im Bauchraum sein, ein verstauchter Fuß oder Brustschmerzen. Wenn Patienten anfangen, eine ganze Liste herunterzurattern, bitten wir sie gelegentlich, den Hauptgrund zu nennen, warum sie gekommen sind. Kürzlich übergab mir ein Kollege einen »65-jährigen Mann, der seit zwei Wochen auf einem Auge nichts mehr sieht und der vor vier Tagen wegen Verstopfung da war. Jetzt wartet er auf einen CT-Scan, der zeigen soll, ob er einen Schlaganfall hatte.« Ich fragte, warum wir vier Tage zuvor nichts wegen des blinden Auges unternommen hatten, und erfuhr, dass der Mann es nicht erwähnt hatte. Als wir uns nach dem Grund dafür erkundigten, sagte der Patient, man habe ihn gebeten, nur ein Leiden zu nennen. Da habe er sich für die Verstopfung entschieden, weil die wehgetan habe.

Alle Notaufnahmen sind vom Gesetz her verpflichtet, auch unversicherte Patienten zu untersuchen und eine Erstbehandlung durchzuführen. Doch »Erstbehandlung« lässt sich sehr weit definieren. Oft sehen wir Patienten mit akuten Knochenbrüchen, die in einem privaten Krankenhaus diagnostiziert wurden. Die Patienten kommen zu uns mit geschienten Gliedmaßen und Röntgenbildern in der Hand an und sagen: »Ich hatte keine Versicherung, also wies man mich an, mich hier weiterbehandeln zu lassen.« Wenn wir Patienten nach einem schweren Herzinfarkt für eine Herzkatheterisierung in ein nahegelegenes privates Krankenhaus überweisen wollen, verlangt das vorher, ein »Datenblatt« mit den wichtigsten Patienteninformationen – Name, Geburtsdatum, Adresse, Telefonnummer und Versicherungsstatus – gefaxt zu bekommen. Solange private Krankenhäuser Kapazitäten haben, sind sie gesetzlich verpflichtet, Patienten anzunehmen, die kompliziertere Behandlungen brauchen (wie etwa die Herzkatheterisierung, die unser Haus nicht anbietet). Doch oft erklärt man uns einfach, es gebe keine freien Betten. Bei nichtversicherten Patienten passiert das viel häufiger als bei versicherten.

In Amerika klafft eine riesige Lücke zwischen dem, was wir pharmazeutisch und medizinisch können, und dem, was wir tatsächlich leisten. Die meisten Anträge auf Zulassung neuer Medikamente werden in Bereichen gestellt, wo es bereits gute Arzneien gibt. Wir benötigen keine neuen Mittel gegen Diabetes, wir brauchen Untersuchungen darüber, wie wir es schaffen können, dass die Diabetiker die existierenden Mittel erhalten und einnehmen. Unser Gesundheitssystem hat eine gewaltige Kohorte von Patienten erzeugt, deren Krankheiten korrekt diagnostiziert sind, die aber nicht oder nur unzureichend behandelt werden. Hier geht es nicht um medizinische Fragen, sondern um soziale. Die Barrieren vor einer angemessenen Gesundheitsversorgung sind zahllos, und nicht alle sind Folge des Systems. Einmal behandelte ich eine vermutlich schizophrene Obdachlose, die sich einen Knoten in der Brust ansehen lassen wollte. Sie musste ihn seit Jahren gehabt haben – und hatte mittlerweile ihren halben Brustkasten ausgefüllt. Einmal brachte ein Krankenwagen einen Mann, der erst dann um Hilfe bat, nachdem seine Beine aufgrund von Herzschwäche und Blutpfropfen so angeschwollen waren, dass er nicht mehr durch die Badezimmertür passte. Seit einem Jahrzehnt hatte er seine Wohnung nicht mehr verlassen! Da war dann noch der junge Mann, bei dem zwei Jahre zuvor eine leichte Nierenunterfunktion festgestellt worden war. Jetzt kam er wieder, mit derart massiven Komplikationen, wie sie der hinzugezogene Nierenspezialist erst einmal im Leben gesehen hatte: Jahrzehnte zuvor, im ländlichen Indien. Der junge Patient schien durchaus vernünftig – er hatte zwei Jobs und ernährte damit eine Familie in den USA und zwei in Mexiko. Er sprach kein Englisch und hatte bei seinem ersten Besuch nicht verstanden, dass er hätte wiederkommen müssen. Er hatte einfach weiter geschuftet, bis es nicht mehr ging. Diese Patienten werden nicht nur von unserem Gesundheitssystem benachteiligt, sondern zusätzlich von einer ganzen Palette von Faktoren: von Armut, schwachen Sozialdiensten, erbärmlichen öffentlichen Verkehrsmitteln, Drogenmissbrauch, Sprachbarrieren und anderem.

Vor Kurzem wechselte ich im Rahmen meiner Facharztausbildung in die Notaufnahme des Krankenhauses der Universität von Kalifornien. Ins San Francisco Medical Center werden Patienten mit verwirrender Symptomatik oder extrem seltenen Krankheiten weiterverwiesen. Manche der Syndrome, an denen vielleicht fünf Menschen in der ganzen Welt leiden, sind nach Wissenschaftlern benannt, die in den oberen Stockwerken dieses Medizinzentrums arbeiten. Das Krankenhaus dient als Transplantationszentrum, und viele Patienten nehmen Medikamente, die ihre Immunabwehr unterdrücken. Das verhindert zwar, dass sie die ihnen eingepflanzten Organe abstoßen, macht sie aber gleichzeitig anfällig für Infektionen, die sich sehr schnell ausbreiten können. Viele der Patienten haben abnorme Herzen oder Lungen. Kürzlich sah ich ein Kind mit so wenig Sauerstoff im Blut, dass seine Lippen blauschwarz waren. Ich wollte ihm schon einen Beatmungsschlauch setzen, da erklärte mir sein Vater, es sehe immer so aus: Herzfehler. Gekommen seien sie wegen Schmerzen im Bauchraum. In Oakland beschwerten wir uns oft über die Alltäglichkeit der Leiden – und hier klagen wir darüber, dass es keine einfachen Fälle gibt. Statt »Schnittwunde am Finger« heißt es »Herztransplantation vor zwei Tagen«, statt »Ausschlag« nun »Goltz-Gorlin-Syndrom«, statt »Husten« »erwartet nächste Woche Lungentransplantation«.

Hier hat mich nie ein Patient verflucht und nur selten einer um ein Sandwich gebeten. Auch die Urintests zeigen nur selten Kokainspuren. Fast alle Patienten bekommen ihre Medikamente und gleich Termine für die Nachbehandlung. Meistens können sie präzise angeben, welche Arzneien sie schon nehmen; viele wissen ihre medizinische Vorgeschichte auswendig. Mehr als einmal kamen die Gurus von oben herunter, um sich einen prominenten oder sonstwie wichtigen persönlich Patienten anzusehen. Bei einer surrealen Schicht waren einmal meine ersten drei Patienten alle Ärzte. Fast nie gebe ich Patienten Medikamente für mehr als zwei Tage mit – genau so sollte eine Erstversorgung aussehen. Während einer Schicht behandle ich typischerweise mindestens drei über 90-jährige Patienten, von denen die meisten noch selbst mit dem Auto hergefahren sind. Von den Unversicherten scheint niemand so alt zu werden.

Die unter Obama ausgearbeiteten Gesetzesvorlagen ändern nichts Grundsätzliches an der massiven Ungleichheit im amerikanischen Gesundheitssystem. Sowohl die Pläne des Senats als auch die des Repräsentantenhauses sind halbherzig; sie sehen vor, noch mehr Geld in das private System zu pumpen, als Gegenleistung für minimale Konzessionen. Sie sehen keinerlei Lastenausgleich zugunsten des öffentlichen Systems vor, das sich aktuell um die ältesten und kränksten Patienten kümmert, und sie zwingen die Versicherungsbranche nicht, alle Menschen unabhängig von ihren Vorerkrankungen aufzunehmen und keine Erkrankungen auszuschließen. Nur so wäre eine allgemeine Krankenversicherung möglich. Wenn Amerikaner verpflichtet würden, eine Krankenversicherung abzuschließen, wären Millionen gezwungen, ins private System einzuzahlen. Zig Millionen der aktuell 46 Millionen Unversicherten würden aber nach den Plänen der beiden Kammern weiter unversichert bleiben. Bei der Debatte im Kongress wurde dann wieder über Abtreibungen gestritten, statt über die medizinischen und sozialen Realitäten im Land. Dabei war die Reproduktionsmedizin überhaupt nur ins Gesamtpaket einbezogen worden, um Verhandlungsmasse zu bekommen.

In den USA ist die Gesundheitsversorgung aktuell das Bürgerrechtsthema Nummer eins. Eine Ausweitung der Versicherung wird die gewaltigen sozialen Barrieren nicht beseitigen, die zwischen Patienten und einer optimalen Versorgung stehen. Eine angemessene Erstversorgung würde die verheerenden Auswirkungen dieser sozialen Faktoren aber wenigstens lindern. Im aktuellen System muss ein unversicherter Patient, der sich verspätet, weil er einen Bus veräumt, unter Umständen Monate auf einen neuen Termin warten. Vielleicht kann er seinen neuen Termin nicht einmal telefonisch vereinbaren. In einem funktionierenden System der Erstversorgung würde ein Patient, der einen Nachsorgetermin nicht eingehalten hat – oder einer, bei dem Nierenversagen festgestellt wurde – zurückgerufen. Er fiele nicht aus der Nachbehandlung.

Bei Grundrechten gibt es keine »Kompromisslösungen«. Manche finden, man solle nehmen, was man kriegt, und von dort aus weiterkämpfen. Ich halte das für falsch. Die Versicherungsbranche profitiert von dem aktuellen Vorschlag gewaltig – es wird sehr schwierig, ihr diese Vorteile wieder wegzunehmen. Darüber hinaus legitimiert der Gesetzesvorschlag das zutiefst ungerechte System in seinen Grundzügen, obwohl es sich ad hoc herausgebildet hat und nie von Washington explizit sanktioniert wurde. Ein desaströses Flickwerk zu tolerieren, ist eine Sache. Doch seine Vorzüge zu preisen, das geht zu weit.

Mir war sehr bewusst, welche Folgen die Unwucht in unserem Gesundheitssystem für arme Patienten hat, doch erst kürzlich wurde mir klar, welchen Schaden das System selbst bei der kleinen Minderheit anrichtet, die gut versorgt sind. Bei einer meiner ersten Schichten im Krankenhaus der Universität Kalifornien brachte mir die Empfangsschwester eine handschriftliche Nachricht von einem Patienten im Warteraum. Darin stand:

»Bitte helfen Sie mir. Mein Kiefer ist gebrochen, ich leide große Schmerzen. Ich warte schon über eine Stunde und blute noch immer. Meine Hände und Füße sind taub, ich beginne zu zittern. Ich brauche ärztliche Hilfe. Ich bin versichert.«

Der Elektroingenieur, von dem diese Nachricht stammte,

war Mitte dreißig, nahm keine Drogen, trank keinen Alkohol und hatte sich nie im Leben geprügelt. Er hatte gegen eine virale Grippe Hustensaft mit Codein genommen und war in seinem Bad ohnmächtig geworden. Beim Sturz hatte er sich am Waschbecken den Kiefer gebrochen und mehrere Zähne ausgeschlagen. Seine Verletzungen waren genauso schlimm wie diejenigen von Gewaltopfern in Oakland. Doch ich fand schockierend, dass ein hervorragend ausgebildeter junger Mann glauben konnte, er käme trotz seiner Schmerzen, blutenden Wunden und seines Schocks nicht sofort dran, weil sein Versicherungsstatus unbekannt war. Dabei musste er nur deswegen warten, weil direkt vor ihm ein Schlaganfall und ein Herzanfall hereingekommen waren. Wenn selbst die Privilegierten schon fürchten, dass ihr Zugang zu medizinischer Versorgung gefährdet ist, lässt sich nur noch ein Schluss ziehen: Das System funktioniert für niemanden.

ANHANG 2

Anmerkungen zum Jemen[1]

Zu meiner Reise in den Jemen entschloss ich mich, nachdem Obama behauptet hatte, weite Teile des Landes seien »nicht voll unter Kontrolle der Regierung«. US-Senator Joseph Lieberman hatte sogar lauthals verkündet, wenn man im Jemen nicht rechtzeitig eingreife, werde man dort »den Krieg von morgen« erleben, nach Irak und Afghanistan.

Das neue Interesse für den Jemen und die »Al-Qaida der arabischen Halbinsel« (AQAP) hatte mit einem jungen Nigerianer zu tun, der am 25. Dezember 2009 mit einer Bombe in der Unterhose ein Flugzeug auf dem Weg von Amsterdam nach Detroit in die Luft sprengen wollte. Nach seiner Festnahme sagte Umar Faruk Abdulmutallab aus, er sei zwar schon in Großbritannien zum harten Islamisten geworden, aber seinen – Gott sei Dank nicht sehr erfolgreichen – Crashkurs als Selbstmordattentäter habe er irgendwo im Jemen bei der AQAP durchlaufen.

Der Jemen ist ein richtiges Land – anders als die über die Arabische Halbinsel verteilten imperialen Tankstellen, wo

---

[1] Aus dem Englischen von Niels Kadritzke. Erstmals auf deutsch erschienen in *Le Monde diplomatique* Nr. 9187 vom 14.5.2010.

sich die Herrschaft der Eliten in hektisch hochgezogenen, von Stararchitekten entworfenen Wolkenkratzern manifestiert, wo in den Shopping Malls sämtliche westlichen Luxusprodukte zu haben sind und die Dienstklasse aus südasiatischen und philippinischen Lohnsklaven besteht.

Jemens Hauptstadt Sanaa wurde zu einer Zeit gegründet, als noch nicht alle Teile des Alten Testaments geschrieben waren. Das neue Mövenpick-Hotel im Diplomatenviertel erinnert zwar fatal an Dubai, aber die jemenitische Elite hütet sich, ihren Reichtum zur Schau zu stellen. Der Vernichtung durch Modernisierung entging die Altstadt dank der UNESCO, die in den 1980er-Jahren ein Programm finanzierte, zu dem auch der Wiederaufbau der alten Stadtmauer gehörte. Die Große Moschee aus dem 9. Jahrhundert wird derzeit von italienischen Experten restauriert, die zusammen mit einheimischen Archäologen Alltagsgegenstände und bildliche Darstellungen aus vorislamischer Zeit freilegen.

Die architektonische Substanz von Sanaa ist fantastisch, etwas Vergleichbares gibt es nirgendwo sonst auf der Welt. Die neun, zehn Stockwerke hohen Gebäude wurden im 10. Jahrhundert errichtet und 600 Jahre danach im originalen Stil restauriert. Die Mauern sind aus leicht gebrannten Ziegelsteinen, verziert mit geometrischen Gipsornamenten und symmetrischen, eingekratzten Mustern. Beim heutigen architektonischen Gesamtbild fehlen nur die hängenden Gärten, die noch im Mittelalter jedes Stockwerk zierten und die Besucher in Entzücken versetzten.[2]

---

[2] Siehe Salma Samar Damluji: *The Architecture of Yemen. From Yafi to Hadramut*, London, 2007.

Dass der Westen jetzt Angst vor der AQAP bekommt, hat dem Jemen dieses Jahr bereits 63 Millionen Dollar an US-Finanzhilfe eingebracht, zusätzlich zu den Geldern des Pentagon für die Terrorbekämpfung (2009 waren das 67 Millionen Dollar). Ein Fünftel dieser Summe ist für Waffenkäufe reserviert, der größte Brocken dürfte an den Präsidenten und seine Entourage gehen, ein Teil auch in den Taschen der Militärführung landen. Um die restlichen Dollars werden sich die lokalen Größen in den verschiedenen Regionen streiten. Ein jemenitischer Geschäftsmann erzählt davon, wie entsetzt er war, als er vor einigen Jahren mit der Regierung ein Geschäft ausgehandelt hatte und der Ministerpräsident, ein respektabel und bescheiden wirkender Mann, nach dem Abschluss zusätzlich 30 Prozent für sich verlangte. Als der Mann ihn entgeistert anstarrte, beeilte sich der Regierungschef zu versichern: 20 Prozent sind für den Präsidenten.

Um die Bedrohung durch die AQAP einzuschätzen, wollte ich herausfinden, wie viele Mitglieder die Organisation im Jemen hat und wie viele von ihnen über die Grenze aus Saudi-Arabien ins Land kommen. Der 75-jährige Abdul Karim al-Iryani war früher Ministerpräsident und ist heute noch ein Berater des Präsidenten. Er empfing mich in der großen Bibliothek im Erdgeschoss seines Hauses. Er erging sich zunächst in langen und interessanten Ausführungen über die Geschichte des Jemen, wobei er die Kontinuität von der vorislamischen zur islamischen Kultur betonte. Zu seinem Bedauern speise sich der Wortschatz des modernen Schriftarabisch vor allem aus dem Dialekt, den die Beduinen des Nadschd (heute ein Teil Saudi-Arabiens) sprechen. Leider hätten die Lexikonschreiber 5000 Wörter des Dialekts der Sabiner (die im heutigen Jemen leben) nicht aufgenommen, obwohl dieser die eigentliche Wurzel des Arabischen sei.

Später erzählte er mir, dass ihm der Attentäter aus Nigeria einen Besuch von Thomas Friedman beschert hat. Der berühmte Kolumnist der *New York Times* habe ihm seine Fragen gestellt, um dann in seiner Zeitung zu schreiben, Sana'a sei zwar »noch nicht Kabul«, aber die AQAP sei ein »Virus«, den man genau beobachten müsse, um eine unkontrollierbare Epidemie zu verhindern. Zu den Ursachen der Infektion sagte al-Iryani nichts. Meine Frage nach der Stärke der AQAP entlockte ihm zunächst nur ein vages Lächeln. Ich bohrte weiter: »Reden wir von 300 Leuten, von 400?« »Höchstens«, meinte er, »allerhöchstens. Die Amerikaner übertreiben enorm. Wir haben andere Probleme, die real und sehr viel dringlicher sind.«

Derselben Meinung ist Saleh Ali Ba-Surah, der Minister für das höhere Bildungswesen. Der Mann hat, wie viele Größen der ehemaligen Volksrepublik Südjemen, in der früheren DDR studiert. Seit 1990 wird die wiedervereinigte Republik Jemen von Ali Abdullah Saleh regiert, der nach dem Vorbild von Mubarak und Gaddafi seinen Sohn zu seinem Nachfolger aufbaut. Die beiden Teile des Jemen waren über weite Strecken des 20. Jahrhunderts äußerst unterschiedlich. Das Hochland des Nordens, in dem auch die Hauptstadt Sana'a liegt, wurde von bewaffneten Stämmen dominiert; im Süden dagegen, also im Hinterland der Hafenstadt Aden, prägten Gewerkschafter, Intellektuelle, arabische Nationalisten und später Kommunisten das politische Leben.

Jahrhunderte zuvor war der Jemen unter der Führung von Imamen der Zaiditen (oder Fünfer-Schiiten) vereinigt worden, deren Herrschaft auf Stammesloyalitäten und einer duldsamen Landbevölkerung basierte. 1728 löste sich der Süden aus diesem Herrschaftsverband. 1839 wurden Aden und die umliegende Küste vom expandierenden Britischen Empire erobert (das im selben Jahr auch Hongkong einnahm). Kurz darauf nahm sich das bereits angeschlagene Osmanische Reich einen Teil des Nordens, den es aber nach dem Ersten Weltkrieg wieder abgeben musste.

Danach kamen, unter wohlwollender Duldung der Briten, im Norden erneut die zaiditischen Imame der Familie Hamid ad-Din an die Macht. 1948 wurde der Herrscher Yahya Muhammad von seiner Leibwache ermordet, was seinen Sohn Ahmad an die Macht brachte. Dieser war ein Isolationist, ihm war ein armer und freier Jemen lieber als ein reicher und abhängiger. Doch das Volk hatte bald genug von diesem exzentrischen, morphiumsüchtigen Herrscher, der die meiste Zeit im Kreis von Hofschranzen in einem neonbeleuchteten Raum mit seinem Spielzeug verbrachte, das er seit frühester Jugend gesammelt hatte. Im ganzen Land gab es keine einzige moderne Schule, keine Bahnlinie, keine Fabrik und kaum Ärzte.

Ahmad lehnte Nassers arabischen Nationalismus ab, mit dem aber eine starke Fraktion in der Armee sympathisierte. Als er 1960 unter dem Einfluss der Saudis im staatlichen Rundfunk gegen Nasser wetterte, reagierte Radio Kairo mit einer Art Kriegserklärung. Bevor die Situation eskalieren konnte, starb der Herrscher – und die Dynastie der Imame war am Ende. Die Macht übernahm der Anführer von Ahmads Leibwache, unterstützt durch nationalistische Offiziere.

Als daraufhin in Aden Tausende für das neue Regime im

Norden auf die Straße gingen, fürchteten die Briten um ihr koloniales Besitztum im Süden. Und in Washington und London wuchs die Angst vor einem radikalen arabischen Nationalismus und seinen kommunistischen Unterstützern. Also beschloss man, die Imame mit Hilfe der Saudis wieder an die Macht zu bringen. Treibende Kraft waren die Briten, die Nasser ihre demütigende Niederlage im Suez-Feldzug von 1956 heimzahlen wollten. In Washington dominierte dagegen die Befürchtung, ein Fehlschlag der Saudis könnte den panarabischen Nationalismus stärken, die jemenitische Krankheit auf die Arabische Halbinsel ausbreiten und so die saudische Monarchie gefährden.

Als die Saudis begannen, die Anhänger des Imams zu unterstützen und konservative Stammesführer des Nordens mit einer Mischung aus primitivem Islamismus und Geldscheinen zu ködern, fiel die Reaktion der politischen und militärischen Führung des neuen Staates Nordjemen schwach und konfus aus. Nutznießer dieser Schwäche waren die nasseristischen Intellektuellen in der Regierung. Sie konnten die Armee zu einem direkten Appell an Nasser bewegen, der mit Unterstützung der Sowjetunion und Chinas eine ägyptische Expeditionsarmee von 20 000 Mann in den Jemen schickte. Damit begann ein langer Bürgerkrieg, in dem sich, vereinfacht gesprochen, Ägypter und Saudis als Stellvertreterarmeen des Kalten Krieges gegenüberstanden.

Der Krieg endete für den Jemen mit 200 000 Toten und der totalen Zerrüttung des Nordens. Den ägyptischen Soldaten, die vorwiegend aus dem Niltal stammten, war die jemenitische Bergwelt völlig fremd. Da sie sich aber für unbesiegbar hielten, kümmerten sie sich nicht um die Ratschläge ihrer einheimischen Verbündeten, die in ihren Augen sowieso minderwertig und militärisch unbedeutend waren. Das Unternehmen der Ägypter kam nicht voran, dafür wuchs die Kritik an ihren Methoden, zu denen auch der Einsatz chemischer Waffen gehörte. Als die Arbeiter in Sana'a und Taiz auf die Straße gingen, wurden ihre Demonstrationen brutal niederschlagen.

1970 endete der Bürgerkrieg mit einem Kompromiss, der keine Seite zufriedenstellte. Am Schluss hatten sich die Ägypter ein Beispiel an den Saudis genommen und versucht, die Stammesführer mit Geld auf ihre Seite zu ziehen. In der neuen Konstellation hatten dann die Stämme deutlich mehr Macht, ebenso wie die vielen Heiligen und Prediger. Der Krieg hatte die Ägypter Millionen Dollar und 15 000 Tote gekostet (dazu noch die dreifache Zahl an Verwundeten). Die demoralisierende Wirkung des Jemen-Feldzugs dürfte einiges zur Niederlage der ägyptischen Armee im Sechstagekrieg vom Juni 1967 beigetragen haben, der dem arabischen Nationalismus den Todesstoß versetzte.

Während des Bürgerkriegs waren viele linke Nationalisten und Kommunisten des Nordens nach Aden geflohen.[3] Auch im Süden war das nationalistische Lager gespalten: Die Front for the Liberation of South Yemen (FLOSY) wurde von Kairo unterstützt, die radikaleren Gruppen vereinigten sich zur National Liberation Front (NF). Beide wollten die Briten aus Aden vertreiben. Die aber waren entschlossen, ihre strategisch wichtige Basis möglichst lange zu halten, und zwar zunehmend mit Mitteln wie willkürlichen Festnahmen und

---

[3] In Aden wurden damals britische Soldaten, französische Algerien-Veteranen und belgische Söldner von der britischen Firma Watchguard International Ltd. für Einsätze hinter den feindlichen Linien ausgebildet.

Folter. 1964 hatte Premierminister Harold Wilson erklärt, die britischen Streitkräfte würden zwar bleiben, aber bis 1968 werde man die Macht an die sogenannte Federation of South Arabia übergeben, in der nach seiner optimistischen Vorstellung die Bevölkerung Adens durch die Sultane des Hinterlands kontrolliert werden könne.

Doch aus dem Plan wurde nichts, nachdem die Royal Air Force mit ihren Bomben ganze Dörfer ausradiert hatte. Der ehemalige Kolonialbeamte Bernard Reilly, der den größten Teil seines Lebens in Aden verbracht hat, formulierte es so: »Ein Land, das keine ordnungsgemäße Regierung kennt, kann nicht befriedet werden, solange es keine Kollektivstrafen für kollektiv begangene Gewalttaten gibt.« Aber die Stammesoberhäupter des Südens ließen sich nicht »befrieden«. 1967 begann ein erbitterter Kleinkrieg in den Straßen von Crater, dem alten, im Krater eines erloschenen Vulkans gelegenen Hafenviertel von Aden. Dabei setzte die NF erstmals Panzerfäuste und Minenwerfer gegen militärische Ziele und Stützpunkte der Royal Air Force ein. Um weitere Verluste zu verhindern, blies die damalige Labour-Regierung zum Rückzug.

Das britische Kolonialministerium musste seinen einheimischen Kollaborateuren »mit Bedauern« mitteilen, dass man ihnen »keinen Schutz mehr gewährleisten« könne. Ein von der NF organisierter Generalstreik legte die ganze Stadt lahm, Guerilla-Attacken zwangen die Kolonialregierung dazu, die Feierlichkeiten zum Geburtstag der Queen abzusagen.

Ein halbes Jahr später zogen die Briten nach 128-jähriger Kolonialherrschaft aus Aden ab – der dortige Hafen hatte nach der Schließung des Suezkanals ohnehin deutlich an

Wert eingebüßt. Am 20. November 1967 verschwand der letzte Britische Hochkommissar Humphrey Trevylan mit einem flüchtigen Winken am Flugzeug, das ihn nach London zurückbrachte. Zum Abschied spielte die Kapelle der Royal Navy die Melodie von »Fings Ain't Wot They Used T'Be« (Es ist alles nicht mehr so, wie es früher einmal war).

Die National Front hatte gewonnen, aber einen Plan für den Wiederaufbau des Landes hatte sie nicht. Zudem war sie ein Zusammenschluss von allen möglichen linken Gruppen: moskautreuen Kommunisten, Maoisten, Che-Guevara-Anhängern, dazu ein paar Trotzkisten und stramme Nationalisten. Über die Aufnahme diplomatischer Beziehungen zur Sowjetunion – zu der es am 3. Dezember 1967 kam – war man sich schnell einig, aber dann begannen auch schon die Streitereien. Auf dem NF-Kongress setzte eine radikalere Fraktion eine Resolution durch, die eine Agrarreform, den Kampf gegen den Analphabetismus, die Gründung einer Volksmiliz sowie die Säuberung der staatlichen Bürokratie und der Armee forderte, dazu die Unterstützung des palästinensischen Widerstands und die enge Kooperation mit der Sowjetunion und mit China.

In der gewählten Führung der NF dominierten die linken Kräfte. Als bewaffnete Guerilla-Einheiten anfingen, die Militärlager zu umstellen und den Offizieren ihre Waffen abzunehmen, reagierte die Armee mit einem Putschversuch, der beinahe einen Bürgerkrieg ausgelöst hätte. Im Frühjahr 1968 wurde klar, dass der rechte Flügel der NF nicht gewillt war, die Forderungen des Parteikongresses umzusetzen. Daraufhin entstand eine »Bewegung des 14. Mai«, die das Volk zur Unterstützung der Reformen mobilisieren wollte. Es folgten Zusammenstöße mit dem Militär. Die Rechte sah sich zunächst als Sieger über die Organisatoren der Bewegung des 14. Mai, der sie vorwarf, »eine Revolution innerhalb der Revolution« betrieben zu haben. Aber nach einem weiteren Jahr hatte die Linke wieder die Oberhand gewonnen.

Mit der Verfassung von 1970 wurde das Land zur Demokratischen Volksrepublik Jemen (DVRJ) erklärt und der Sozialismus ausgerufen – gegen den Rat Chinas und der Sowjetunion.[4] Was folgte, war ebenso tragisch wie vorhersehbar: Ein ökonomisch rückständiger Staat machte sich an den Aufbau von Strukturen, die nur den Mangel institutionalisierten. Dabei hätte der Aufbau einer Industrie in Form von staatlichen Unternehmen sogar sinnvoll sein können, wenn man nicht zugleich ein totales Verbot der existierenden Kleinunternehmen durchgesetzt hätte.

Das politische System beruhte auf staatlich kontrollierten Massenmedien, einer strikten Zensur und dem absoluten Monopol der Jemenitischen Sozialistischen Partei (JSP). Das alles sprach nicht nur dem Sozialismus Hohn, sondern auch den Versprechen, die in den Zeiten des antikolonialen Kampfs gemacht wurden. Unbestreitbar ist allerdings, dass der Aufbau eines neuen Schulsystems und einer Gesundheitsversorgung für alle sowie die Verbesserung der Rechte der Frauen einen Riesenfortschritt und ein Novum für die Region darstellten. Die Saudis jedenfalls waren nicht erfreut.

Erwartungsgemäß begannen Anfang der 1980er die Nach-

---

[4] Im Oktober 1968 hatte der chinesische Außenminister Chen Yi, der damals selbst von den Roten Garden belagert wurde, gegenüber einer Delegation aus Südjemen erklärt: »Eure Behauptungen über den Aufbau des Sozialismus und die unpraktikablen und provokativen Slogans, die ihr herausposaunt, sind von Natur aus scharfe Waffen in den Händen eurer Gegner.«

barländer des Südjemen – Saudi-Arabien, die Golfstaaten, Nordjemen – mit Unterstützung der Reagan-Regierung eine Gegenrevolution zu organisieren. Vorbild waren die Contras in Nicaragua, die damals gegen die Sandinisten-Regierung kämpften. Ein geeignetes Instrument fanden sie in Ali Nasir Muhammad, einem brutalen, machtbesessenen, fast analphabetischen Apparatschik. Der war 1980 zum Präsidenten der DVRJ gewählt worden, nachdem sein Vorgänger, der charismatische Abdul Fattah Ismail, aus »gesundheitlichen Gründen« zurückgetreten war. Ismail kehrte erst 1985 nach einer langen Rekonvaleszenz aus Moskau zurück. Er hatte eine führende Rolle im Kampf gegen die britische Kolonialmacht gespielt und genoss deshalb noch große Unterstützung. Bald nach seiner Rückkehr wurde er erneut ins Politbüro der Staatspartei gewählt, wo er eine Mehrheit der Mitglieder hinter sich hatte.

Am 13. Januar 1986 fuhr Ali Nasirs Staatskarosse vor dem Gebäude des Zentralkomitees der Partei vor. Dort fand eine Sitzung des Politbüros statt, zu der Ali Nasir allerdings nicht erschien. Stattdessen stürmten seine Leibwächter, vollgepumpt mit Drogen und bewaffnet mit Scorpion-Maschinenpistolen, in die Sitzung. Sie erschossen den Vizepräsidenten Ali Ahmed Antar und nahmen dann alle Anwesenden unter Feuer. Vier Mitglieder des Politbüros, darunter Abdul Fattah Ismail, und acht ZK-Mitglieder wurden getötet. In der ganzen Stadt brachen wilde Schießereien aus, Ismails Haus wurde von Mörsergranaten zerstört. Kurz nach zwölf Uhr mittags hieß es auf Radio Aden und im Fernsehen, der Präsident habe einen Putschversuch von rechts vereitelt, Ismail und seine Mitverschwörer seien hingerichtet worden. Drei Stunden später meldete der arabische Dienst der BBC, der

»gemäßigte und pragmatische« Präsident des Jemen habe einen Putschversuch der harten Kommunisten abgewendet. Diese Linie übernahmen auch die meisten westlichen Medien: Die Putschisten hätten versucht, das Land noch mehr zu radikalisieren. Und zwar mit Unterstützung Moskaus – wo inzwischen Gorbatschow an der Macht war.

Als sich die Nachricht von dem Gemetzel in Aden verbreitete, ging die Bevölkerung auf die Straße. Soldaten besetzten das Verteidigungsministerium und die Kommandozentrale, wo sich Nasirs Leute eingenistet hatten. Die Kämpfe gingen die ganze Nacht weiter. Viele unbewaffnete Parteimitglieder, Gewerkschafter und Bauernvertreter, die auf vorbereiteten Listen standen, wurden von Nasirs Soldaten umgebracht. Doch nach fünftägigen schweren Kämpfen hatten die »pragmatischen Gemäßigten« verloren. Nasir und seine Leute flohen in den Nordjemen und anschließend nach Dubai. Heute betreibt Ali Nasir ein »Kulturzentrum« in Damaskus, von wo er auch diverse andere Geschäfte betreibt.

Das Gemetzel im Zentralkomitee war der Anfang vom Ende der Demokratischen Volksrepublik Jemen. Die vom Westen gestützten Regime der Region, die den Showdown organisiert hatten, propagierten immerfort, der Süden werde von sozialistischen Verbrechern beherrscht. Als die Sowjetunion zusammenbrach, kam es zu Verhandlungen zwischen dem Süden und dem Norden, die im Mai 1990 mit der Wiedervereinigung des Jemen endeten. An der Spitze steht seither ein fünfköpfiger Präsidentschaftsrat, in dem beide Landesteile vertreten sind. 1991 wurde dann eine neue Verfassung verabschiedet, die alle rechtlichen Einschränkungen der Meinungs-, Presse- und Vereinigungsfreiheit aufhob.

Doch die Vereinigung lief nicht gut. Die Bewohner des Südens hatten das Gefühl, dass ihre Interessen verraten wurden. Und die ständigen Streitereien waren kein gutes Omen für die Koalitionsregierung, die nach den ersten Wahlen zustande kam. Präsident des vereinigten Landes wurde Ali Saleh, das frühere Staatsoberhaupt des Nordens. Die beiden Gruppen gerieten schnell aneinander. Die Sozialisten beschwerten sich, dass sie in Sana'a und anderen Städten von bewaffneten Gruppen des Präsidenten angegriffen wurden. Überall im Süden kam es zu Scharmützeln zwischen den Truppen aus dem Norden und den Resten der alten südjemenitischen Armee.

1994 brach ein kurzer, erbitterter Krieg aus, in dem auch dschihadistische Gruppen und Osama bin Laden mitmischten, Letzterer auf der Seite von Ali Saleh. Die klaren Verlierer waren am Ende die Jemeniten des Südens, und zwar nicht nur in militärischer, sondern auch in kultureller und wirtschaftlicher Hinsicht. Die Nordstaatler rissen sich Grundbesitz und städtische Immobilien unter den Nagel. Die Frauen wurden gedrängt, sich von Kopf bis Fuß zu verschleiern. In Aden erzählte mir eine Frau (mit unverschleiertem Gesicht): »Der Druck war brutal. Wenn wir nicht voll verschleiert waren, wurden wir als Prostituierte beschimpft. Damals kam es zu vielen Vergewaltigungen.«

In Aden ging mir schnell auf, dass die islamistischen Terroristen der AQAP für die Menschen noch das geringste Problem sind. Die meisten Südjemeniten wünschen sich sehnlichst ihre Unabhängigkeit vom Norden zurück. Immer wieder sagte man mir: »Das hier ist keine Vereinigung, sondern Besatzung.« Aber es gibt keine politische Führung, und in Sana'a hält sich das Gerücht, Präsident Ali Saleh plane, den alten Schlächter Ali Nasir, den er für eine »integrative Figur« halte, wieder in die Politik zurückzuholen.

Bei Demonstrationen in den Dörfern und Kleinstädten des Südens werden Porträts von Ali Saleh mit zerkratztem Gesicht herumgetragen, außerdem die zerrissene Flagge des Einheitsstaats. Und überall flattert wieder die alte Fahne der DVRJ. Das Regime reagiert mit Repressalien, die nur noch mehr Verbitterung auslösen. Am 1. März dieses Jahres umstellten Soldaten das Haus von Ali Yafie und zerstörten es. Der Besitzer und acht Mitglieder seiner Familie wurden getötet, darunter seine siebenjährige Enkeltochter. Am Tag zuvor hatte Ali Yafie ein Konterfei des Präsidenten öffentlich verbrannt. In der Regierungspropaganda hieß es, er sei Mitglied der AQAP.

Ebenfalls in Aden hatten Sicherheitskräfte bereits am 4. Januar das Haus von Hisham Bashraheel, dem Herausgeber der Tageszeitung *Al-Ayyam* umzingelt. Das seit 1958 bestehende Blatt hatte regelmäßig über Brutalitäten der staatlichen Organe berichtet, mitsamt Fotos, zum Beispiel von Exsoldaten, die von Sicherheitskräften erschossen worden waren, als sie für die Auszahlung ihrer Renten demonstrierten.

Al-Ayyam war seit Mai 2009 verboten, aber die Redaktionsräume dienten nach wie vor als Treffpunkt von Journalisten, Intellektuellen und Menschenrechtlern. Als das Gebäude umstellt wurde und Freunde der Zeitung zu Hilfe eilen wollten, wurden sie durch Schüsse in die Luft vertrieben. Dann schlugen Mörsergranaten ein; der Verleger und seine Familie überlebten wie durch ein Wunder in einem Kellerraum. Bashraheel und seine beiden Söhne ergaben sich erst am nächsten Morgen unter den Augen der Öffentlichkeit, damit die Soldaten sie nicht ohne Weiteres umbringen konnten.

In Aden hat mir ein Aktivist etwas erzählt, das er von »Freunden in der Polizei« erfahren hat. Angeblich hatte die Polizei in einem Auto ohne Nummernschilder zwei anonyme Leichen herangeschafft, die sie für den Fall, dass der Verleger und seine Familie getötet worden wären, in dem Haus abgelegt und als AQAP-Kämpfer präsentiert hätten, die bei der Belagerung umgekommen seien. Ein von der Familie angestellter Leibwächter wurde erschossen, als er sich der Polizei ergeben wollte. Sein Vater wurde beim Begräbnis seines Sohns verhaftet. Bashraheel selbst wurde wegen »Bildung einer bewaffneten Gruppe« angeklagt.[5]

Auf meinen Reisen durch den Süden kam ich auf dem Weg von Aden nach Mukallah durch Shibam. Der Anblick der ummauerten Stadt ließ mich die Politik für einen Augenblick vergessen. Die mehrstöckigen Häuser aus Lehmziegeln waren die Kulisse, vor der Pasolini viele Szenen seiner Filmversion von *Tausendundeine Nacht* gedreht hat. Zurück in Rom schwärmte er so lange über die Architektur von Shibam, bis die UNESCO die ganze Stadt zum Weltkulturerbe deklarierte.

In dieser Stadt wurden kürzlich vier südkoreanische Touristen getötet, als sie die Stadt von einem Hügel aus foto-

---

[5] Der britische Botschafter im Jemen, Timothy Torlot, hat sich offenbar bei seinem Außenministerium in London in einem Memorandum über die unverantwortliche Berichterstattung der Medien beschwert. Torlot ist mit einer US-Amerikanerin verheiratet, die früher für den *Yemen Observer* gearbeitet hat, dessen Besitzer der Pressechef von Präsident Ali Saleh ist. Bei dem Selbstmordattentat auf die britische Botschaft im Jemen am 3. Mai 2010 blieb Torlot unverletzt.

grafieren wollten. Die Täter sollen AQAP-Selbstmordattentäter aus dem Norden gewesen sein. Als ich Einheimische fragte, was sie von der AQAP wüssten, flüsterte mir einer ins Ohr: »Willst du wissen, wo die AQAP ihre Stützpunkte hat? In einem Büro gleich neben dem Präsidenten.« Ähnliches sagen die Leute auch in Aden und Sana'a.

Letzte Weihnachten ließ das Regime zwei Dörfer im Süden mit Bomben und (von US-Experten gesteuerten) Drohnen angreifen. Angeblich habe Anwar al-Awlaki sich dort versteckt, der jemenitische Prediger mit amerikanischem Pass, der den Attentäter mit der Bombe in der Unterhose ausgebildet hat. Gefunden wurde er nicht, aber mehr als zehn Dorfbewohner starben bei dem Angriff.

Das Regime sieht sich auch durch einen Aufstand in der Provinz Sa'ada bedroht, die im Norden an Saudi-Arabien grenzt. Die Bewohner dieser Gebirgsregion sind Zaiditen. Weil die Regierung in Sana'a ihnen nicht hilft, sich gegen die Übergriffe wahabitischer Prediger zur Wehr setzen, greifen sie zur Selbstverteidigung. Als Stammesmilizen im letzten Herbst mehrere saudische Soldaten gefangen nahmen, konnte die Welt am 5. November erstmals die saudische Luftwaffe in Aktion bewundern (zahlenmäßig die drittstärkste Luftwaffe der Welt nach den USA und Israel).

Präsident Ali Saleh sprach erwartungsgemäß von einer schiitischen, mithin von Teheran unterstützten Rebellion, die man mit militärischer Härte ersticken müsse. Aber die Version nimmt ihm kaum jemand ab. Im August 2009 zerstörte die jemenitische Armee in einer Art »Operation Verbrannte Erde« viele Dörfer und zwang 150 000 Menschen zur Flucht. Über die Grausamkeiten der Regierungssoldaten erfährt die Welt nichts, weil die Regierung eine Informationssperre verhängt und Hilfsorganisationen aus der Region verbannt hat.

Muhammad al-Maqaleh, Chefredakteur der Zeitung der jemenitischen Sozialistischen Partei, hat Berichte von Augenzeugen gesammelt und ins Netz gestellt. Beschrieben und mit Fotos dokumentiert wird auch ein Angriff der Luftwaffe irgendwo in Sa'ada, bei dem 87 Flüchtlinge getötet wurden. Weil er das publik gemacht hat, wanderte al-Maqaleh für vier Monate ins Gefängnis. Dort wurde er gefoltert, unter anderem durch eine simulierte Hinrichtung. Als er schließlich vor Gericht erschien, konnte er schildern, was ihm widerfahren war.

Sana'a ist natürlich nicht Kabul, aber wenn das Regime weiterhin so viel Gewalt anwendet, wird ein neuer Krieg zwischen den beiden Teilen des Jemen immer wahrscheinlicher.

Sollte das passieren, würde Obama das Regime in Sana'a sicher mit Geld und Drohnen unterstützen. Außerdem könnten US-»Interessen« es erforderlich machen, den »Krieg gegen den Terror« auszuweiten und eine Expeditionsstreitmacht vom Stützpunkt Balad im Irak loszuschicken, um dem Norden unter die Arme zu greifen. Eine vernünftigere Option wäre, wenn der Norden sein Militär aus dem Süden abzöge und der Region volle wirtschaftliche und politische Unabhängigkeit zugestände.

ANHANG 3

Pro-Kopf-Ausgaben für Gesundheit im Jahr 2010

(Angaben in US-Dollar-Kaufkraftäquivalenten)

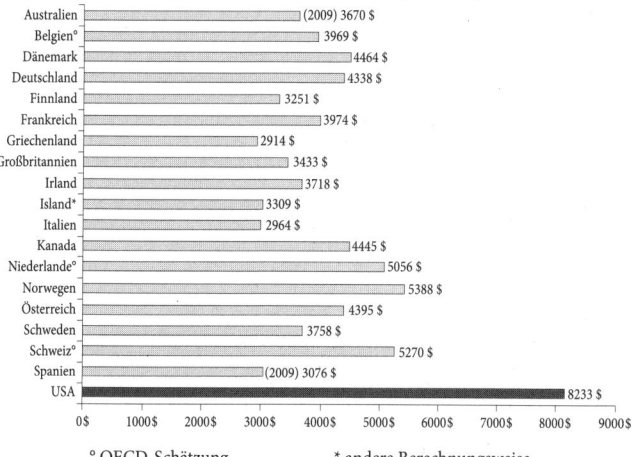

Australien	(2009) 3670 $
Belgien°	3969 $
Dänemark	4464 $
Deutschland	4338 $
Finnland	3251 $
Frankreich	3974 $
Griechenland	2914 $
Großbritannien	3433 $
Irland	3718 $
Island*	3309 $
Italien	2964 $
Kanada	4445 $
Niederlande°	5056 $
Norwegen	5388 $
Österreich	4395 $
Schweden	3758 $
Schweiz°	5270 $
Spanien	(2009) 3076 $
USA	8233 $

° OECD-Schätzung   * andere Berechnungsweise

Anmerkungen: Zahlen in US-Dollar-Kaufkraftäquivalenten, siehe dazu www.oecd/stst/pop; nur Länder mit Ausgaben von über 2500 Dollar wurden aufgenommen. Die OECD definiert Gesundheitsausgaben als die Summe von Ausgaben für Behandlungen, Präventionsmaßnahmen, öffentliche Gesundheitsdienste sowie Verwaltung von Gesundheitswesen und Krankenversicherungen. Investitionen werden nicht gezählt.

Quelle: OECD Health Data 2012, www.oecd.com/health/healthdata.
Daten entnommen am 28.06.2012.

DANKSAGUNGEN

Ich möchte meinen Kollegen Kenta Tsuda und Tom Mertes von der *New Left Review* danken, Jacob Stevens, Mark Martin, Rowan Wilson und Sebastian Budgen von Verso Books sowie Anthony Arnove und Brenda Coughlin in New York.

REGISTER

Kursiv gesetzte Seitenzahlen verweisen auf Fußnoten

Abbas, Mahmud 68, 72
Abdulmutallab, Umar Faruk 229
Abu-Jamal, Mumia 51
Achmadinedschad, Mahmud 82–85, 92
ad-Din, Hamid 233
Afghanistan 17 ff., 88–101, 176
 – Lithiumsvorkommen 19, 92, 100
 – NATO-Truppen 19, 101
Aguilar, Mary Jane 51
Ägypten 168 ff., 173 f., 177, 180–183, 194 ff.
AIPAC, American Israel Publik Affairs Committee 71, *100*, 197
Aischylos 109
al-Awlaki, Anwar 244
ALBA, Bolivarische Allianz 16
al-Chalifa, ibn Salman 187 f.
Alexander, Michelle 208 f.
Algerien 173 f., 176
al-Ghannami, Khalid 191
al-Iryani, Abdul Karim 231 f.
Allawi, Iyad 78
Allen, John 17

al-Maliki, Nuri 75–78, *71*, 168
al-Maqaleh, Muhammad 245
al-Qaida 91, 167, 191
al-Raschid, Madhawi 191
al-Sadr, Muktardr 75
al-Said, Nuri 77
al-Saidi, Muntaser *76*, 77
ALSBA Bolivarische Allianz für Amerika 193
Angell, Marcia *137*
Antar, Ali Ahmed 239
AQAP, Al-Qaida der arabischen Halbinsel 229, 231 f., 241–244
Arabien, Kolonialgeschichte 171–175
Arabischer Frühling 19 f., 167–171, 194
Ashdown, Paddy 186
Assad, Baschar al- 171, 194 f.
as-Saleh, Ali Abdullah 176
as-Sistani, Ali 75, 81, 87
August, Oliver 78
Außenpolitik 65 f.

Bahrain 168, 170, 173, 186–189, 194 f.

Baker, Houston A. 41
Barack, Ehud 71
Bayat, Asef 182
Ben Ali 178 ff., 186, 196
Ben Bella, Ahmed 174
Bhutto, Benazir 96 f.
Biden, Joe 169
Bildungspolitik 147–156
bin Laden, Osama 159–163, 241
Black Panther Party 46–52
Blagojevich, Rod 61 f.
Blair, Tony 92
Blakrishnan, Gopal *107*
Brecht, Bertolt 212 f.
Brenner, Robert 159
Bromwich, David *28*
Brown, Gordon 92
Brown, Jerry 204
Buffett, Warren 118
Bürgerrechtsbewegung 41 f.
Burke, Edmund 10
Bush, George W. jun. 30, 32 f., 50, 73 f., 88 f.,107, 115 f., 147 f., 156 f., 197, 210
Bush, George W. sen. 24, 55, 148

Carmichael, Stokeley 44 ff.
Carter, Al 49
Chamenei, Ali 83, 85
Charter-Schulen 148–153
Chatami, Mohammed 83 f.
Chavez, Hugo 104
Chen, Yi 238
Cheney, Richard Bruce »Dick« 30, 107, 163, 205 f.
Chicago Urban League 37
CIA Red Cell *93*
Civil Rights Act 1964 110

Cleaver, Eldridge 48 f.
Clinton, Bill 24, 26, 30 f., 122
Clinton, Hillary 41, 59 f., 62, 67, 103, 107, 180 f.
Coontz, Stephanie 26 f.
Cuomo, Andrew 204

Dahlan, Mohammed 69
Daley, Richard M. 53, 154
Damluji, Salma Samar *230*
Davis, Mike 23 f.
Deepwater Horizon s. Tiefwasserbohrungen
DeMoro, Rose Ann 136 f.
Dickinson, H.D. 16
Diskriminierung 36–55
   s. a. Rassismus
Douthat, Ross 163
Dowd, Maureen 162, 167
DPJ, Demokratische Partei Japans 103
Drake, Thomas 206 f.
Duncan, Arne 153 f.
DVRJ Demokratische Volksrepublik Jemen 238 ff.

Eikenberry 18, 99 f.
Eisenhower, Dwight D. 174
el-Baradei, Mohammed 181
Eliezer, Ben 69
Emanuel, Rahm 67, 158
en-Nahda 180, 195
EU-Verfassung 12

FATA 95 f.
Fatah 69
Fattah Ismail, Abdul 239

Fed, Amerikanische Zentralbank 115 f.
Finanzpolitik 115–128
s. a. Wall Street Cash
FLOSY Front for the Liberation of South Yemen 235
Frank-Dodd Bill 127
Friedman, Milton 147 ff.
Friedman, Thomas 232
Fuld, Richard 115 f.

Gaddafi, Said *20*, 170, 174, 184–187
Garry, Charles 52
Gates, Robert 73
Geithner, Tim 126 f., 199
Gensler, Gary 127
Gesellschaftspolitik, Ungleichheit 113 ff.
Gesundheitssystem, -reform 129–137, 247 s. a. Pharmaindustrie
Gewerkschaften 122 f., 203 f.
– Anti-Gewerkschafts-Gesetze 203 f.
Giannoulias, Alexi 198
Glass-Segall Act 122, 125
Goldstone, Richard 68
Golfkrieg 86
Gonzales, Alberto 143
Gramm-Leach-Blleley Act 125 ff.
Greenspan, Alan 125
Griechenland 12 f., 16
Gulf of Mexico Energy Security Act 143

Hacker, Jacob 211
Hamas 69 f.
Hampton, Fred 49
Hatoyama, Yukio 103 f.
Hayden, Tom *105*
Hedges, Chris *210*
Hendon, Rickie 111 f.
Heritage Foundation 203
Higgins, John 49
Hoh, Matthew 91
Holbrooke, Rchard 99
Holder Eric 157
Hoover, J. Edgar 48
Hussein, Saddam 86

Indien 95
Irak 73–78, 81, 174, 176
Iran 79–88, 194
– Atomwaffensperrvertrag 86 f.
ISAF, Internationale Sicherheitsunterstützungstruppe 17
ISI, pakistanischer Geheimdienst 19
Israel 66–72, 79, 82, 168, 175, 195 ff.
IWF, Internationaler Währungsfonds 116, 126

Jackson, Jesse 30 f.
James, C. L. R. 45
Japan 103
Jemen 102, 168, 176, 195, 229–245
Jibril, Mahmoud 187
Johnson, Lyndon B. 21, 108
Jordanien 168, 194
JSP, Jemenitische Sozialistische Partei 238

Kagan, Elena 157
Karsai, Amid Walid 100
Karsai, Hamid 18f., 90, 92, 95, 97, 99
Katar 173, 178
Katrina, Hurrikan 37, 55
King, Martin Luther 42ff., 46
Kissinger, Henry 175
Klein, Joe 130f.
Klein, Naomi 147f.
Koh, Harold 89
Kontrollmechanismen, Abbau von 28
Krugman, Paul 199, 205
Kucinich, Dennis 131f.
Ku-Klux-Klan 44f.
Kuwait 173

Landler, Mark 67
Lehman Brothers 115f., 198
Leonard, Corrine 51
Lerner, Sharon 135
Libanon 173, 186
Libyen 168ff., 174, 183–187, 194f.
Lieberman, Joseph 229
Lockwood, Dierdre 64

MacArthur II, Douglas *104*
Macarthur, John R. 135f.
MacDonald, Ramsay 77
Macgregor, Douglas 165f.
Madar, Chase *89*
Maddow, Rachel 200
Madison, James 166
Malcolm X 20, 25, 45f., 49, 52
Manning, Bradley 205f.
Marables, Manning 55

Marktwirtschaft, freie 12f.
Marokko 173f.
Martens, Pam 127
Massing, Michael *71*
Mayer, Jane 206
McCain, John 24
McCarmack, Gavan *104*
McChrystal, Stanley 99
Mearsheimer, John 166
Michaels, Walter Benn *114*
Midterm Elections 2010 32
Minsky, Hyman P. 119
Mission Enduring Freedom 55
Mitchell, John 48
Mittelamerika 102f.
Mubarak, Hosni 168, 181ff., 195f.
Muhammad, Yahrya 233
Mullah-*bazaari*-Seilschaft 83
Mullen, Michael G. 87
Musharraf, Pervez 95ff.
Muslimbruderschaft 169, 181, 183

Nader, Ralph *91*
Nadschibullah, Mohammed 98
NAGB, National Assessment Governing Board 149
Nasir Muhammad, Ali 239f., 242
Nasser, Gamal Abdel 174, 233f.
Nation of Islam 45f.
Netanjahu, Benjamin 67, 69–72, *100*, 197
New Deal 110f., 120ff.
New Economy 26
Newton, Huey 48, 50ff., 56, *57*
NF, Nationale Front 235ff.
Nordallianz 19, 85, 90, 100

NSA 206 f.
Nur, Aiman 181

O'Connor, William 164 f.
Obama, Barack
- Außenpolitik 17–20
- Gesundheitssystem 130
- Innenpolitik 26 f.
- Rechtsstaat 157 f.
- Reden 105–108, 153
- Reformen 110
- Tiefwasserbohrungen 141 f.
- Wahlkampf 160 f.
- Wahlkampffinanzierung 57–60

Obama, Michelle 36, 62, 108
- Let's Move 62 ff
Occupy-Bewegung 10, 15
Oman 173
Omar, Mohammed 95, 100
Oslo-Abkommen 69 f.
Osmanisches Reich 172, 183 f.

Pakistan 94–98, 176
Palästina 68–72, 169, 174 f., 196
Palin, Sarah 24, 140, 202
Panetta, Leon 157
Patriot Act 207
Patterson, Orlando 36
Paul, Rand 202
Paul, Ron 202
PDPA, Demokratische Volkspartei Afghanistan 98
Peace and Freedom Party 48
Pelosi, Nancy 144
Pepper, William *46*
Petraeus, David Howell *76*, 99
Pharmaindustrie 137–140

Pierson, Paul 211
PLO 69
Pollution Control Act 144
Powell, Colin 40 f., 55

Qabbani, Nizar 167 f.

Rachman, Gideon *105*
Rafsandschani, Ali Hashemi 83 ff.
Rassismus 34–37 s. a. Diskriminierung
Ravitch, Diane 149 ff.
Reagan, Ronald 23 f., 26, 30, 38, 54, 111
Reed, Adolph 40
Reich, Robert 27, 127, *128*, 144 f.
Reilly, Bernard 236
Relman, Arnold S. 133
Remnick, David *54*
Reynolds, Teri 139, 215–228
Rice, Condoleezza 40, 55
Rich, Frank *105*
Roberts, Hugh *20*
Robinson, Thomas 63
Robinson, Tyrone 52
Roosevelt, Franklin D. 120
- Reformprogramm 120 f.
Rose, David *70*
Rotherham, Andrew 147
Rubin, Robert 126
Rumsfeld, Ronald 163
Rush, Bobby 52 ff.

Sadat, Anwar as- 175
Salazar, Ken 140, 143
Saleh, Ali Abdullah 232, 241 f.
Saleh, Ali Ba-Surah 232
Sanger, David *89*

Santora, Marc 76
Sarkozy, Nicholas 186
Saud, Familie 190, 192 f.
Saudi-Arabien 82, 169, 189–194
Scheer, Robert 126
Schneider, Mark 96
Schoenfeld, Gabriel 206
Schulsystem s. Bildungspolitik
SCIRI, Islamischer Rat im Irak 85
Seale, Bobby 48, 50
Shakespeare, William 57, 159
Simons, James 212
SNCC, Student Nonviolent Coordination Committee 44 f.
Snyder, Rick 204
Soros, George 199
Sperling, Gene 127
St. Clair, Jeffrey 143
Stigler, George 122
Stiglitz, Joseph 117 f., 124
Street, Paul 38
Südamerika 170
– Strukturreformen 15 f.
Suleiman, Omar 181
Summers, Lawrence 29, 124–127
Sykes-Picot-Linie 173
Syrien 168, 171, 173–176– 194 f.

Tali, Ben 168
Taliban 17 ff., 92 f.
Tea Party 25, 28, 200 ff., 208
Thatcher, Margaret 16
Thomas, Clarence 40, 54 f.
Tiefwasserbohrungen 140–146
Toqueville, Alexis de 55 f.
Trevylan, Humphrey 237
TTP, Tehrik-I-Taliban Pakistan 95 f.
Tunesien 168, 170, 178 f., 194 ff.
Türkei 177

Verez, Vicente 139
Vietnamkrieg 44
Volcker, Paul 118

Wacquant, Loic 35
Walker, Scott 203 ff.
Wall Street Crash 9, 14, 115–118
 s. a. Finanzpolitik
Washington, Harold 53
Washingtoner Konsens 17
Watt, Michael 146
West, Cornel 207–210
Wiki-Leaks-Affäre 205
Wilde, Oscar 10
Wills, Gary *105*, 161, 167
Wilson, Harold 236
Wilson, Woodrow 108
Wolin, S. Sheldon 58
Wood, George 155 f.
Wright, Jeremiah 33 ff., 43

Yom-Kippur-Krieg 175
Yoos, John 157

Zardari, Asif 96 f.